工匠精神融入高校应用型人才培养研究

林培煜　范晓艳　杨　雯 ◎著

中国商务出版社
CHINA COMMERCE AND TRADE PRESS

图书在版编目（CIP）数据

工匠精神融入高校应用型人才培养研究 / 林培煜，
范晓艳，杨雯著. -- 北京：中国商务出版社，2022.10
　　ISBN 978-7-5103-4442-8

　　Ⅰ．①工… Ⅱ．①林… ②范… ③杨… Ⅲ．①高等学
校－人才培养－研究－中国 Ⅳ．①G649.2

中国版本图书馆CIP数据核字(2022)第179566号

工匠精神融入高校应用型人才培养研究

GONGJIANG JINGSHEN RONGRU GAOXIAO YINGYONGXING RENCAI PEIYANG YANJIU

林培煜　范晓艳　杨雯　著

出　　版：中国商务出版社

地　　址：北京市东城区安外东后巷28号　　邮　编：100710

责任部门：外语事业部（010-64283818）

责任编辑：李自满

直销客服：010-64283818

总 发 行：中国商务出版社发行部 （010-64208388　64515150 ）

网购零售：中国商务出版社淘宝店 （010-64286917）

网　　址：http://www.cctpress.com

网　　店：https://shop162373850.taobao.com

邮　　箱：347675974@qq.com

印　　刷：北京四海锦诚印刷技术有限公司

开　　本：787毫米×1092毫米　1/16

印　　张：11.5　　　　　　　　　　字　数：237千字

版　　次：2023年5月第1版　　　　印　次：2023年5月第1次印刷

书　　号：ISBN 978-7-5103-4442-8

定　　价：68.00元

前　言

　　当前社会经济迅猛发展，创新驱动、创新创业等国家发展战略需要能够引领技术革新与思想进步的大国工匠，也需要勇于开拓、积极进取的创业人才。在现代社会复兴的大背景下，工匠精神再次被提起，在满足职业精神需求基础上，更为本科院校培养应用技能型人才提供精神支持，培养工匠精神能有效提高应用本科型人才的竞争力，培育出专注、坚韧以及创新能力强的应用本科型人才，使学生树立正确的人才价值取向。

　　而高校作为培养双创人才的重要阵地，需要将工匠精神的思想基础与时代价值融入创新创业教育中，提升高校双创教育质效，以高质量的创新创业教育为载体，增强应用型人才培养效果，使学生发展成为兼具工匠精神与双创能力的应用型人才，为社会进步与时代发展贡献力量。本书将在研究工匠精神的基础上对我国高校应用型人才培养进行全方位解析与探讨，希望起到一个抛砖引玉的作用，也期望更多研究人员能投入到相关的研究领域中来。

　　总体来说，本书以章节进行布局，共分为六章。第一章为绪论，主要从工匠精神的产生背景、应用型人才的内涵与外延以及工匠精神融入高校应用型人才培养的需求三方面进行阐述；第二章分析了高校应用型人才培养的基础体系，主要从高校应用型人才培养的要素与特征、目标定位与发展以及高校应用型人才培养的模式构建和基本路径进行论述；第三章针对高校应用型人才的素质培养进行分析，主要从思想道德素质培养、科学素质培养、创新素质培养以及人文素质培养等方面进行了相应探讨；第四章主要对工匠精神的当代价值进行阐述，内容为工匠精神与经济竞争力、工匠精神与民族文化自信以及工匠精神与个体发展；第五章针对工匠精神融入高校应用型人才培养的体系构建，分别从工匠精神融入高校应用型人才培养的原则、方法、对策以及课程设计方面进行研究；第六章也是本书的最后一章，主要论述工匠精神融入高校应用型人才培养的质量保障，研究内容为工匠精神融入高校应用型人才培养的师资队伍建设、绿色环境营造以及质量体系控制等。

　　在撰写本书的过程中，作者得到了许多专家学者的帮助和指导，参考了大量的学术文献，在此表示真诚的感谢。本书内容系统全面，论述条理清晰、深入浅出，但由于作者水平有限，书中难免会有疏漏之处，希望广大同行及时指正。

作　者
2022 年 1 月

目 录

第一章 绪 论

研究论证工匠精神的时代意义，首先是要深刻理解工匠精神的深刻内涵。工匠精神在学术界还未有明确的定义，其概念可以初步表述为：从业人员的一种职业价值取向和行为表现，与其人生观和价值观紧密相连，是从业过程中对职业的态度和精神理念。具体而言，它是从业人员对产品精雕细琢、精益求精的理念，是不断地雕琢产品、改善工艺、享受产品升华的过程。

第一节 工匠精神的产生背景

工匠精神的精髓在于对品质的追求，其目标则在于打造本行业的精品。工匠精神是一种技能和理念，更是一种敬业精神；工匠精神对人才培养而言，其精神实质就是要保证人才培养质量。人才培养供给侧结构性改革的核心问题是解决人才培养供给与需求的类型结构、层次结构、专业结构矛盾。大力实施人才培养供给侧结构性改革，培养具有工匠精神的新型实用人才，既是高等教育人才培养目标，也是高等教育服务地方经济振兴的首要任务。在当前供给侧结构性改革的大背景下，高等院校的首要任务是以人才培养供给侧结构性改革为引领，加速学校内涵发展，开辟创新"补短板"，为地方经济振兴做出贡献。①

一、工匠精神提出的背景

在经济发展新常态下，产业结构的优化升级成为一种必然趋势，中国社会对于经济发展速度的关注逐渐趋于理性，而对于经济发展质量的关注则日趋高涨。在此背景之下，以精益求精为重要特征的工匠精神再次回归大众视野。工匠精神是一个国家永续发展的不竭动力，其独特价值对处于转型期的中国经济社会而言显得尤为珍贵。

---

① 伊焕斌. 实施人才培养供给侧结构性改革，为辽宁振兴发展培养具有工匠精神的新型实用人才 [J]. 辽宁广播电视大学学报，2017 (1)：1-7.

（一）工匠精神的历史溯源

工匠精神早在《诗经》中就能追溯到踪迹，《诗经·卫风·淇奥》有语："有匪君子，如切如磋，如琢如磨。"意即君子的自我修养就像加工骨器，切了还要磋；就像加工玉器，琢了还得磨。把对骨器、象牙、玉石的加工形象地描述为"如切如磋""如琢如磨"，这也在孔子的《论语》中得到高度赞赏，朱熹在《论语集注》中解读为"治之已精，而益求其精也"，《庄子》中出现"庖丁解牛，技进乎道"，《尚书》中提到"惟精惟一，允执厥中"，清代著名启蒙思想家魏源曾经也说过"技可进乎道，艺可通乎神"，都体现了古代中国的匠人精神。中国古代工匠在精益求精的基础上匠心独运，创造了令西方国家高山仰止的古代科技文明，展现了中国工匠及其精神的魅力和价值。然而，自公元 10 世纪以后，中国工匠精神逐渐失落。其原因有三：一是"官本位"思想根深蒂固。在中国社会科举制度下的"万般皆下品，唯有读书高""劳心者治人，劳力者治于人""奇技淫巧君子不为"等传统观念致使工匠的社会地位及其精神难以被认可和推崇，至今仍影响着人们的价值观念和职业选择。二是我国工业化起步晚、起点低。由于快速实现现代化的急切需求，我国在工业化、市场化的发展进程中片面追求规模、速度和利润，表现出急功近利、"集体浮躁"等特点，忽视了工匠精神。三是职业技能教育被轻视。"唯学历论"以及职业教育先天不足、后天发育不良等致使当前工人待遇低、晋升渠道窄、社会地位低，距从业者期盼的尊严工作、体面劳动尚有距离。①

10 世纪以前，中外工匠有着相似的历史境遇。但中世纪后期的欧洲，在文艺复兴和宗教改革的助推下，人文主义精神与科学精神的复兴和欧洲的技术革新运动极大地提高了工匠的劳动价值和社会地位。崇尚工匠精神成为一种"潜意识"，出色的工匠可以比肩作家、艺术家。西方国家工匠精神得以发展繁荣，其主要原因如下：一是中世纪的宗教改革，推动基督教对劳动者及劳动价值的观念由矮化排斥转向认可崇尚，这是工匠精神得以形成的思想条件；二是城市手工业行会制度发展及技术繁荣是工匠精神得以外化的社会动因；三是实行职业教育国家战略，大力培养高技能人才，这是工匠精神得以形成的技术前提。在20 世纪中期，英国剑桥大学著名的科学史家李约瑟曾经有一个"世纪之问"："为什么中国没有诞生近代科学？"中国社会阶层的排位一直是"士农工商"，近千年，工匠精神在中国的失落，这种社会阶层地位排序可能是一个重要的原因，这应该引起我们的反思。

① 姜汉荣. 势之所趋：工匠精神的时代意义与内涵解构 [J]. 中国职业技术教育，2016 (21): 9-12.

（二）发达国家工匠精神的解读

1. 德国的工匠精神

德国是全球第三大经济体、欧洲第一大经济体，一流经济强国。2007 年，始于美国的全球金融危机波及全球，很多国家的经济受到了巨大冲击，但德国却能独善其身，其发达的制造业功不可没。据统计，德国的制造业为其经济发展贡献率超过 2/3。由此我们不得不审视是什么让德国有了如此发达的制造业。答案并不出乎我们的意料——工匠精神。德国的工匠精神是一种文化。德国素有"工匠王国"之美誉，德意志民族自古就有重视手工制造、崇拜技术的传统。早在 15—16 世纪，德国工匠就以技能精湛而著称。16 世纪，德国宗教改革家马丁·路德认为：人们无须服从教皇才能得度，依靠自身的辛勤劳动为人们制造出美好的产品也能得到救赎。19 世纪德国作家路德维希·蒂克在小说《青年木匠师傅》中，以木匠莱恩·哈特的口吻表达了对工匠精神的赞美："我总是想让人们的日常用品精致、美观、实用、耐用，这样人们就不用再添置别的东西了，我为此感到荣耀。"这种荣耀是流淌在德国工匠血液之中的。

2. 日本的职人文化

从明治维新开始，日本就形成了尊重和推崇技术的"职人文化"。"职人"指的就是工匠，"职人文化"的精髓即是工匠精神。日本的工匠精神表现在"职人"对自己的每一个作品都力求尽善尽美，以自己的优秀作品而自豪和骄傲，将不完美作品视为耻辱。传统的日本"职人"从拜师学艺开始自己的职业生涯，并将从师父那里学到的技能和做人做事的基本准则运用到所从事的事业中去。日本"职人"对高超技艺的追求达到超乎寻常甚至可以说痴迷的程度。他们对自己的技艺要求极为苛刻并为此不厌其烦、不惜代价，但求做到精益求精，完美再完美。日本"职人文化"的精髓可以用两个词来概括，那就是"执着"和"忠诚"。"执着"的意思是说对完美作品和高超技艺的追求永不停止，直到自己满意为止；"忠诚"指的是为所从事的事业倾其一生，绝不改行或放弃。

在日本，技能型人才非常受重视。有关资料显示，日本蓝领工人的平均收入甚至超过白领工人，技术学校毕业生的就业率达到惊人的 98%，远远超过大学生。较高的收入和令人尊敬的社会地位，给日本的蓝领工人带来了强烈的职业自豪感。日本的制造业也因此而获得了大批愿意为之献身的年轻后备力量。此外，传统手工艺的传人不仅得到了社会各界的尊重，而且经常见诸媒体。1955 年，日本建立了"人间国宝"认定制度。政府在全国不定期地选拔认定"人间国宝"，将那些大师级的艺人、工匠，经严格遴选确认后由国家保护起来，并予以雄厚资金投入，以防止手艺的流失。日本富士电视台还开办了蓝领技术对抗节目——《矛盾》，一方面为各行各业的技术工人提供了展示精湛技艺的舞台，另一方面也为"匠人文化"的传承做出了贡献。①

其实日本的"职人文化"并没有太多秘密，也许几个非常简单的词汇就可以概括：敬业、认真、负责、追求极致的品质。但是，一旦"职人文化"得到社会的广泛认可，融入日本人的血液之中，抽象为日本民族的形象"职人文化"，就会转化为蜚声海外的名誉和巨大物质财富，极大地提升了"日本制造"的国际地位和日本人民的民族自信心和自豪感。

（三）我国工匠精神提出的时代背景

2015 年度的《中国奢侈品报告》显示，中国消费者全球奢侈品消费达到 1168 亿美元，同比增长 9%，按当前汇率计算，约合 7400 亿元人民币，算上汇率变化，这个数字比 2014 年足足增加 1000 亿元人民币。中国人 2015 年仍然买走了全球约 46%的奢侈品，而绝大多数的奢侈品是外国制造的。此外，大家都知道的"国人到日本疯抢马桶盖""圆珠笔上的圆珠都需要进口"等事件和事例，无一不在拷问中国的制造业——为什么能够生产卫星火箭，却生产不出用户满意的马桶盖？在这样的时代背景下，李克强总理于 2016 年 3 月在政府工作报告中提出："鼓励企业开展个性化定制、柔性化生产，培育精益求精的工匠精神，增品种、提品质、创品牌。"② 2016 年 5 月，中央电视台推出了《大国工匠》系列节目，宣传了当代中国各行各业中有代表性的能工巧匠，其中有为火箭的心脏发动机焊接的第一人高凤林，有被称作"两丝"钳工的顾秋亮，有成为中国第一位从事高铁列车转向架"定位臂"研磨的工人宁允展，有捞纸大师周东红，有为 APEC 会议制作礼物的篆刻大师孟剑锋等。

同为企业员工，他们文化不同，年龄有别，之所以能在物欲横流的社会匠心筑梦，在于他们都具有爱岗敬业、耐心、专注、坚持、严谨、一丝不苟、精益求精等一系列优异的品质。

我国要从"制造大国"转变为"制造强国"，需要培育和弘扬工匠精神。30 多年的中国企业发展之路出于快速改变状况的动机，企业主要的关注点在效率上，忽视了在产品制造、生产方式和经营管理模式方面下硬功夫。而现在的局面完全不同，在企业竞争、产品竞争白热化的现实面前，粗制滥造的产品不再有市场了，消费者的注意力已从物质本身转到产品的品质上来。而高品质的产品需要有工匠精神才能被制造。这种趋势要求企业必须大力培育工匠精神。

① 肖群忠, 刘永春. 工匠精神及其当代价值 [J]. 湖南社会科学, 2015 (6)：36-40.
② 李宏昌. 供给侧改革背景下培育与弘扬工匠精神问题研究 [J]. 职教论坛, 2016 (6)：33-37.

只有出现一大批具有工匠精神的从业者，才能提高产品的整体品质；也只有出现一大批以工匠精神为立业之本的企业，才有可能为具有工匠精神的从业者成长提供条件。随着科技的飞速发展，我们不是去呼吁大家重回传统工匠手艺，而是在新科学技术和制造业产业链支撑下传承工匠所代表的醉心钻研、精益求精、追求完美品质的精神。

二、工匠精神的社会属性

美国当代著名社会学家理查德·桑内特认为："工匠精神就是为了把事情做好而把事情做好的欲望。"科隆大学学者罗多夫将"德式"工匠精神的特点总结为："慢、专、创新"。美国畅销书作家亚力克·福奇认为："只要是有好点子，并努力把它实现的人都可以称之为工匠。工匠并不单指传统意义的手艺人，还包括使用现代技术工具、利用创新精神解决各种问题的发现者和发明家。"[①]

从这些观点中，不难总结出工匠精神具有以下特点：精益求精、追求极致、孜孜不倦、永无止境。工匠精神，从字面的意思来看是指工匠对自己的产品精雕细琢、精益求精，追求完美和极致的价值取向和行为表现，它体现的是一种职业态度和精神理念，核心是对品质的追求。以上看法在总体上描述了工匠精神的一些关键的或重要的特征，并没有相对明确地界定出工匠精神的基本内涵。笔者认为，工匠精神的基本内涵可以从以下三个层面来理解：

1. 思想层面。工匠精神指的是爱岗敬业、无私奉献、甘为孺子牛的精神，是从业人员对工作始终保持认真、负责、热爱的态度和精神理念。爱岗敬业、无私奉献是工匠精神的力量源泉。从这个层面上讲，工匠精神不应当狭义地认为是工人或蓝领才需具备的精神，而是广泛包括各行各业的人在各自工作岗位上应有的价值追求与精神品质。因此，工匠精神是一种全民族的精神，它存在于每一个人的身上、心中。

2. 行为层面。工匠精神表现为勇于创新、持续专注、注重细节。我们熟知的大国工匠，个个都是持续专注、敢于开拓创新的推动者。工匠精神所倡导的执着、专注，并不是简单的机械重复或是因循守旧、一成不变，而是强调在原有技术路线上精益求精，在传统技艺基础上不断钻研、革新，在一点一滴的积累中实现技术和工艺创新的过程。它的核心内涵是要不断地钻研、革新以及传承。

3. 目标层面。工匠精神指的是精益求精、追求极致的精神，是努力想要把品质从99%提升到 99.99%的精神。工匠精神的目标就是要打造本行业的精品。对于真正的工匠而言，工作不单单是赚钱、养家糊口的工具，更是一种执着坚持、对产品打造精益求精的

---

① 孟源北. 工匠精神的内涵与协同培育机制 [J]. 职教论坛, 2016 (27)：16-20.

信仰。对产品每个细节做到极致的欲望、注重工艺的精致化、对产品卓越品质的坚持和追求正是工匠精神的重要体现。

三、工匠精神的几个误区

工匠精神首次被写入政府工作报告中，很快引发了各方热议。浏览各类媒体，关于"什么是工匠精神""中国制造呼唤工匠精神"，探讨为什么需要工匠精神、需要什么样的工匠精神、怎么培养工匠精神之类的评论文章频频刊出，从不同角度和层面阐述了工匠精神对于振兴"中国制造"的重要意义。拜读其中的许多篇文章后，在震惊和振奋之余，笔者也隐隐感到，对工匠精神内涵与外延的认识，我们或已走入了误区，须加以澄清，以正视听，避免走弯路。

（一）误区一：工匠精神外延窄化

对于什么是工匠精神，有关部门曾经做了一个调查，或许是受央视节目《大国工匠》的影响，虽然绝大部分被提问者无法完整、明确说明其要义，但是许多人都提到了《大国工匠》中8位传奇工匠用"8双劳动的手"所缔造的神话，有些人甚至对上海飞机制造有限公司高级技师胡双钱的事迹如数家珍。一个零件价值100多万元，以发丝大小的孔径，仅仅依靠双手和传统的铁钻床，便能快捷、精准地将36个孔打好。35年加工数十万个飞机零件，没有出现过一个次品！也许正因为这些大师们的第一次"露脸"，让人们惊叹于他们的特殊存在，再联想起周边的劣品成堆，大家油然感慨：中国制造需要工匠精神。

基于这样的逻辑推理，许多人自然便将工匠精神与工艺大师等同起来，顾名思义地认为工匠精神就是工匠身上具有的特殊精神。就连百度百科也曾把工匠精神定义为："是工匠对自己的产品精雕细琢、精益求精的精神理念。工匠们不断雕琢自己的产品，不断改善自己的工艺，享受着产品在双手中升华的过程。"这样的表述完全基于工匠、基于产品、基于工艺，显然已经将工匠精神的外延窄化了。殊不知，工匠精神不仅仅是指瑞士的手表、德国的机械，还包括日本的企业管理理念，更与中国的庖丁、鲁班、卖油翁等历史悠久、脍炙人口的"工匠"式传奇有关。此外，许多千古流芳的教育名家，也曾用毕生的敬业工作塑造了"教书匠"式的丰碑。由此看来，对于工匠精神的认识，我们确实存在着一些偏颇。

（二）误区二：工匠精神意味着无私奉献，安贫乐道

《大国工匠》中的8位传奇工匠，显然都是央视精挑细选的国宝级代表人物，他们都在各自非常重要的岗位上从事着非常重要的工作。"冰冻三尺非一日之寒，水滴石穿非一

日之功。"这些工匠艺高技精，显然不可能一日功成，往往都是几十年的磨炼，才能成就惊世奇功，他们身上都有甘于吃苦、甘耐寂寞的"老黄牛"精神。《大国工匠》的报道，印证了这一普遍规律。

然而，强调工匠精神是否就意味着无私奉献，安贫乐道？如果计较了报酬收入，是否就不具有工匠精神？这些为国家、为企业做出特别贡献的国宝级工匠们，到底能不能在自身待遇的获取上与时俱进、与市场接轨？这是我们迫切需要考虑的国家层面的战略决策。能够在物欲横流的大环境下"坐怀不乱"，确实不可多得，精神可嘉；但若能够劳有所获、付出与收入对等，满怀自豪与自信地体面工作，这些身怀绝技的工匠们，是否会有更多的激情？还以胡双钱为例，平均每周有 6 天泡在车间里，作为一个一线工人，他没能给家里挣来更多的钱，只是带回了一摞摞的奖状证书。直到一年多前，一家人才从住了十几年的 30 平方米的老房子里搬了出来，住进了贷款购买的上海宝山区 70 平方米的新家。反差如此之大的梦想与现实，如何能够安慰工匠大师们的付出？虽有国宝工匠的荣誉称号，却在现实生活面前捉襟见肘，这又如何能激励面临巨大生活压力的年轻一代的追随？常言道，安居才能乐业。衣食无忧才能谈理想、讲奉献，才能静心定气地投入到自己喜爱的工作之中，才有可能成为快乐、执着、卓有成效的"工匠"。

所以，我们迫切需要在全社会形成崇尚工匠精神的良好氛围，解除"工匠"们身份、级别、学历的束缚，根据贡献提高他们的工资待遇，并在住房、医疗、养老等方面予以政策上的倾斜，使他们没有后顾之忧，保证他们耐得住寂寞、受得住诱惑、克服得了困难，真正把从事的工作当作一种事业、一种追求，用毕生精力铸就工匠精神。

（三）误区三：只有职业院校需培养工匠精神

光从字面上看，这样的表述并无过错。众所周知，工匠精神是追求极致的精神，是对职业敬畏、对工作执着、对产品负责的态度，是极度注重细节、不断追求完美和极致的信仰。这样宝贵的职业精神如何培养？自然离不开职业院校开设相应的理论课程进行系统的引导，并在具体的实习操作中强化训练。

可以说，培育工匠精神，职业院校责无旁贷。然而，工匠精神培养更离不开企业的参与，我们更应充分地发挥企业作为育人主体的作用。令人遗憾的是，在工匠精神的传承与培养方面，国内企业做得非常不够，与许多发达国家名企辈出、品牌扎堆相比，我国的长寿企业、百年品牌寥若晨星。据报道，截至 2012 年，全球寿命超过 200 年的企业，日本有 3146 家，为全球最多，德国有 837 家，荷兰有 222 家，法国有 196 家。这些企业何以长寿？根本秘诀在于它们非常重视传承宝贵的工匠精神！而我国的工匠精神却失传已久，普遍被"差不多"文化所取代，"差不多就行了"甚至成为车间和作坊之外很多人的生活态度。企业（家）对眼前的利益趋之若鹜，山寨产品漫山遍野，"快挣钱，挣快钱"成为众人心照不宣的追求，鲜有人守得住寂寞、崇尚和维护工匠精神，最终导致"中国制造"难成"中国创造"。在这样的文化氛围里，工匠精神的没落和消亡也就在所难免。更令人担忧的是，企业自身的这种职业态度还会对职业院校的办学理念和学生的价值观、人生观产生负面影响。所以，要让工匠精神在职业教育中"扎根"，企业首先必须转变观念，致力于打造百年老店、民族品牌，并积极营造培育工匠精神的良好环境，主动承担职教人的重任。

客观地讲，工匠精神既是中华民族的传统美德，又是我们今天重提待塑的新生事物。对工匠精神的理解认识有偏颇并不可怕，只要我们抱着谦虚、审慎的态度去研究和接纳，工匠精神就一定能够早日完美回归，成为民族振兴的制胜法宝。

四、工匠精神的应然解构

所谓工匠精神是指工匠对自己的产品精雕细琢、精益求精的精神理念，专业、专注、极致等都是其关键词。对工匠精神的内涵进行解构，可以进一步认清我国职业院校的人才培养目标，为职业教育本身的应然作为提供路径。

（一）"匠心"——工匠精神之基

所谓"匠心"，就是对职业的高度认同，有安于做一名"工匠"的意愿，这是工匠精神之基。职业认同一般是指个体在心理上对于自己所从事职业的意义、价值等的赞同或认可，关系着个体生产劳动观念的确立和对所从事职业的忠诚度。

"匠心"的营造，是一项社会、学校、政府互动共振的系统工程。首先，整个社会要营造尊重劳动、尊重劳动者的氛围，让"劳动最光荣"成为全民的核心价值观。按生产要素分配与按劳分配的结合，让一部分人模糊了对于"多劳多得"的认识，片面地认为付出劳动的多寡与回报不再是正比例关系了，进而衍生出许多投机取巧的事情来。2013年五一国际劳动节前夕，习近平总书记在全国劳动模范代表座谈会上曾指出："人民创造历史，劳动开创未来。实现我们的奋斗目标，开创我们的美好未来，必须紧紧依靠人民、始终为了人民，必须依靠辛勤劳动、诚实劳动、创造性劳动。"这一历史唯物主义的观点，与"劳动群众创造历史"一脉相承，也从根本上决定了劳动必须得到尊重，而且要拒绝投机，诚实劳动。其次，职业院校要营造出浓郁的职业技术文化氛围，让学生充分感知职业和劳动，并能够深刻体会到做一名技术工人的光荣。近年来，各行各业涌现出了一大批岗位标兵、技术能手，他们的先进事迹，尤其是生产一线技术工人、院校优秀毕业生的先进事迹，都可以成为学生学习的榜样。再次是政策导向，国家调整职业教育相关政策，让更多的学生走进职业院校学习专业技能。瑞士的世界品牌占有量居全球第一，其职业教育功不可没。在瑞士每年有70%以上的初中毕业生进入中等职业学校学习，生源规模导致了学习竞争压力的传递，在一定程度上可以促进职业院校学生学习专业技术的自觉性。

（二）"匠术"——工匠精神之本

所谓"匠术"，是指基于技术、技能运用所追求的合理、科学的技巧，广义上属于工匠情商的范畴，是工匠精神之本。

有人曾怀疑工业4.0和智能制造在解放人的同时，也会因为无人化车间的存在而对技术传承带来消极影响。现在看来，这种担心是多余的，因为人的智慧在人类历史发展进程中永远是不可或缺的，人的作用也会在传承与创新中得到更加淋漓尽致的展现。职业教育在其中需要解决两个问题：一个是重实践、轻理论的问题。职业院校在培养学生专业技能的时候，往往会片面强调专业实践课程的重要性，认为学生"会做"就行，至于个中原理并不重要，这种只将学生"扶上岗"的做法并不是高度负责的态度，也直接影响了学生职业发展的可持续性。另一个则是重技能、轻人文的问题。在教育中漠视学生综合素养的培育，导致学生人际交往能力、岗位迁移能力的不足，严重影响了学生职业发展能力的培养。职业院校要做的是正确处理好专业理论与实践、技能培养与全面发展的关系，传承好技术，培育好素养，帮助学生成长为"神乎其技""人技合一""行之久远"的人才。

（三）"匠德"——工匠精神之魂

所谓"匠德"，是对职业的专注，敬业而有为，这是工匠精神之魂。技术革新、社会进步正以前所未有的速度发展着，今天的新技术可能在三四年以后就有了新的变化。面对快速革新的技术，职业院校在人才培养中最需要解决的另一个课题就是如何让学生静下心来学好一门技术、用好一门技术。合格产品、高品质产品、卓越产品，这是产品的不同境界，也是做人的境界。技无止境，具有"匠德"的工匠，会专注于自己的产品或服务，永远行走在追求"把99%提高到99.99%"的极致之路上。一味追逐"投资少、周期短、见效快"的生产方式，或许可以带来一时的增长速度与回报，但绝不是长久之计，而且还极大地沙漠化了"匠德"的成长土壤。这也启示职业院校应该摒弃社会浮躁，安心做学问、传技能；教师应该心无旁骛，彻底改变"快餐式"教学、"教"与"学"两张皮的不良现状，和学生一起学在教室、走进车间，专心育技、耐心育人。教师对学生要有积极的期待，尊重学生的学习，尊重学生的发展。

五、工匠精神的时代意义

2015 年，中央经济工作会议明确提出，要积极推进供给侧改革，即"在加强需求侧即需求方面结构性改革、适度扩大总需求的同时，注重和着力加强供给侧即供给方面结构性改革、扩大有效供给、提高供给结构适应性和灵活性、提高全要素生产率……把新供给的潜在能量转变为新常态现实的领先动力"。为积极推进供给侧改革，既要持续推进自主创新，又要牢固树立产品质量意识，更要培育与弘扬工匠精神，从而为社会提供有效供给①。

（一）推进供给侧改革的客观需要

根据商务部的统计："2015 年中国游客在境外消费约 1.2 万亿元，继续保持世界主要旅游消费群体称号。"这既反映出当前我国制造业面临形势的严峻性，也凸显了新常态背景下推进供给侧改革的必要性。众所周知，以市场经济为主导的改革开放在使我国经济保持高速增长的同时，却忽视了规模经济发展的效益与质量，日益形成生产快餐化、效益泡沫化、利润暴利化与发展无序化。特别是伴随着经济全球化趋势的日益增强、我国参与国际竞争的日益激烈，过去靠人才资源在数量上集聚的劳动密集型生产所带来的优势日渐式微，技术含量低下、产品质量低端、发展战略滞后等问题也日益凸显，从而导致了当前我国消费市场需求与产品供应之间的严重失衡与相对过剩。

为了破解这一系列难题，客观上需要通过实现优化供给体系与供给结构，全面提升企业生产质量与效率。而要实现优化供给体系与供给结构、全面提升企业生产质量与效率，就必须大力培育与弘扬工匠精神。因为，实现中华民族新时期伟大复兴的中国梦，不仅需要科技战线上的专家学者，而且需要普通一线的能工巧匠。特别需要能工巧匠都具备敬业、精益、乐业，专注、创新的工匠精神，从而以此为动力，追求每一细节的尽善尽美，拥有"舍我其谁"的责任担当，崇尚宁静致远的精神境界。

（二）实施质量强国战略的必然选择

质量发展是强国之基、立业之本与转型之要。因此，当前我国正全面实施质量强国战略，大力倡导改革创新，不断强化政策引导，把注重与提升质量始终作为推进供给侧改革的出发点与落脚点，更为重要的是，要通过"培育和弘扬精益求精的工匠精神，引导企业树立质量为先、信誉至上的经营理念，立足大众消费品生产推进'品质革命'，推动'中

---

① 江雪. 对我国工匠精神缺失的思考 [J]. 兰州教育学院学报，2017（2）：51-53.

国制造'加快走向'精品制造',赢得大市场"。实施与推进质量强国战略的根本目标在于实现"中国制造"向"中国创造"和"中国智造"的根本性转变,从而树立中国产品在国内与国际上的新形象、新品牌。事实上,"中国创造"与"中国智造"就是对产品"质量"的追求与推崇,就是注重精益求精的工匠精神的培育与弘扬,并将其日益转化为企业的品牌凝聚力与核心竞争力,不断树立与强化"卓越质量"意识,进而深入推进质量强国战略。所谓"卓越质量",一般是指"以最低的成本、最高的效率实现顾客让渡价值(customer delivered value)最大化,取得最佳经营绩效的质量"。

由此可见,"卓越质量"与工匠精神在价值诉求上具有一致性与相通性,培育与弘扬工匠精神在实现有效供给的过程中,要不断提升企业的质量竞争力、增强企业的核心竞争力,从而不断开拓"精品制造"的新境界,树立"中国智造"新形象。

(三) 加快制造业转型升级的现实路径

实践证明,工匠精神对于推动当代中国制造业转型升级具有战略意义与价值,因为工匠精神能够不断激发当代中国制造业领域的创新理念、创新精神与创新能力,不断提升当代中国制造业领域的生产品质、生产品位与生产品牌,从而不断推动当代中国制造业的优化升级与创新发展。

因此,在推进供给侧改革的过程中,亟须培育与弘扬工匠精神,以实现我国从"中国制造"向"中国创造"的根本转变,进而将工匠精神日益培育与打造成当代中国的一种新型软实力。作为国民经济的主体,制造业是当代中国的"立国之本、兴国之器",要实现从"制造大国"向"创造强国"的根本转变,客观上要求培养和造就数以亿计的高素质、高技能的技术技能型人才。而要培养和造就此类人才就必然要大力培育与弘扬工匠精神,通过具备工匠精神人才的耐心、专注、执着与创新,持续推进当代中国制造业的质量升级、技术升级、品质升级、战略升级,积极促进我国制造业日益向"高端、智能、绿色、服务"等高科技、高效率、高品质的方向发展,进而培育我国制造业新的"增长极"、凝聚我国制造业新的"加速度"、增强我国制造业竞争的新优势,不断推进当代中国制造业追求高品质、打造新格局、提升新境界。

(四) 实施创新驱动发展战略的重要举措

推进"五位一体"与"四个全面"的战略布局需要全面实施创新驱动发展战略。当前,全球制造业发展格局的深刻变革与我国经济发展新常态的不断推进,客观上要求我们必须紧紧抓住这一战略机遇,培育创新精神、注重创新驱动、推动创新发展。在"大众创业、万众创新"的感召下,工匠精神具有创新的时代意蕴,将工匠精神所秉承的"专注、执着、创新、奉献"等理念融入到每一个产品创造过程中的每一环节、每一细节,这既是对职业无限忠诚与无比敬畏的写照,又是对推陈出新与追求卓越的诠释。

因此,"要加快实施创新驱动战略,推动大众创业、万众创新,不仅要有别具一格的创新思维,抓住市场的新需求,还要有精益求精的工匠精神,追求细节和质量,两者结合起来才能开发出适应市场多样化需求的优质产品"。所以,在"中国制造"向"中国创造"根本转变的过程中,要适时培育与弘扬精益求精的工匠精神,从而不断赋予中国创造的"精品"以更优良的品质、更丰富的内涵。在推进供给侧改革的过程中,要通过培育与弘扬工匠精神,注重大力培育创新精神,彻底革除沉疴积弊,强化创新驱动发展,颠覆落后思维定式,为建设创新型国家凝聚精神动力。

第二节　应用型人才的内涵与外延

从国际上来看,美、英、德等国家高等教育应用型人才培养在其历史进程中已经积累了较为丰富的经验,形成具有较强借鉴意义的模式。因此,介绍发达国家应用型人才培养的特征对于探索国内高校应用型人才培养有着重要的参考价值。

一、美国应用型人才培养的发展和特点

(一) 美国应用型人才培养的发展历程

美国是世界高等教育最为发达的国家,其不但以培养高水平的学术型人才享誉全球,而且在应用型人才培养方面也积累了丰富的经验。美国应用型人才的发展经历可大致分为三个阶段。

第一阶段是初始期。19 世纪中后期工业革命的到来,引发了经济、科技的迅猛发展和对应用型人才的强烈需求,促使美国联邦政府于 1862 年颁布《莫里尔赠地法案》(the Morrill Land Grant Act),提出了"为各州农业和工业发展服务"的办学理念,并新建了一批"赠地学院"和"农工大学",以满足普通民众日益强烈的高等教育需求和解决生产实践过程的具体问题。其后,美国联邦政府继续于 1887 年颁布《哈奇法案》(Hatch Act),于 1890 年颁布《第二项莫里尔法案》(Second Morrill Act),拨款资助州政府创办赠地大学,培养农业和机械工程等方面的应用型人才,以应对国内工农业迅速发展和人口激增对高等教育的新需求。1904 年,作为赠地大学之一的威斯康星大学提出应该重视大学为社会服务的功能,培养社会所需要的人才,此即著名的"威斯康星思想",使应用型人才培养

在美国高等教育体系中赢得一席之地，并逐渐形成了独具特色的美国高等教育应用型人才培养模式。

第二阶段是发展期。第二次世界大战后，世界经济和科学技术呈快速发展态势，美国各行各业迫切需要大量应用型人才，当时四年制本科生因培养周期长而满足不了社会的需求，高中阶段的学生没有经历过专业学习和训练，其能力又适应不了快速发展的经济社会需求，故两年制的社区学院便发展起来。与此同时，美国政府和企业加大了对高等教育的投资力度，使高等教育的规模得到了迅速的扩张，特别是 1955 年《退伍军人法案》的颁布，使美国高等教育迅速进入普及化阶段，由此高校的毕业生数量也呈现大规模增长趋势。20 世纪 70 年代，由于石油危机引起的经济萎靡，使得传统上偏重理论教育和通识教育的毕业生就业问题频出，于是对于应用型人才的培养日渐引起了广泛的关注，人才培养过程中的职业化和专业化得以凸显。总的来看，此阶段美国大公司和教育机构的大规模扩张，产生了对工程师、教师和会计师等高层次应用型人才的强烈需求，推进了美国应用型人才培养的发展，成为美国高等教育大众化和普及化进程中的显著特征。

第三阶段是成熟期。20 世纪末的科技发展和全球经济一体化进程进一步推进了美国应用型人才培养工作的开展。面对中国、印度等新兴国家的经济和技术竞争压力，美国的应用型人才，尤其是高层次应用型人才得到了更大的重视，并在前期发展的基础上，逐渐形成了成熟且特色纷呈的应用型人才培养模式，如加州大学的"个人专业"模式、辛辛那提大学的"工学交替"模式、百森商学院的"创业实践"模式等，引起了高等教育界的广泛关注和认同。

（二）美国应用型人才培养的主要模式

从培养主体和学制安排的角度看，美国的应用型人才培养模式可划分为三种类型：整体培养模式、高年级分流培养模式和合作培养模式。整体培养模式由全日制教育计划承担，学制一般为四年或五年，新生在录取时即确定专业学习方向、课程和实习计划，开设的课程一般包括通识课程、专业必修课程、专业选修课程、实习计划或合作教育计划四部分，培养计划的管理主体是高校。高年级分流培养模式一般要求学生先修完一定的必修课，然后在二年级或三年级选择申请专业学士学位，这是美国培养应用型人才的特色，很多新生在录取时并未确定专业，毕业时再以学生选修的课程最终确定学士学位的类别和专业。合作培养模式是由高校和一个或多个机构合作共同培养学生的模式，如塔夫茨大学（Tufts University）、波士顿的美术博物馆学院（the School of the Museum of Fine Arts）和波士顿美术博物馆（Boston Museum of Fine Arts）合作举办的美术学术学位是美国通过合作模式培养应用型人才的典型案例。

从承担培养工作的院校类型和教育形式的角度看，美国应用型人才培养可分为社区学院、大学和技术学院、工程教育等三种模式。首先来看看社区学院模式。在美国近 4000 所高等院校中，两年制社区学院的数量多、占比高。美国社区学院以加速社区建设，满足社区需要为办学目的，因此其在制定办学目标时，既要考虑社区发展的实际需求，也要考虑学生发展的客观规律，由此使得社区学院的教学方式灵活多变，以适应不同文化水平、家庭背景、能力、兴趣等方面存在差异的学生。在课程设置上，社区学院在提供针对本科院校升学课程的同时，还非常重视职业技能（可获得职业文凭证书）和地区性培训课程的编排。在学制方面，社区学院一般都是两年制，时间较短，学生毕业达到要求即可授予副学士学位，并可进入四年制本科院校继续深造。

其次是技术学院模式。技术学院的办学目的是为了适应经济快速发展需求而培养本科层次应用型人才，其中多是具有较强实践操作能力且对程序规划熟知的技术师。在技术学院的学生来源方面，主要是社区学院的毕业生和部分普通高中毕业生。在课程设置上，为了保证应用型人才培养目标的顺利完成，美国技术学院的教学计划普遍减少了与专业关联不大的基础理论课程的学习，增加了实用课程，特别注重提高学生实践技能的应用课程和实践课程的学习。这类院校的学制通常是四年，毕业生可授予学士学位。

第三是工程教育模式。与前两种高校类型的应用型人才培养情况不同的是，美国还有一种以"工程教育"为特色的教育模式。工程教育是一种培养工程应用型人才的教育形式，起源于 18 世纪后期，主要特点是高度关注生产实践，以提高学生解决实际问题的能力为主要目标，强调与经济社会发展相适应，重视将工程知识和研究成果积极应用到环境保护、能源利用等关乎民生的实际问题上。其中，CDIO 工程教育模式是培养应用型人才的经典模式，是由麻省理工学院和瑞典皇家工学院等四所大学的研究团队共同提出的。该模式是以 CDIO 工程教育理念为依托，以能力培养为目标，旨在以产品研发到产品运行的生命周期为载体，通过构思（Conceive）、设计（Design）、实现（Implement）和运作（Operate）的方式学习工程，重视培养学生学习工程基础原理的能力，更注重培养学生应用工程原理解决实际问题的能力。

（三）美国应用型人才培养的特征

一是培养模式强调能力特色。美国在应用型人才培养过程中，普遍采用的是一种被称为"以能力为基础的教育"（Competency Based Education）的培养模式，简称 CBE 模式。这种人才培养模式突破了传统的以学科为单位的课程体系的约束，在对行业内进行结构精确拆分的基础上，采用理论知识和实践技能相结合的模块化的课程设置。在教学内容的选择上，CBE 模式也充分考虑了行业内在结构上的实际需求，分模块将其编制成各种类型的

"学习包"。"学习包"的制定是在高校、行业团体、一线企业、职业技能评定机构的协同参与下共同完成的。主要内容包括专项能力及其各项达成指标、学习效果评价体系、学习资料索引等方面。在运行方式上，CBE 模式也更为灵活。在与学分制相结合的基础上，实现了学生依据自身意愿和能力在不同模块间的自主选择。

二是课程体系突出应用特征。美国应用型人才培养课程体系的设置，非常注重应用特征的体现。基础理论课程、专业理论课程和专业学习课程是其课程结构的三个主要方面。其中：基础理论课以通识教育为主，内容多、跨学科且涉猎广泛，有助于学生开阔视野，拓展思维；专业理论课主要对于本专业内涉及的理论知识进行强化，为后续学习打好基础；专业学习阶段则是对于专业知识和技能的进一步深入，拓展专业视野，提升专业素养。在课时比例的分布上，基础理论课所占比例较少，专业类和实践类课程比重较大。在教学内容上，实现了依据行业发展最新形势而快速调整的动态更新，增强了教学的灵活性，提高了学生培养质量。

三是教学实施与实践密切融合。美国应用型人才培养的教学计划是依据行业内在结构和人才标准，在高校、行业团体、一线企业、职业技能评定机构的协同参与下共同制订的，突出了对于学生的实践能力、沟通能力、独立学习能力和团队精神、创新精神的培养。在教学方法的选择上，广泛应用案例教学和现场教学的方式，借助实验、讨论等多种课堂形式，不断激发学生学习的主动性和积极性。其中，效果最好、影响最大的是案例教学法：学生在老师的引导下，以不同角色进入"案例现场"展开以分析讨论为主的探究性学习，提高自身分析、解决问题的能力。案例教学拉近了教学情境与实际生活的距离，大大增强了学生学习的真实感受，很好地将理论学习和实践训练紧密结合起来。

二、英国应用型人才培养的发展和特点

英国的高等教育历史悠久、体制完善、管理规范，在世界高等教育中享有很高的声誉。英国高等教育不仅学术成就卓越，而且也很注重对应用型人才的培养。

（一）英国应用型人才培养的发展历程

18 世纪英国工业革命以后，应用型人才培养开始起步。由于工商业的迅速发展，对应用型工程技术人才、管理人才和经营性人才产生了迫切需要。但是，英国社会传统的重人文轻技术的思想，导致英国传统的高等教育也强调学术教育，以基础研究为主，偏重理论人才的培养，忽视应用研究和应用型人才的培养。在此情况下，19 世纪 20 年代开始，英国掀起了兴办近代新大学运动，在一些工业城市陆续创建了一批非教派、不寄宿、低收费、重实业的理工类学院，这些学院绝大多数偏重工业和科学领域，而且大都成为所在城

市的工业研究和人才培养中心。如利兹学院、谢菲尔德学院、伯明翰学院、伦敦学院分别成为纺织业、钢铁业、酿酒业、机电业的研究中心和人才培养中心等，与牛津大学和剑桥大学不同的是，这些院校培养的不是教师和政界官员，而是企业经理、设计师、工业设备开发人员及推销员，"虽然这些新式大学所培养的学生数量不太多，还不能充分满足工商业快速发展的需要，但是代表了高等教育发展的新趋向，也揭开了英国应用型人才培养的序幕"。

20 世纪上半叶，由于两次世界大战的影响，英国的高等科技教育获得了前所未有的推动力。"20 世纪后，随着大英帝国的光芒逐渐暗淡，大学与工商业的关系发生了根本性的变化。这种变化是从红墙大学开始的，继而传统大学也开始改变原有的作风。出现在 20世纪初的红墙大学的最大特点，是以现代技术和工业为重点开设相关课程，职业性教育是这些新大学教学活动的中心。这些被称为红墙大学的学校大多脱胎于 19 世纪中后期建立的城市学院。城市学院由于大多由地方捐资兴办，因而与各大城市的生活密切相关。为了适应当地工业发展的需要和吸引工业界的支持，几乎所有的城市学院都明确表示它们创办和存在的目的是为了当地工业发展服务。"① 在此期间，大学不但开设科学技术教育课程，还与工业界建立了越来越密切的联系，在很大程度上促进了应用型人才培养的发展。

20 世纪下半叶以来，英国应用型人才培养进入快速发展时期，在这个时期，英国高等教育经历了一系列重大变革。高等教育的办学方针、制度设计和管理体制等方面有了深刻的转变，逐步完成了贵族教育向平民教育、精英教育向大众教育的转型，并使英国应用型人才培养得到飞速发展。

1963 年，英国发布《罗宾斯报告》（The Robbins Report），明确指出英国应扩充高等教育，改变培养传教士、法官、律师和医生的传统高等教育目标，向人们提供技术和才能教育服务，使有能力、有条件、有愿望接受高等教育的人有机会接受高等教育，而且还提出要加强大学与政府机构及产业界的合作，促进大学和产业界的交流。《罗宾斯报告》对英国高等教育产生了革命性的影响，有效促进了多科技术学院的建立，有力推动了 20 世纪 60 年代英国高等教育的大发展，同时也使英国应用型人才培养步入快速发展期。

1966 年，英国教育与科学部颁布《关于多科技术学院与其他学院的计划》（A Plan for Polytechnics and Other Colleges）白皮书，以法律政策形式确立了高等教育二元制体制，主张把原有继续教育机构中的 90 多所艺术、教育和技术等独立学院按地区进行调整合并，成立具有综合性质的地区学术团体，即多科技术学院。1969 年 1 月，哈特菲尔德多科技术学院成立，正式拉开了英国多科技术学院的发展序幕。1969—1973 年，英国创办了 30 所

---

① 贺国庆，王保星，朱文富等. 外国高等教育史 [M]. 北京：人民教育出版社，2003：77-79.

多科技术学院；1989—1991 年又创办了 4 所。到 20 世纪 90 年代初，英国共创建了 34 所多科技术学院，形成了包括古典大学、新大学、多科技术学院、教育学院、继续教育学院和开放大学在内的多层次、多规格的高等教育系统。

多科技术学院冲破了传统大学的限制和束缚，采用多学制、多层次的人才培养模式，灵活多样地培养了大批社会急需的技术工程师。多科技术学院采用分流施教的形式，其学制长短不一，主要分为二年和四年，二年制的课程结束后，学生既可以选择就业，也可以继续升学修读四年制的高级课程以获得大学本科毕业证书和学士学位证书，使英国适龄青年在高等教育机会、形式、资源和层次方面得到了合理分流，促进了社会良性分层流动。总的来看，多科技术学院的快速发展和其注重培养多层次应用型人才的办学特点，不但促进了英国高等教育大众化的发展进程，而且也使其在很长时间内成为英国应用型人才培养的主要模式，为英国高层次应用型人才培养做出了重要贡献。

进入 20 世纪 90 年代以来，英国应用型人才培养进入了全面发展时期。1991 年 5 月，英国议会颁布《高等教育：一个新框架》（*Higher Education：a New Frame-work*）白皮书，建议废除大学和非大学（多科技术学院和高等教育学院）之间的界限，建立统一的高等教育体系。1992 年，英国议会通过《继续教育和高等教育法》（Further and Higher Education Act），赋予多科技术学院授予学位的权力，允许达到一定标准的多科技术学院改称为"大学"，运行多年的二元制高等教育体制被合并，大学与非大学的职能逐渐融合，英国高等教育系统也在经济和社会发展的推动下，与工业界、产业界发生了越来越紧密的联系。

20 世纪 90 年代多科技术学院等非大学院校升格为大学后，仍然注重开设实用的课程，以及注重与当地行业企业的联系。受此影响，传统大学也积极借鉴多科技术学院的做法，加强与产业界的联系。甚至可以说，一元制高等教育体制的建立，推进了高等教育界和产业界的联系，使大学更多地关注和响应市场需求，以培养直接服务于社会发展的应用型人才。虽然此时仍然有部分大学固守传统，继续执迷于理论性、学术性学科，但大学与社会经济发展以及和产业界之间日益密切的联系已成为不可逆转的趋势。这一变化也可从管理机构的沿革和调整中一窥端倪，如教育部于 1995—2001 年与就业部合并后改为教育与就业部，2001—2007 年改为教育与技能部，2007—2009 年改为创新、大学与技能部，2009 年与商务、企业与管理改革部合并，成立商务、创新与技能部，名称、职责的变迁表明英国政府对高等教育与产业、学生就业的联系越来越重视，对大学生就业能力的提高越来越关注。[①] 大学与行业企业的紧密联系主要体现在两方面：一是大学根据产业界的需求设置专业、开设课程，直接根据社会、经济和科技发展需要培养应用型人才；二是大学教

---

① 陈新忠. 卢瑶. 分流施教：英国多科技术学院应用型人才培养的经验与启示 [J]. 教育与职业, 2016 (23)：23-27.

师与企业科技研发人员联合开展应用型研究，既增强了大学教师的科研应用能力，又促进了产业界生产技术水平的提高。

总而言之，伴随着二元制高等教育体制的结束，英国以一元制高等教育体制取而代之，此时高校与产业界的联系也在多方面因素的影响下得到了有效的加强，使英国越来越多的大学加入了应用型人才培养的行列，应用型人才培养由此进入全面发展阶段。

（二）英国应用型人才培养的特征

一是重视培养学生的职业素质。受教育实用主义的影响，英国的本科应用型专业培养目标大多都直接指向市场上的具体职业，如教师、医生、工程师、企业管理者等。由于英国大学一向拥有高度的学术自治权力，使得大学有权力根据市场需要灵活地设置专业、调整课程，并将课程体系设计成多个模块，以供学生灵活选择。而且，英国的高等教育和职业教育结合紧密，两者的学分已实现互认互通，即如果一个学生获得高级程序员资格证书，那他便有资格申请免修大学的一些相关课程。

二是重视提高学生独立思考与理论应用的能力。课堂多采用小班授课，灵活采用如协作式学习、专题讨论、调查报告、口头演讲等教学方法。整体上，英国课堂教学能理论联系实际，以学生为主体，重视学生学习积极性的发挥和团队合作精神的培养。在英国大学课堂中，教师们普遍重视学生的参与，启发学生独立发表意见和看法。这种教学，有利于师生互动和学生创新思维的培养。

三是充分发挥实验课的教学效能。如在英国高校的工科专业教学中，十分注重通过实验教学的方式，回顾并串联所学知识点，让学生以一名软件工程师的视角去面对实际的问题，在教师的引导和帮助下，寻找解决问题的方法和方案。从总体情况来看，英国大学还普遍提倡学生在教师的指导下，根据课程要求自行设计题目和开展自主性实验，以此提高学生独立的自我探索能力，并实现在实验过程中锻炼和提高学生创造性思维的目的。

四是突出强调实践教学环节。为了培养学生适应市场的能力，英国的应用型人才培养非常重视在社会中、企业里对学生的实践能力进行锻炼，大多采用"三明治"教学模式，将工作经验融入到课程之中，将课程教学与企业训练分段交错进行，让学生在"学习—工作—学习"的交替进行中将课程知识和社会工作结合起来，既能增进学生对课程知识的了解，也能增强学生的自信心，提高学生的专业技能，而且其中还有很多学生甚至能通过参与"三明治"课程，在获取学位后直接在实习公司实现就业目的。

三、德国应用型人才培养的发展和特点

德国应用型人才的培养是伴随着 20 世纪 60 年代末应用科技大学的创立产生和发展起

来的。经过 40 多年的发展，应用科技大学已成为德国第二大高校类型，形成了完善、成熟的应用型人才培养体系。

（一）德国应用科技大学创建的发展历程

12—16 世纪的欧洲中世纪大学是近代高等教育的开端，其产生和发展与手工业、商业的兴起以及行会的存在有着密切的关系。德国历史最悠久的大学是成立于 1386 年的海德堡大学，其办学目的和方向秉承了中世纪大学的传统。1810 年，由洪堡倡导的"教学与研究相统一"的办学思想在德国的柏林大学兴起并开始长期主导着德国大学的发展，与中世纪大学盛行的专业化的教育理念产生了激烈碰撞，对全球范围的高等教育发展产生了极其深远的影响，使得高等学校出现了"科学研究"的第二职能。

第二次世界大战后，德国的经济开始逐步恢复发展，到 20 世纪 60 年代，德国的经济进入快速发展阶段。伴随着德国的工业化进程加速和经济的高速发展，德国社会和新兴企业迫切需要大量实践能力强、能将创造发明思想变成现实、能有效解决实际问题的应用型人才。但当时的德国传统大学偏重"纯科学、无目的的研究和教学"，而且学习过程管理松散，学生平均学习时限近七年，根本无法满足工业社会对高素质应用型人才的迫切需求，由此使得德国开始对传统高等教育系统进行改革。起初，政府先是尝试在研究型大学设置应用型专业，但受到研究型大学注重科研等传统思想的阻碍，新设的应用型专业在师资和办学设施等方面均不能达到办学标准，无法实现培养大量应用型人才的初衷。此后，德国还尝试过举办科研型与应用型相结合的综合类大学，但由于当时的教育界对应用型人才还没有清醒的认识，以至于培养出来的毕业生与原来的学术型人才并没有显著差异，又回到了传统大学的老路上。另一方面，随着社会经济的发展和社会文明程度的提高，适龄青年要求接受更高层次教育的呼声越来越强烈，但当时德国受过高等教育的人才远低于美国和日本，社会政党、企业纷纷提出对原来高等教育模式进行改革，新建或扩建一些高校，使更多的适龄青年能进入高校。在此境况下，德国政府几经波折和探索后，开始意识到只有改变单一的高等教育体系，才能有效满足社会的需求和广大适龄青年越来越强烈的升学意愿，于是最终决定创建一种新型的高等教育机构——应用科技大学。

1968 年 10 月 31 日，德国各州州长签订了《各州统一应用科技大学的规定》，将原工程师学校、工业设计高层次专科学校、社会公共事业专科学校、经济高层次专科学校等进行升格，并对原来学校的专业方向、课程体系、师资队伍、实验基地等进行了一系列改革，加大了实验设备的财政支持，提高了对教师实践能力的要求，由此建立应用科技大学。应用科技大学（Fachhochschule，FH）一般不设立文科专业，在学科、专业和课程的设置上主要偏重于应用领域，任务是培养实际工作需要、具有专业理论和较强实践能力的应用型人才。

1976 年，德国联邦会议为了改善应用科技大学的处境，通过了《高等教育总法》，明确应用科技大学是一种与综合大学等值的高等教育类型，具有与综合大学同等的地位，是国家重点发展的本科层次高等教育。1985 年，《高等教育总法》再次明确应用科技大学与综合大学并重的办学水平和层次地位，强调应用科技大学只是类型与其他高校不同，在办学水平和层次地位上并没有上下等级之分。1992 年 10 月，德国教育部部长在向联邦内阁上报"德国高校现状"时提出："要尽可能迅速地将应用型高校的学生数量提高到总高校学生数的 40%。"与此同时，社会各界也高度评价了德国应用科技大学的教学质量，坚决支持其扩大规模。

20 世纪 90 年代开始，为推进欧洲博洛尼亚进程，德国政府着手新一轮高等教育改革。1998 年德国政府修订《高等教育总法》，要求德国应用科技大学统一采用全球互认的"学分制"，颁发与综合大学相同的二级学位证书。另外，为扩大德国应用科技大学的国际影响力，消除文化差异带来的误解，同年德国文化部部长联席会议和德国高校校长联席会议将德国应用科技大学英译为"University of Applied Sciences"。截至 2015 年，德国共有应用科技大学 231 所（占高校总数的 57%），综合大学仅 110 所。不论从法律地位、办学效益，还是社会价值上看，应用科技大学都已成为德国高等教育系统重要的组成部分，成为应用型人才培养不可或缺的新型高等教育机构。[1]

（二）德国应用型人才培养的特点

德国应用科技大学以本科教育为主、研究生教育为辅。创建初期，应用科技大学只有本科专业，毕业生只能获得工程师毕业证。随着办学水平的不断提高，以及为了增强应用科技大学的国际影响力，德国于 20 世纪 90 年代，赋予应用科技大学与综合大学相同的硕士学位授予权，颁发相同的证书。目前，部分综合实力较强的应用科技大学甚至已经拥有独立授予博士学位的权力，但总的来看，德国应用科技大学的教学重点和优势依然是应用型人才的培养，且在应用型人才培养方面表现出以下四方面的特点：

一是"双元制"的人才培养模式。德国应用科技大学普遍实施"3+1"的人才培养模式，也称为"双元制"，即理论与实践相结合、高校与企业共同合作培养应用型人才的模式，一般做法是：大学理论教育 3 年+企业实习 1 年。德国应用科技大学在 20 世纪 70 年代成立之初，便与企业之间建立了紧密的联系。德国应用科技大学本着"面向市场、适应需求、资源共享、平等互利"的原则与企业开展深度合作，并要求就读"双元制"专业

---

① 薛晓萍，刘玉菡，刘兴国. 德国应用科技大学创建发展、办学特色及其启示 [J]. 河北师范大学学报（教育科学版），2017（2）：50-55.

的学生在学习开始时与大学、实习企业签订三方合作协议。"双元制"的人才培养模式不但可以提高学生的实践应用能力和专业技能，而且还为学校节约了一大笔实验室建设经费，降低了办学成本；为企业提供了低廉的高水平实习劳动力，以及毕业即能上岗的高素质专门人才，降低了培训费用和招聘风险。

二是"双师型"的教师人才队伍。1976 年，德国颁布的《高等教育总法》对应用科技大学教授的聘任条件做出了明确规定："拥有大学学历、5 年以上工作经历，其中至少在相应专业岗位上工作 3 年，有 2 年以上的教学或培训经历；通过高等学校教授资格考试；原则上要有博士学位；有运用现代教学媒体和方法的能力。"此外，德国应用科技大学还聘请了大批具有丰富实践经验的专家与企业工程技术骨干作为兼职教师，其中部分应用科技大学的兼职教师比例甚至能达到 60%，这些兼职教师是"既有实际操作经验，又掌握教育教学理论的一线技术人员。德国应用科技大学对企业中的实训教师也有严格要求，即实训教师必须是技术员学校或师傅学校毕业生，有 5 年以上的生产实践经验，并经过200 多个学时的教育学专业培训且通过考试"①。

三是市场导向的课程体系。德国应用科技大学在制订人才培养方案时，会充分考虑用人单位的需求，课程的设置也会广泛征求企事业单位的意见，不管是理论课程，还是实践环节的设置都突出"应用性"，注重学生应用能力的培养。课程设置主要以市场需求为导向、以能力培养为本位，不强调学科知识体系的完整性、体系性。在课程模块的设置上，非常突出专业教育而不是通识教育，基础课程直接与专业学习内容相关，理工科院校几乎不开设人文类、社科类等通识课程，更没有像中国高校的公共基础课、专业基础课和专业课的课程层级划分。

四是强化实践的教学环节。德国应用科技大学的实践环节丰富，主要包括实验、实习、实训、毕业设计、项目教学和学术旅行等内容。近年来，德国应用科技大学引入实践性强、目标明确的项目教学，将真实企业的问题设计成项目的形式，然后安排专门的教师指导学生独立完成市场调研、方案设计、作品制作和展示，以及撰写项目论文或报告等教学环节，使学生的实践能力和专业技能得到有效的提高。在毕业论文的选题上，应用科技大学特别强调"应用性"，要求必须与企业生产实践紧密结合，工科类专业的毕业论文中有 60%~70% 的选题来自企业生产过程中的真实问题。除此之外，应用科技大学还非常鼓励教授们利用假期组织学生考察企业，开展学术旅行活动，增强学生对实际工作环境和岗位工作内容的了解。

四、我国高校培养应用型人才的必要性分析

培养本科层次的应用型人才是多方面因素促成的，既有高校自身的发展需要，也有职业教育体系建设的需要，主要目的是为了进一步完善人才培养机制，优化社会技能人才结构，以更好的姿态服务市场而促进社会经济建设。

（一）构建现代职教体系，完善人才培养机制

构建现代职业教育体系是现代职业教育发展的重要目标和任务之一，包括中职、高职和本科以及研究生、博士等一体的人才层次体系，培养本科层次的应用型人才是构建现代职业教育体系的重要一环。学术型人才和应用型人才都属于高等教育体系的两种不同类型，前者主要是研究问题发现新知识，后者的主要目的是为了应用知识解决问题。发展应用型本科有利于促进中职与本科、高职与本科之间的衔接，打通职业教育学生的上升通道，推进继续教育工程，为各种水平的技术技能人才在需要的时候提供其所需的教育与培训。目前地方普通院校以培养学术型人才为重点，高职院校以培养技术技能型人才为重点，高职与本科之间不能形成有效的联结，缺乏沟通的渠道和对高职毕业生缺乏相应的激励作用。其次经济多元化发展决定了职业教育对人才需求类型多样化和层次的丰富化，这也要求技术技能人才的培养形成体系，形成多样的专业设置和多层次的人才培养结构以支撑经济社会的发展需求。构建现代职业教育体系是社会发展和经济多元发展的需要，也是完善职业教育人才培养机制的需要。

组织应用型本科构建现代职教体系也有利于进行高职与本科之间、中职与本科之间进行联合培养，针对市场需求培养人才，增强现代职教体系和应用型本科的针对性和服务能力。拓宽职业教育学生的招收范围，促进更多的高中毕业生参加到职业教育中来。发展应用型本科有利于创新和完善人才培养机制，高等教育以往是以培养学术性人才为目的，培养应用型人才有利于进行联合培养，并且有利于促进中职、高职与本科之间进行联合培养，形成职业教育人才培养体系，培养多种层次和多种类型的技术技能人才；打通专业技术人才的培养通道，按人才需求培养不同层次、不同专业的应用型技术技能人才队伍。同时完善的高等教育体系和现代职业教育体系是开放式的体系，促进更多的社会人员通过各种方式在需要的时候参与到高等职业教育事业中来，推进继续教育工程。适当调整专业设置结构，使其与国家的经济结构和产业结构相适应。因此，调整本科的人才培养方向也是在调整教育结构自身的不合理，改变单一的学术型人才结构，增加应用型人才比例。

（二）创新高校发展方式，优化技术人才结构

地方普通院校培养应用型人才有利于丰富高等院校的人才培养模式，促进高等教育的创新发展。自 1999 年高校扩招以来，高考录取率和高校建立数量逐渐增加，然而高校的人才培养质量并没有增强，反而是有所下降。高校扩招满足了高等教育大众化的需求，并已经呈现一定的规模，但是人才培养模式相对单一难以满足多样化的需要，并且同类性质的能力结构使得毕业生面对就业大军时压力巨大，而劳动力市场面对着成批的毕业生却找不到合适的人才。在德国，社会背景对一般教育制度的学校绩效也有着一定影响。①在经济全球化背景下，高校的发展也越来越要求走出去与国际接轨。面对国外高校的强大压力，国内高校的发展空间被不断压缩。在内外的双重压力下，本科高校要寻找新的发展突破点。高等教育结构调整与改革的目的在于提高教育教学和科研质量，提高效率。②以人为本的教育要求尊重和爱护学生多样化的发展需求，开发学生的潜力和天赋；多样化的教育理念追求适应多样化和高度分化的现代社会，仅仅以学术型人才为培养目标难以适应这种多样化和高度分化的社会现状。高校自身的发展理念也要求高校应该创新人才培养方式，培养应用型人才。

优化技术技能人才队伍结构主要表现在提高技能人才规模总量、队伍结构和文化素质结构。本科培养应用型人才是从新的角度培养技术技能人才，增加其来源渠道，促进提高其规模总量，缓解人力资源市场招不到技术人才和本科毕业生就业难的压力。其次培养本科层次的应用型人才，以高层次和高标准促进提高人才培养质量，提高社会高技术技能人才的比例。社会上的高技术技能人才队伍大多数是通过实践来提高的，但这不可避免地就会出现技术技能人才队伍在年龄层次上不合理、文化素养不高的问题。本科层次的应用型人才培养有利于缓解这方面的劣势，优化技术技能人才队伍的年龄结构和文化素养等相关问题。应用型人才知识、能力和素养并重，在后续的发展中能表现出更大的发展潜力，为社会发展提供更多的创造空间。本科院校也可以利用其自身的优势，让中低级技术技能人才参与到高等教育中来，提高知识和技术技能水平，缩短高技术技能人才的培养时间。调整人力资源结构与社会人才需求结构相适应，促进经济与民生工程建设。发展应用型本科有利于促进高等教育的繁荣发展，优化技术技能人才队伍结构。

（三）服务高端市场需求，支撑社会经济发展

地方普通院校培养的应用型人才是为了更好地服务于高端市场的需求，支撑社会经济发展。经济结构转型升级和"中国制造 2025"等政策环境下需要大量的高级人才作为发展的支撑，可是在传统的职业教育体系中，很难培养出高知识、高技能人才，市场的需求

决定了地方普通院校要培养应用型人才。依靠廉价的劳动力成本和资源消耗是过去经济增长的主要动力，然而这种经济增长方式已经表现出瓶颈。2014 年 5 月 22—23 日李克强总理在赤峰市考察调研时说，经济转型升级需要更多的高技能人才。经济结构的战略性调整，不断合理化三大产业比例，优化产业结构和发展服务业，促进解放和发展生产力。低端市场的发展已趋于饱和，高端市场的发展是未来发展的重点和难点，也是国家发展的重要机遇，因此培养高层次的应用型人才是服务高端市场的必然选择和内要要求。经济基础决定上层建筑，经济发展的多样化需求决定了高等教育的多样化发展途径。本科院校应用型人才培养是实现劳动力再生产和优化人力资源配置的基本依据。中国"人口红利"趋于消失，要重点培养高素质和创新型人才，为传统产业输送新的活力。研究表明，对于发达国家，一般教育和职业教育的回报率相差不大，在转型经济体中，职业教育的回报率甚至会高一些。

五、地方普通本科院校应用型人才培养的发展定位分析

发展定位分析是对本科办学层次的定位分析，包括对本科的属性定位分析和专业设置分析，以及办学模式的分析和学生质量分析，在建设应用型本科之前应该进行科学定位和系统分析，这对其建设有着非常重要的指导作用。

（一）属性定位：培养具有应用能力的学术性工程型人才

地方普通本科院校的根本是教育，功能是育人。应用型培养既是高等教育体系的重要职能，也是职业教育体系的重要部分，因此其兼具高等性和技术应用性。经典的人才结构理论将社会人才分为学术型人才、工程型（设计型、规划型、决策型）人才、技术型（工艺型、执行型、中间型）人才和技能型（技艺型、操作性）人才四类。《国际教育标准分类》将高等教育课程分为学术型、工程型和高等技术应用型。根据不同人才培养类型素养和能力上的差异，应用型本科以培养工程型人才为主，这也是本科应用型人才高等性的重要体现。其要求学生掌握扎实的专业知识体系和娴熟的技术技能，甚至是具备一定的工程能力，拥有一定的设计、规划和决策能力，适应现代社会对高素质人才的要求。

地方普通本科院校将培养应用型人才作为现代职业教育体系的重要内容，而职业性是职业教育的本质属性，因此应用型人才培养兼具有职业导向性，培养掌握良好的技术技能服务社会经济发展的职业人。在专业设置上高度贴合社会的需求，在人才培养的组织形式上注重校企合作培养学生的实际操作能力，以培养学生掌握专业技能为主，以促进学生将掌握的知识和技能应用到实际的生产生活中为目的。应用型人才培养应该通过多种方式帮助学生形成职业素养，培养学生成为服务社会的应用型人才，并具有一定的学术研究及应

用能力。这里要求的学术研究能力是指研究如何将专业知识转换成经济效益的能力。应用型人才不仅是知识的传承应用者，也是知识的发明创造者，要能够发现新知识并且应用新知识，这是其区别于其他教育形式的重要体现。

（二）专业设置定位：以专业知识服务经济建设的应用型人才

在专业设置过程中应该紧抓应用性的本质，并将之融入到专业设置中。学科专业的形成与发展随产业结构及人才需求的变化而变化。产业升级、经济转型是发展的重点，需要大量的应用型人才作为支撑，因此应用型本科在专业设置上应该强调应用性和社会服务能力，适应产业结构升级对应用型人才的需求，为社会人力资源补充新鲜血液，运用专业理论知识和专业技能解决实际生产过程中的问题，解放和发展社会生产力，充分与地方经济发展优势结合，转换成本科院校的专业优势，提高专业应用性。充分了解和分析市场情况，了解相关的专业需求和专业标准，并融入到专业设置当中，充分提高学生的应用能力和服务能力。

本科应用型人才培养的本质是为了增强区域经济建设的服务能力，科学定位人才需求种类及其数量，使应用型本科院校的人才培养结构及其质量符合区域经济增长的需求。同时，只有加强自身的经济服务能力，应用型本科院校才能得到长足的发展，才能在竞争日益激烈的高等教育体系中得到长足的发展。当然在专业设置的过程中，效益并非一成不变的原则，同时也要考虑到高校的发展，将两者结合起来和谐发展。当前，应用型人才培养的目的性发生了相应的变化，更加体现区域性和行业性，因此学生应用能力的培养就成了专业设置过程中应该考虑的重点。学术型人才与应用型人才之间的差异不是主要由水平的差异造成的，而是由于教育目标的不同。因此应在人才的培养过程中加强实践性教学，培养学生的技术技能，同时在课程设计时加强复合性，培养知识能力、技术技能以及工程和创新能力优秀的现代复合型大学生。

（三）质量定位：培养素质、知识、技能和工程能力全面发展的高质量人才

人才培养质量定位是应用型人才培养的重要内容，主要体现在素质教育、知识教育、技能教育和工程能力教育四个方面。素质教育是应用型人才培养的根本，高等教育首先应该是"成人"的教育，其次才是"成才"的教育，包括道德素质、终身发展素质和创新素质，培养学生具备高尚的道德情操以及正确的人生观、价值观和世界观。作为社会的高才生，创新是企业、行业发展的活力与源泉，只有不断地创新才能不断地提高和发展社会生产力。终身发展是知识和技能日新月异的时代下对人的发展要求；知识教育是培养学生较高知识水平的保障。知识是应用的基础，也是创新与发展的前提，要求学生深刻地掌握

专业知识理论及其原理，并能够熟练运用到日常的工作中，同时良好的知识储备也是高层次应用型人才的魅力之所在。

技能教育是应用型人才的特征之一，应用型兼有职业教育属性，"以市场为导向，以就业为目的"，基本技能形成专业技能和学习新技能的基础，专业技能是应用型人才的核心，是专业知识和基本技能的升华。技能教育能为学生积累就业资本，提高就业竞争力，同时以高超的技术技能服务于社会经济发展，这也是专业技能的核心价值之所在。工程能力教育是培养适合经济发展的工程设计和工程实践能力突出的学生，将现代工程意识、思想和方法贯穿于产品设计和生产的始终，树立大工程观，提高学生的应用性和就业竞争力。因此这就需要学生既要有终身发展的意识，同时也要有终身发展的能力，即能够不断地学习新知识和新技能充实自身。应用型本科培养的人才应该是集综合基本素质、知识、技能以及工程能力于一身，这既是学生发展的需要，也是社会发展的需要。具体的能力结构如图 1-1 所示，包括高素质、知识能力、实践能力和工程能力四个方面。

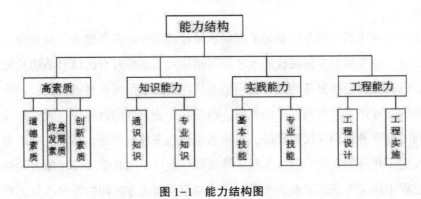

图 1-1 能力结构图

（四）特征分析：应用性和高等性的根本特征

应用型人才的特征首先反映的是人才培养的应用性，在目标上培养服务一线、反映市场需求的技能型人才。"应用"是地方普通本科院校专业设置应遵循的核心思想与理念。科技的发展和社会产业结构调整对应用型人才需求的类型和层次都发生了很大的变化，需要大量的具有知识转化能力的应用型人才，密切联系产业，特别是区域产业的发展，培养能够服务一线生产、建设及管理的专门人才，在专业设置上和人才培养的过程中，都要求将学生的职业能力培养放在重要位置。如德国的应用科技大学以培养应用能力为核心，契合市场发展需求，同时在"双师型"教师的培养培训上以及课程设置上都强调应用能力的培养；英国多科技术学院与当地的工商业联系紧密，采用"三明治"教学方式培养学生的应用能力。

高等性是应用型人才的另一个重要特征。在教育层次上，应用型人才与学术型人才同属高等教育培养的成果，创新高校的发展方式，从单一的发展模式变为多元化的发展模式，这既是社会发展的要求也是高等教育发展的要求。与其他本科院校不同的是，应用型人才培养的院校更强调应用性的学术研究，注重将科学文化知识转换成具体的生产力，为社会发展提供智力支持。在知识和技术上对应用型本科的学生要求更高，同时社会也更加需要具有高知识和高技能的高层次应用型人才，优化技术技能型人才结构。强调工程能力的培养，注重在整体的思维下进行工作。应用性和高等性是应用型人才培养的重要特征，对现代社会的经济发展都有着非常重要的意义。

第三节　工匠精神融入高校应用型人才培养的需求

研究论证工匠精神与人才培养的应用对接，是因为工匠精神是人才培养社会导向的客观要求。当前，我国制造业正处在转型与升级的重要关口，供给侧结构性改革正在加速推进。培养适应现代经济社会发展需要的技术技能型人才，大力推进工匠精神的培育，已成为中国由制造大国迈向制造强国，实现"中国制造2025"宏伟蓝图的战略举措。中共中央印发的文件《关于深化人才发展体制机制改革的意见》指出，要深化技术技能人才培养体制改革，大力培养支撑中国制造、中国创造的技术技能人才队伍。因此，构建现代高技能人才培养体系，适应当前社会经济发展对技能型人才的需求，培养技能型人才的工匠精神，是时代赋予职业教育的历史重任。

工匠精神之所以受到国家和政府的高度重视，其主要原因在于它契合了我国社会发展的现实需要。它是贯彻发展新理念、树立崇尚劳动新风尚的内在要求。培育和弘扬工匠精神，有利于将创新、协调、绿色、开放、共享的发展新理念落实、落细，同时也将进一步激发广大劳动者的劳动热情，通过诚实劳动来实现人生的梦想、展示自己的人生价值，推动形成良好的社会风尚。工匠精神是践行社会主义核心价值观，弘扬劳模精神、劳动精神的具体实践。核心价值观个人层面的"敬业"和"诚信"，与工匠精神蕴含的职业理念和价值取向高度一致。工匠精神还是推进供给侧结构性改革、实现从制造大国向制造强国转变的重要推手，也是提高职工就业创业能力、实现全面发展的重要动力，是引导广大职工立足本职岗位劳动创造，切实提升技术技能素质，不断发展工人阶级先进性的有力抓手。

一、培育工匠精神是社会发展对人才培养提出的客观要求

随着我国经济发展方式转型和产业结构升级，强调精益求精理念的工匠精神备受国家和政府重视。2016年3月5日，国务院总理李克强在做政府工作报告时提到，鼓励企业开

展个性化定制、柔性化生产，培养精益求精的工匠精神。2016 年 3 月 17 日，《中国国民经济和社会发展第十三个五年规划纲要》提出，营造崇尚专业的社会氛围，大力弘扬新时期工匠精神。2017 年 3 月 5 日，国务院总理李克强在《2017 年国务院政府工作报告》中再提工匠精神，明确提出大力弘扬工匠精神，厚植工匠文化，恪尽职业操守，崇尚精益求精，打造更多享誉世界的"中国品牌"，推动中国经济发展进入质量时代。"中国制造"急需的大国工匠、人才培养的供给侧结构性改革，都需要蕴含工匠精神的教育。

（一）培育工匠精神是中国经济转型升级发展的需要

当前，我国经济发展正处于转型升级的关键期。如果说提高科技创新水平、强化工业基础能力、提升信息化与工业化融合水平是制造业转型升级的"硬件"，那么，大批具有工匠精神的高技能人才则是制造业转型升级必不可少的"软件"。缺少"软件"支撑的"硬件"，难以充分发挥作用。国家"十三五"发展规划提出，我国将深入落实"中国制造 2025"战略，实施智能制造工程，构建新型制造业体系。实施制造强国战略的实践主体是广大制造业企业，毋庸置疑，这一战略的实现要靠人才。从制造业的生产规律来看，既需要一批理论功底扎实、掌握核心技术、善于创新创造的研发人员，更需要一大批实践技能突出、具有娴熟技术、善于解决实际问题的高技能人才。客观上，"技工荒"特别是高素质技术工人缺乏，直接导致了我国制造业尚处于大而不强、大而不精的业态，远不能满足现代产业体系建设的需要，中国制造业转型升级和工业强国战略实施离不开掌握精湛技能和高超技艺的产业工人的支撑。

（二）工匠精神是企业生存、发展的重要保障

据统计，全球寿命超过 200 年的企业基本集中在日本、德国，中国只有屈指可数的几家，它们长寿的秘诀就是产品的品质，但品质的保证最核心的因素还是人，而表现出来的正是对工作一丝不苟、对品质精益求精、对产品推陈出新的工匠精神。追求卓越品质的工匠精神是企业文化的基石。企业文化体现了一个企业的核心价值观，直接影响着员工的职业态度，最直观的表现就是员工生产的产品，而对产品品质的追求正是工匠精神最本质的体现。纵观历史，中国也不乏像长城、都江堰等享誉中外的作品，即使到现在，像格力、海尔、华为等国内优秀品牌仍然得到大家青睐，究其原因正是始终坚持对品质的极致追求。如果都抱着"差不多即可"的思维，不愿意花时间、花精力去打造产品，一味求快、求量，产品必然沦为"粗制滥造"，更谈不上企业的发展。因此追求品质的工匠精神是企业文化的最基本组成部分。同时，一丝不苟的工匠精神是企业制度得以执行的保障。产品质量的保证不仅需要员工的自觉，更需要对制度的严格规范。对制度的严格落实，对细节

的严格把控，正是一丝不苟的工匠精神的表现。企业的品牌是企业最重要的形象，一个拥有工匠精神、推崇工匠精神和维护工匠精神的企业，才能持续生存发展。因此。工匠精神是这个时代宝贵的精神财富，传播、实践工匠精神对企业而言有着很强的现实价值，是其在激烈的竞争中立于不败之地的法宝。

（三）工匠精神是职业院校自身生存、发展的需要

职业院校以市场需求为导向，以学生就业为目标，必须重视企业的人才需求。根据对国内 600 多家企业的调查，大部分企业对青年就业人员的最大希望和要求是：除了上岗必需的职业技能之外，还必须懂得做人的道理，具备工作责任心。它们几乎一致认为，经验、知识和能力可以在工作实践中逐步培养，但是为人、工作责任心等基本素质必须从学校抓起并逐步形成。因此，高职院校在加强培养学生职业技能的同时，还应高度重视对学生职业精神的塑造和培养。加强高职学生职业精神培养也是高职院校自身发展的需要，高职学生在社会上的认可度代表着学校的人才培养水平，高职院校必须以市场为导向，重视对学生职业精神尤其是工匠精神的培养，增强其就业竞争力，以毕业生的良好社会声誉实现高职院校的可持续发展。事实证明，具备良好工匠精神的高职学生更受企业的青睐，他们在实现自身发展、企业发展的同时，也反过来促进了高职院校的生存和发展。

（四）工匠精神是学生就业和个人发展的现实需要

职业教育是培养市场所需要的应用型人才的教育。在塑造学生职业精神时，若能强化其工匠精神的培养，将极大地提高其人力资本的附加值，促进高职学生的就业和未来职业的发展。企业在高职院校挑选人才时除了考查毕业生的知识水平和专业技能之外，更希望了解学生的工作态度、职业精神、职业道德。工匠精神的熏陶能够促进高职毕业生良好职业素养和精神的形成，大大增强就业的竞争力，使其在未来的职业生涯中更容易脱颖而出，取得成功。工匠精神中所包含的严谨、认真、一丝不苟的工作态度，在高职毕业生的职业生涯发展过程中起着重要的作用，这些具有工匠精神的员工更容易受到企业的青睐，也就比其他人有更多的晋升机会。另外，工匠精神对个人的发展也具有现实意义。人是一种社会性的动物，被动的、消极的工作必然深深压抑人的内在自我发展。马斯洛的需求层次理论告诉我们，除了生理性和基本安全的需要，人们还有自我实现的需要。作为从业者，需要有一定的归属感和成就感，以此产生"价值感"。这种自我实现的价值感一方面来自个体对于社会的贡献，另一方面来自自身知识、技能等的转移与升华性创造。企业发展和企业品牌的树立需要具有工匠精神的员工去实现，而个人要实现自己的人生价值也离不开企业的发展和企业品牌的树立。企业为个人实现自己的人生价值创造了平台。因此企

业的每一个员工只有秉承工匠精神，对待自己的工作精益求精、精雕细琢，这样才能使自己的知识和能力得到升华，使自己的认识水平和管理水平达到一个新的深度和高度，最终创造出品质最优的产品和服务，从而也使自己的人生价值得到体现。

二、重拾工匠精神是时代赋予职业教育的使命

培育工匠精神，是社会发展的呼唤，是国家强盛的需要。在实现制造大国向制造强国、"中国制造"向"中国智造"转变的进程中，需要将精雕细琢、精益求精的工匠精神融入现代工业生产与管理实践，以提升中国制造的含金量和竞争力，这是我们反复强调工匠精神的意义所在。作为为产业培养技术技能人才的主要渠道，职业教育在培育工匠精神方面担负着义不容辞的使命。职业院校是培养、训练有开拓创新意识、良好职业操守和专门技术技艺的建设者和接班人的主阵地，培育和塑造具有中国风格、中国气质的工匠精神是其办学指导思想和定位的核心与精髓。

（一）工匠精神与职业教育人才培养目标的定位相契合

高等职业教育培养的是面向生产、建设、服务和管理第一线的高素质技术技能人才，这与工匠精神不谋而合。工匠专注的职业态度正是高素质的最好诠释，而工匠精湛的职业能力则是技术技能的集中体现。工匠精神中的职业态度要求工匠们把产品当成艺术，用生命去雕琢。其内涵包括：以追求完美和极致为目标，本着精益求精、一丝不苟的敬业态度，专业、耐心、专注、坚持不断地提升产品和服务，打造本行业最优质的产品。众所周知，科技进步、社会繁荣与企业发展离不开职业教育，培养工匠精神自然也离不开职业教育。近十年来，职业教育快速发展，成果丰硕，受教育者的职业能力显著提高，但这一发展过程中，一些职业院校急功近利，忽视对学生工匠精神的培育，一味重视专业能力培养，而忽视了职业素养的培育，导致就业稳定性差、绝技绝活难以传承发展、产品质量的提升过于依赖先进设备而忽略了人的因素等现象，企业的转型升级面临新的瓶颈。因此让工匠精神在职业教育中扎根是经济发展和科技进步的根本要求。

（二）工匠精神为职业教育高技能型人才的培养指明方向

高技能型人才的培养无疑是我国高职院校人才培养目标的落脚点。所谓的高技能型人才，就是具备精湛专业技能，并且能熟练使用技能解决技术难题，满足更高技术标准和工艺要求的技术技能型人才。但是由于我国高职院校的行业背景、学制结构、培养模式不尽相同，所以在高技能人才培养的认识方面存在差异。工匠精神一经提出就备受高职院校教研人员关注，其原因是，对于工匠精神呼唤的本质就是对于高技能人才培养的渴望，工匠

精神为高职院校的高技能人才培养指明了方向。培育具备专业理论与职业技能的高素质人才是职业教育的基本任务，而拥有高尚的职业道德，具备优秀的工匠精神，更是提升职业院校人才培育质量的关键。

（三）工匠精神是职业教育内涵发展的指导思想

把工匠精神作为职业教育的重要内容和学校教育的指导思想，必然会给职业教育带来革命性的变革。因为，只见物而不见人，只见技能、技艺和技术而不见精神，职业教育的这条老路就难以为继。因此，必须要在人才培养模式上，在专业课程教材的建设上，在教育方法的创新上进行一系列的变革，从而使教育教学的全过程具有极强的人文性、价值性和思想性。许多企业在录用职业院校毕业生时，会更重视"德"，这实际上表明了人才的生命力之所在。所以，对工匠精神的正确理解，以及对它的适应与培育，成为学校教育教学改革的一个重要方向和指导思想。

（四）工匠精神是职业教育立德树人的灵魂

教育的根本任务是立德树人，具体到职业教育，要有自己的规律和特点，有自己独特的表现形式，有独特的精神内涵，有独特的灵魂。工匠精神属于职业精神范畴，是职业院校毕业生的基本职业道德素养之一，也是人力资本的重要内容。只有这样去理解工匠精神，才能既将教育的根本任务落到实处，又使职业教育有自己独特的判断和选择，切实提升职教学生的职业道德水平。职业教育坚持以立德树人为根本任务，就必须高度重视工匠精神的培育，只有这样，才能给职业教育灌注丰富的思想内容，才能提升职业教育真正的人文价值，也只有这样，才能给职业教育带来思想政治教育的特质和亮点。所谓职业教育要培养"德艺双馨"的人才，它的"德"，就应该包含着工匠精神。

总之，职业院校培养数以万计的崇尚劳动、敬业守信、精益求精、敢于创新的技术技能人才的过程，实际上就是渗透、培育工匠精神的过程。从这一意义上说，职业院校是培育工匠精神的起点。

三、我国职业教育面临的困境

职业教育作为高素质技能型人才培养的主渠道和工匠精神培育的主阵地，近年来受到党和国家的高度重视，职业教育无论是在校人数还是就业比例都得到长足发展。全国有1000多所学校在做职业教育的转型，国家也从战略高度提出了职业教育的改革，但目前职业教育依然是我国教育领域的软肋，职业教育在专业特色、人才规格等方面，存在结构性短缺。

（一）职业教育的规模、层次结构难以满足社会经济发展需要

作为培育工匠精神的主阵地，我国职业教育的规模和层次结构都难以满足社会经济发展需要。首先，职业教育办学相对规模仍显不足。20 年来，我国的高职院校从 400 所增加到 1297 所，在校生由 100 多万增加到 1000 多万，办学规模占据了高等教育的"半壁江山"。但是，与西方发达国家相比，仍然有较大的差距。例如，在德国、瑞士、奥地利、比利时等国家，选择接受职业教育的适龄学生占比超过了 70%。其次，职业教育层次结构不够健全。我国初步建立起的中高衔接的职业教育体系，还存在中、高职培养目标定位不清，教学内容重复、脱节的现象。在工匠精神得到很好传承的德国、瑞士、日本等国家，很早就建立了从中职、专科到本科、硕士、博士完善的职业教育体系，但我国目前职业教育体系绝大部分仅限于专科，很少有本科及以上层次，导致技术技能人才培养层次的断层。职业教育体系不能很好地满足我国经济结构调整、产业优化升级对高级技术技能人才的需求，工匠精神的系统培育、传承与积淀更是无从谈起。

（二）专业设置缺乏科学合理规划

对于职业院校而言，专业是其与社会联系的桥梁，直接影响其培养模式、课程设置、招生类别、发展方向及社会声望；对学生个体来说，所学专业在很大程度上决定其知识结构、工作能力和就业面向。从这一意义上讲，专业设置是职业教育的核心环节。但在实际操作中，有相当一部分职业院校没有为专业设置而设立研究机构，对专业开发的方法不甚了解，在开设专业时缺乏合理科学的规划，忽视对社会需求情况的调研，缺乏科学有效的专业论证和预测机制，导致专业设置滞后于社会经济发展，特别是知识经济的变化和需求，没有形成与地方经济的主导产业发展趋势相适应又立足于自身办学条件和办学特色的切实可行的专业发展规划。有些职业学校的专业设置片面迎合社会、家长和学生的口味，投其所好，盲目赶潮流，甚至成为学校创造经济效益的主要手段，结果造成许多毕业生难以找到专业对口的合适工作。专业设置不科学不合理，严重影响了职业教育为经济和社会发展服务功能的发挥。

（三）人才培养过程重技轻人的价值取向严重

长期以来，职业教育重技能轻文化的思想十分严重，过分强调专业技能教育，对基础文化教育不够重视。很多高职院校当前对"文化育人"还存在着认识模糊、特色不鲜明、内容不完整、动力不足、机制不健全、落实不到位等问题。认识上的不足，导致工匠精神培养未能完全渗透融入专业教学中，难以贯穿人才培养的全过程。职业院校更多关注专业

知识的教授与专业技能的训练，而对人的发展未能给予足够重视，职业素质养成缺少，无形中把学生当成了技术的容器，试图使其成为掌握实用技术技能的高级"机器人"，体现的是典型的"技能至上"功利主义理念，偏离了育人的教育目的。职业院校过分重视人才市场对学生技能的需求，忽视包括工匠精神在内的职业精神的培养。这种理念下培养出来的毕业生在技能型人才紧缺的今天虽然基本能实现首次就业，但缺乏可持续发展能力和创新能力。

（四）缺乏具有工匠精神的教师队伍

教师问题是职业教育领域较为突出的问题之一，职业院校的教师大多是从校园毕业后直接步入教师岗位，缺少系统的专业实践锻炼和示范能力的训练，在职阶段又缺乏专业实践的有效途径，自身就不具备工匠精神，这种情况下不可能培育出具有工匠精神的学生。兼职教师是优化教师队伍和师资结构的重要举措，但由于政策支持力度不够，兼职教师力量也得不到充分发挥。部分教师对职业学校学生存在偏见，教学敷衍、育人意识淡薄、缺乏敬业精神。这种情况下，很难谈及工匠精神的培育。

（五）职业教育毕业生能力素质不足，就业的质量不高

根据教育数据发布机构麦克思研究院的统计数据显示，高职高专院校2014届毕业生毕业半年后的就业率为91.5%，比2013届上升了0.6个百分点。但是职业教育就业人数并不代表高质量的就业。《2015年中国大学毕业生就业报告》显示，2014届大学毕业生毕业半年内的离职率为33%，与2013届（34%）基本持平。其中，高职高专院校2014届毕业生毕业半年内离职率为42%，与2013届（43%）基本持平，离职人群中98%是主动离职。毕业生离职率居高不下，不但浪费了企业招聘成本和管理费用，对毕业生自身的职业发展也十分不利。究其原因，一方面是学生没有一个科学成熟的职业生涯规划，缺乏明确的职业生涯目标；另一方面是爱岗敬业职业精神的缺失。虽然技能人才的缺乏使得职教毕业生能迅速就业，但是用人单位很快发现这些学生在职业精神、实际动手能力、创新能力上的缺陷，遑论成为工匠了，因此职教毕业生就业初期离职率、流动率远高于其他学历毕业生。职业院校培养学生的工匠精神，教育学生树立职业生涯目标，踏踏实实向着目标不懈追求，持续提高自己的技术技能水平，不但是满足产业结构升级对高技能人才的需求，也是当前职业教育更好地为经济社会发展服务的迫切需要。

（六）校企合作未能真正发挥作用

随着工业社会的进步与发展，企业原有的传统学徒制传习方式逐渐退出历史舞台，当

工匠由高等学校规模化培养后，校企合作便成为培养技艺、塑造工匠精神的有效路径。《国务院关于大力发展职业教育的决定》明确指出，"企业可以联合举办职业院校，也可以与职业院校合作办学。企业有责任接受职业院校学生实习和教师实践"，行业主管部门和行业协会要"参与国家对职业院校的教育教学评估和相关管理工作"。但现实是，我国企业、行业对职业教育的参与面窄、参与度低，甚至很多是挂牌参与、名义参与、人情参与。到目前为止，职业教育不是企业的法定义务，企业没有成为职业教育的主体；行业也没有承担规划、评估职业教育的职责。所以，新知识、新技术就很难进入教学体系，学校很难把握最新科技动态和需求方向，难以保证学校的教学活动处于科技领先水平，制约复合型、创新型高技能人才的培养，影响高职教育目标的最终实现。究其原因，是行业、企业必须参与职业教育的外在制度缺失、内在驱动乏力，实际合作收益小于期望收益，因而，出现了校企合作学校一头热的局面。

四、工匠精神融入职业教育的途径

工匠的成长和工匠精神的养成既要依靠学校教育与实践，也要依赖于其日后在职业岗位上的培训和提升。但是，按照一个人职业成长和发展的规律，个人职业前期的教育至关重要，它会影响一个人未来的职业发展甚至决定个人一生的发展命运。因此，职业教育更应该把工匠精神作为职业素养教育的重点内容，让工匠精神渗透到职业教育各个环节、全部过程，以确保职业教育人才入职前就具备强烈的工匠精神意识、拥有优秀的工匠精神品质、形成良好的工匠精神习惯。

（一）构建现代职业教育体系

根据产业结构调整和经济社会发展的特点，进一步优化职业教育专业布局调整，全面建立职业教育总量规模和专业设置与产业结构相匹配的现代职业教育体系，着力培养多层次、高素质的技能型、应用型人才，为我国经济建设转型升级提供坚强的人才支撑。应科学制定和统筹安排中高职的培养目标、专业设置、教学内容等，按职业能力要求整体设计培养方案，将学生的职业素质、工匠精神培育系统贯穿于整个教育过程；发展技术本科，逐步创办和试点研究生层次的职业教育，使职业教育体系向纵深发展，形成完备的职业教育体系，大力培养满足经济社会发展需求的具有工匠精神的高级技术技能人才。

（二）科学规划专业设置

专业设置是职业教育实现培养目标和实施教学活动的基础工作，也是职业教育主动服务、适应经济社会发展的关键环节。专业设置合理与否，直接关系着职业学校办学水平和办学效益的高低，影响着职业学校的生存与发展。首先，专业设置必须以需求为导向。社会需求是职业教育发展的最大动力，职业学校应该站在社会和企业实际需求的高度去探讨，充分思考潜在市场或未来市场需求，充分考虑未来产业结构的变化和优化升级，学校应根据社会发展变化和企业、行业的需要，科学、灵活地设置专业和调整课程，保证专业课程设置与人才规格的社会需求性。其次，要依据专业目录规范设置专业。专业目录规定了专业划分、专业名称及所属门类，反映了培养人才的业务规格和就业方向，是国家和各级教育行政部门规划职业教育发展、设置与调整专业、实施人才培养、安排招生和指导毕业生就业、进行教育统计和信息处理等工作的重要依据，是进行行政管理和学校教学工作的基本指导性文件。最后，专业设置要体现发展性。现在的社会是一个日新月异的社会，新生事物的出现犹如雨后春笋，职业学校必须把握时代的脉搏，及时研究、分析时代发展的新动向、新趋势，了解某些新兴行业、新兴部门对人才的需求情况，对未来人才市场的需求进行科学预测，适时开设新的专业；同时，对现有专业，要根据社会发展的需要，及时进行拓宽和改造，使学生能赶上社会快速前进的步伐。职业教育的专业设置，无论是培养目标的确立、学制的确定、课程的安排、教学内容的选择等，都不仅要使学生具备单一专业的知识与技能，更要为学生今后的职业生涯发展打下坚实的基础，要为学生的持续发展提供条件。

（三）将工匠精神作为办学理念并贯穿始终

对职业院校来说，要将工匠精神教育作为办学的基本理念，并贯穿始终；将培养学生的工匠精神融合到现代职业教育体系，在职业教育中深化文化育人的理念，将职业道德、人文素养教育贯穿人才培养全过程。首先，在人才培养上融入工匠精神的教育，将职业精神的教育融入到课程中。其次，完善职业教育课程体系。一是在专业课程中传授，切实在专业课程教学目标中增加对工匠精神的有效认知，让学生在专业课程传授中认识工匠精神，感受工匠精神。二是转变教学模式，在实践课中体验，让学生在实践中亲手操作，让学生能切身感受到工匠精神的实质和价值；营造工匠精神体悟氛围，让学生在企业中实习，体会工匠精神所带来的实质和价值，提升职业认可度与职业承诺。三是制定科学的职校学生评价标准，把工匠精神作为检测学生的评价标准之一。

（四）打造具有工匠精神的师资队伍

随着社会的发展进步，时代赋予了教师更多的使命。教师的素质和能力与教育的发展密切相关。可以说，教师是教育发展的关键所在，高质量的教育需要高质量的教师。当前许多行业都十分重视工匠精神的作用，这也是当前时代精神的一部分。教师作为一个专业性较强的职业，也需要工匠精神的引领。教师的职业精神与工作态度除了受到其自身因素影响外，还会受到教师教育活动的影响。如今，在职前、入职及在职的教师教育过程中，除了要提高教师的专业素养和教学能力外，还应帮助教师重拾工匠精神。这不仅是时代发展的要求，更是教师工作的现实要求。要让工匠精神在高职院校生根、发展和传承，高职院校的教师首先必须都应是"老工匠"，具备精益求精、一丝不苟的专注与敬业精神，具有高超的技艺技能，同时还必须具备无私奉献的品质和传承工匠精神的教育教学方法。高职院校教师不仅是一名技艺工匠，需要具备扎实的理论功底和高超的技艺技能，同时还必须是一名教学工匠，需要具备无私奉献的品质，具有现代高职教育教学理念，能熟练运用职业教育方法以达到传承技艺技能及职业素养的目的。

目前，我国还没有高职院校教师的专门培养机构，大多数高职院校只能通过校企合作、校本培养等方式培养师资队伍。首先，建立长期有效的师资培养机制是培养教师工匠的前提。其次，充分利用职业院校资源，以老带新，形成传、帮、带的良好局面，并不断补充新生力量促进师资培养的创新。再次，应该加强校企合作，让市场需求、技术技能更新推动职业院校师资培养，充分体现职业教育的职业性。"师者，所以传道受业解惑也。"教师不仅传授知识和技能，更重要的是言传身教、师德的感染影响。教师的教学态度和行为规范将直接影响学生今后对工作和职业的认知与态度。为此，应加强对教师职业素养的培养，并建立教师职业素养标准和评价体系，规范和提高教师素质，更好地指导和培育学生具备工匠精神。

（五）深入开展校企合作

伴随工业社会的演进，传统学徒制"言传身教"的传习方式日渐式微，当工匠由学校规模化培养后，校企合作成为培养技艺、塑造工匠精神的有效路径。校企合作是我国高等职业教育改革和发展的方向，也是目前职业教育最具前景和生命力的培养模式。校企合作充分发挥学校和企业在人才培养方面各自的优势，使学生在学校掌握理论知识的同时，在企业实践中接受企业文化、企业精神的熏陶，从而使学生得到全面的锻炼和培养，真正达到育人的目的。校企合作是发达国家发展职业教育的主导模式，并被视为非常重要的国家发展战略，为其提供法律法规保障、建立相应的管理和监督机构，从制度上规范校企合作的实施。而这些恰恰是我国开展校企合作所缺失的。应结合我国国情，制定并完善有关校企合作的法律法规，对校企合作的利益主体、合作过程、监督评价等做出具体规范；联合多部门组建校企合作管理机构，统筹管理相关事项，使校企合作有序开展；制定激励企业参与校企合作的政策措施等。通过提高校企合作成效，使学生躬行践履、知行合一，实现从知识、技能，到素养、精神的高度融合，真正落实工匠精神的培育。

（六）创新人才培养模式

　　培育精益求精的工匠精神，离不开高校人才培养模式的创新，"现代学徒制"是当前培养学生工匠精神的较为有效的人才培养模式。现代教育的方式多种多样，但耐心、专注、坚持等品质气质要传到下一代，最好的传递途径仍是情感交流和行为感染，这就是现代学徒制的价值所在。让工厂的能工巧匠和学生建立师徒关系，在真实工作环境、项目任务下言传身教，这样才能培养出当代的匠人。"现代学徒制"是通过职业院校与企业的深度合作、教师与师傅的携手传授，共同培养社会所需要的技能型人才。其实我国传统的学徒制由来已久，许多工匠大师几乎都是传统学徒制的产物。但是，传统学徒制显然不能满足从制造大国迈向制造强国的大批量人才需求，将传统的学徒培养与现代学校职业教育紧密结合的"现代学徒制"，是弥补这一缺陷、培养高技能人才的必然选择。相比传统职业教育，"现代学徒制"的基础是校企深度融合，工学交替、岗位育人，磨炼学生的实际操作技能，这正是工匠精神的根本。英、德等国家"现代学徒制"人才培养开展普遍，制度规范，企业参与度高，500人以上的大企业学徒制参与率高达91%。学员一般每周在企业接受3—4天的岗位实践教育，在职业院校接受1—2天的专业理论教育，专业理论学习和岗位实践相辅相成、相互促进，这正是英、德等国家制造业人才辈出、创新不断、质量一流的关键。"现代学徒制"的培养模式在我国职业教育中还处于探索阶段，还有很多问题需要解决。宏观层面上，需要政府完善顶层设计，制定国家层面的政策法规，出台对参与企业用工、税收等方面的优惠政策，促进地方政府和行业组织进行积极有效的管理和运行保障，解决教育主管部门不能对企业进行足够约束的难题。中观层面上，需要教育主管部门以及各政府职能部门在服务机构、专项资金上给予支持。微观层面上，需要各职业院校创新校企合作人才培养的体制和机制，建立适应"现代学徒制"的课程体系、双师队伍、教学质量评价体系，完善双身份学生管理制度，保障人才培养质量。加大对学生家长、用人单位的宣传，使"现代学徒制"真正得到全社会的参与和认同。

第二章 高校应用型人才培养的基础体系

第一节 高校应用型人才培养的要素与特征

"应用型是高等教育发展到一定阶段的必然取向。传统的高等教育往往具有深厚的精英主义气质。随着高等教育规模的扩大，尤其是大众化和普及化的到来，整个高等教育从学术型和研究型转向应用型已是大势所趋"。[①] 那么，从人才培养的角度深入理清应用型人才本身的要素和特征就显得十分必要。

一、应用型人才培养的要素

应用型人才应该既要有"知识"，又要有"能力"，更要有使知识和能力得到充分发挥的"素质"。因此，应用型人才的培养过程也理应关注知识、能力和素质三个方面的要素。

（一）知识

根据应用型人才应具有知识的专业性与通识性共融的特征，可以将知识要素划分为专业基础知识、专业发展知识、综合性知识和工具性知识四大类：专业基础知识体现在大学生学科基础课程的知识体系中，是培养人才从事专业活动必备的基础知识，对于培养应用型人才专业能力和专业素质起着非常重要的奠基性作用；专业发展知识体现在大学生学科专业方向课程和专业选修课程的知识体系中，是培养应用型人才发展能力和专业鉴别素质需要掌握的专业理论性知识或操作性知识，是培养应用型人才发展能力和综合素质的必要前提；综合性知识体现在跨专业、跨学科、跨院系，甚至是跨学校选修课程的知识体系中，是培养应用型人才公共能力、通用素质必备的理论或操作性知识；工具性知识是指帮助大学生学习和掌握专业基础知识、专业发展知识以及综合性知识的方法性知识，主要包

---

① 季诚钧. 应用型人才及其分类培养的探讨 [J]. 中国大学教学，2006（6）：52，57-58.

括文献检索知识，外语、计算机网络等技术性知识，以及学习方法、思维方法等知识。因此，工具性知识是应用型人才培养知识体系中的重要内容之一，它对于大学生公共能力、专业能力、发展能力、专业素质和综合素质的发展与提升都具有非常重要的促进作用。

（二）能力

能力是指顺利完成某一活动所必要的主观条件，是直接影响活动效率并使活动顺利完成的个性心理特征。根据斯皮尔曼修正后的二因素说（一般因素—群因素理论），以及应用型人才能力的专业性与发展性共融的特征要求，可将应用型人才的能力要素划分为公共能力、专业能力、发展能力三大类。

首先是公共能力。公共能力属于一般能力，它是人们完成任何活动都不可缺少的能力，是人们从事任何职业都应具备的基本能力，包括学习思考能力、价值判断能力、交流沟通能力、身心调适能力、信息处理能力等。

其次是专业能力。专业能力是指专门人才在从事专门领域工作的基本实践能力，这些能力在本专业领域的职业岗位通用，它是专业基础知识、专业基本技能和专业基本素质在行业领域实践活动中的外显结果，它是专业教育体系下学生职业发展的基础。

第三是发展能力。发展能力是指在专业能力基础上通过强化学习与实践而形成的一种能胜任职业岗位需求并能帮助进行职业转换、迁移的能力。具体来说，发展能力是专业能力在"精""深""广""博"等维度上的延伸与扩展，是伴随专业兴趣、情感、态度、认同感、承诺感、使命感、责任感等专业精神日趋发展逐步形成的，是大学生未来"个性化"发展的需要。

（三）素质

"素质"的内涵，相对于知识与能力来说，更为丰富。目前学术界较为认可素质是一种心理品质，是以人的先天禀赋为基质的，同时又是在后天环境影响下形成并发展起来的内在的、相对稳定的心理结构及其质量水平。应用型人才的素质结构可划分为基础通用素质、专业智能素质、专业情意素质、综合素质四大类。

基础通用素质，是指学生以后从事任何职业都必须具备的基本素质，包括基本技能（阅读能力、书写能力、倾听能力、口头表达能力、数学运算能力）、思维能力（能有新的想法、考虑各种因素以做出最佳决定，发现并解决问题，根据符号、图像进行思维分析，学习并掌握新技术，分析事物规律并运用规律解决问题）、个人品质（有责任感、敬业精神，自重、自信、自律，能正确评价自己，正直、诚实、遵守社会道德行为准则）。

专业智能素质，是指学生运用专业知识和专业能力在从事专门职业的活动过程中将知识与能力逐渐内化而成的一种带有专业特征的素质。专业智能素质的高低，直接影响专门职业的活动效率。不同应用型职业由于其专业性质不一样，专业活动所要求的专业知识和专业能力也是不同的，因此，在专业活动中内化而成的专业知识素质也存在较大的区别。

专业情意素质，是指人们从事专业职业活动的一种心理倾向性特征，主要包括专业兴趣、专业动机、专业情感、专业信念、专业承诺、专业使命感、专业责任感等。

综合素质，是基础通用素质、专业智能素质和专业情意素质在专业实践活动中融合、优化、提升而成的一种全面性素质，是政治素质、思想素质、道德素质、身心素质、科学文化素质、审美素质、专业素质等有机融合的结晶。[①]

二、应用型人才培养的特征

依据前述应用型人才培养的概念和要素，应从人才培养目标、课程设置、教学过程、教师队伍和培养方式等方面来揭示其培养特征。

（一）学以致用的培养目标

应用型人才的培养目标主要是通过设置与地方经济和产业发展相适应的专业，培养社会和企业急需的学以致用的高级专门人才。原北京大学王义遒教授认为："大学的定位离开大学所办的专业和学科就无法定位，一个学校的特色跟它的学校的学科定位相关，专业和学科建设要以地方经济和社会发展需要为前提。中小型高校的定位更应该跟地方经济、政治文化密切结合，这个地方需要什么，我们就办什么专业，这样就会有特色。"专业是应用型人才培养的平台，是高等院校按照学科体系内在逻辑，根据经济和产业发展需要而设置的人才门类。应用型人才培养的专业设置，必须依据地方经济和产业结构发展需要，通过结合高等院校已有的基础或优势来规划专业的发展，尤其要侧重发展应用型学科专业，并根据社会需求设置专业和调整专业方向，从而更好地为地方经济和社会发展服务。

（二）理实一体的课程体系

所谓"理实一体"，是指不仅给予学生足够的学科知识，还要把专业应用能力作为专业课程设计的起点，将专业应用能力与课程体系内容有机结合。这具体包括三个方面：第一，围绕专业应用能力设置理论课与实践课。无论是理论课还是实践课，都能对某种专业应用能力的培养起支撑作用。第二，围绕专业应用能力选择课程内容。在课程设置确定以后，对某一门课程具体应讲授哪些内容，也应该结合专业的具体需求并有助于专业应用能

---

① 宋克慧，田圣会，彭庆文. 应用型人才的知识、能力、素质结构及其培养 [J]. 高等教育研究，2012 (7)：94-98.

力的培养。第三，围绕专业应用能力改革教学方法与考核方式。同样的课程，由于教学方法与考核方式的不同，其效果是大不一样的。在应用型人才的培养过程中，重要的是培养学生获取知识与应用知识的能力，因此在教学方法上往往采用启发式教学法，在考核方式上也以能力考核为主。

（三）知行合一的教学过程

应用型人才培养应将实践教学贯穿在人才培养的全过程中，在每门课程中渗透实践教学，从教学目标和教学内容等环节突出应用型人才培养的实践性。一方面，应用型人才培养强调实际动手操作能力与解决实践问题能力的培养，所以应在教学目标上强调实践性、参与性与体验性等非认知性目标，要求对每一门课程都应设立实践性教学目标，就是理论性课程也必须强调理论知识的应用，立足于培养学生运用理论知识解决实际问题的能力；另一方面，应用型人才培养要采用实践性很强的课程导向模式，更加关注实践、实验、实习、训练、职业证书培训、课程设计、毕业设计，其内容要围绕一线生产和管理的实践需要。在整个课程体系中要凸显实践性教学内容，实践课程教学学时要大大高于学术型人才培养的比例，甚至某些专业的实践教学学时与专业理论教学学时应达到1：1的比例。

（四）双师双能的教师队伍

人才培养的关键是教师。应用型本科人才的培养，需要有一批适合应用型教育的"双师型"教师。"双师型"教师是指既具备扎实的基础理论知识和较高的教学水平及一定的科研能力，又具有较强的专业实践能力和丰富的实际工作经验的教师。其不仅要具有宽厚的行业基础理论知识和实践能力，还必须具备将行业职业知识及实践能力融合于教育教学过程的能力。[①] 由于体制的关系，高校"双师型"教师队伍还存在许多实际问题。据统计，教师来源的八成以上是刚毕业的博士和硕士，从其他行业引进优秀人才的渠道并不畅通，企业调入人员的比重不足一成。在此情况下，培养应用型人才的高校有必要通过制定教师顶岗学习和定期到企业培训或挂职的制度，促使师资建设朝"双师型"方向发展。而且，还可以根据教学需要引进一批具有丰富实践经验和相应教学能力的行业专家、高级管理人员、专业技术人员等担任兼职教师，进一步提高"双师型"教师的比例。

（五）产学结合的培养模式

校企合作是高校应用型人才培养的必由之路，也是保障人才培养质量和特色的必由之

---

① 潘懋元. 应用型本科院校人才培养的理论与实践研究 [M]. 厦门：厦门大学出版社，2011：101.

路。在应用型人才培养过程中，从社会层面看，需要鼓励和推进产教融合，即产业界与教育界的融合互补；从学校组织层面看，需要鼓励和推进校企合作；从学校内部的人才培养过程看，需要鼓励和推进工学结合；从人才培养的精神理念和价值旨趣看，则重在实现知行合一。教学型本科院校，特别是新建本科院校，必须通过校企合作的方式促进应用性转型，保证培养高水平的应用型人才。校企合作，顾名思义就是学校与企业（行业，乃至产业界）建立起多样化的合作模式。校企合作，需以双赢为目标，即一方面有利于企业实现创新驱动和更高盈利，另一方面有利于学校推进人才培养工作和提高人才培养质量，有利于新建本科院校顺利实现应用性转型。总之，校企合作，就是校企双方实现优势互补、互惠共赢、协同育人的重要方式和最优途径。

第二节　高校应用型人才培养的目标定位与发展

随着改革开放的深入和社会主义市场经济的发展，应用型人才培养成为中国高等教育改革发展的战略任务。如何使应用型高校培养的大学生成为既有知识技能和坚定的职业操守、高尚的职业境界和崇高的道德理想，又拥有马克思主义理论品质，并具有社会主义核心价值观的应用型人才，成为现阶段研究的重点。

一、应用型人才的内涵及特征

（一）应用型人才的内涵

应用型人才的概念与学术型人才的概念是相对的，二者所擅长的专业领域是不同的。所谓的学术型人才，指的是那些专门对客观规律进行研究，进而发现科学原理的人才，其所承担的主要任务是要将自然科学和社会科学领域中的客观规律转化为科学原理。而应用型人才则指的是，熟练掌握专业知识和技能，并能够将其运用到实践中的专业人才。对于应用型人才来说，其通过对专业理论知识的掌握，将其熟练应用于技术管理、技术服务等方面的工作。当前社会对应用型人才的需求极为迫切，他们是行业技术的领军人物和建设者，是具有良好技术素养的专业人才，符合社会的发展需求，是未来经济发展的奠定者。

应用型人才所具有的知识结构主要是科学的知识体系，其任务是利用已经被人类发现并且掌握的科学原理，应用到社会发展的实践中，而不是去发展和寻找客观规律。一般来说，应用型人才所从事的工作都与生产和社会生活密切相关，能够为社会创造出直接的价值和财富。在对应用型人才进行培养的过程中，学科知识的教学仍然是最为基本的东西，却并不是培养应用型人才的唯一价值。根据劳动市场对人才的需求，对应用型人才的课程教育可以适度偏离学科知识的系统性，为了满足学生的职业发展需求和自我发展意愿，对他们的教育可以不用再专注于专业的学科知识。在这种应用型人才培养的指导模式下，对学校的教学评价标准也应做出调整，不应再过于重视教学的学术水平，而是应转为重视受教育者对知识和能力发展是否满意，所培养的人才是否满足社会的需求，是否有利于可持续发展的需要。

（二）应用型人才的特征

应用型人才所具有的特征主要表现在以下几点：

1. 对本专业通用的基本技能和实用技术能熟练掌握，并且对所从事的岗位具有很好的适应性。

2. 能够对专业相关知识进行系统的综合和应用，并且保持有持续努力学习的意志和能力。

3. 对所从事岗位工作中存在的问题有敏锐的洞察能力，并能找出相应的解决办法。

4. 具有良好的合作意识和进取精神，同时还具有强烈的社会责任感和勇于批判的精神。

二、应用型人才培养的目标与要求

（一）人才培养目标的内涵与要求

作为高素质应用型创新创业人才，在知识、能力、素质三方面应具有的内涵是：具有一定的科学文化与通识教育基础和扎实的本专业理论功底；具有较强的自主学习与发展能力；具有必要的相邻专业知识、有较广的专业适应面；擅长专业知识、专业技术的应用，有综合运用所学理论知识发现和解决实际问题的能力；有一定的技术创新、集成创新和管理创新能力；有较强的创业意识与创业能力；具有敬业精神、实干精神、团结协作意识等良好的思想道德素质。

围绕上述内涵，应用型人才培养必须科学设计人才培养方案，切实完善知识、能力、素质结构的内容，并努力促进三者协调发展，才能保证应用型人才的培养质量。

1. 优化以职业生涯可持续发展目标为导向的知识结构

合理的知识结构是形成应用型人才核心能力和综合素质的基础条件。由于应用型人才培养的就业面对应的是行业企业的职业群，因此，要以大学生将来的职业生涯可持续发展目标为导向，遵循知识结构的整体相关性、社会适应性和动态开放性的基本要求，坚持以学科知识为核心，以专业知识为主干，以通用知识为基础，以岗位知识为重点，以创新创业知识为拓展，使学生既掌握职业岗位所必需的专业知识、技术应用知识，又掌握系统的学科知识和科学文化方面的通用知识，还有创新创业方面的知识，使培养的人才成为适应社会需求的应用型人才。

2. 强化以专业实践能力为核心的能力结构

能力结构对应用型人才的岗位职责适应性和工作创造性都具有一定的决定作用。劳动力市场对应用型人才的要求是，要具有较强的复合能力，因此必须要重视培养应用型人才的综合能力，尤其是要加强对他们的专业实践能力培养。从应用型人才的社会要求来看，着重培养他们的专业知识、实践能力、职业技能和创新能力等。根据人才培养目标和规格，将其培养为综合能力较高的复合性应用型人才。

3. 内化以职业素质为核心的综合素质结构

对应用型人才职业素质的培养，主要是培养他们健全的人格，包括创新创业意识、团结合作意识、爱岗敬业精神和理性思维能力等。对于综合素质较高的应用型人才来说，其不仅要具有丰富的知识储备、良好的专业素质和健康的心理素质，同时还要具有良好的社会适应能力和较高的思想道德素质，这样所培养出来的应用型人才才能发挥出更大的社会价值。

（二）人才培养的目标与特质

我国高等教育法对高层次的人才培养目标做了明确规定，即"应当使学生比较系统地掌握本学科、专业必备的基础理论、基本知识，掌握本专业必要的基本技能、方法和相关知识，具有实际工作和科学研究工作能力"。教育部《关于进一步加强高等学校教学工作的若干意见》进一步指出，今后高校教学工作的主要任务是"着眼于国家发展和人的全面发展需要，要坚持知识、能力、素质协调发展，深化教学改革，注重能力培养，着力提高大学生的学习能力、实践能力和创新能力，全面推进素质教育"。综合教育法的规定和教育部的要求，多数应用型高校确立的人才培养目标是高素质应用型创新创业人才，其主要特质是"广适应、擅应用、能创新、会创业"。

三、应用型人才教育的特征

应用型人才教育作为一种新型的教育方式，既具有高校教育的一般特征，又具有鲜明的特色。

（一）应用型人才教育必须符合高校教育的基本要求

《中华人民共和国高等教育法》关于高校教育学业标准的明确规定是："应当使学生比较系统地掌握本专业必需的基础理论、基础知识，掌握本专业必要的基本技能、方法及相关知识，具有从事本专业实际工作和研究工作的初步能力。"因此，应用型人才教育必须符合《高等教育法》关于高校教育学业标准的规定，不能因强调应用性而降低学业标准，忽视必备的基础理论、基础知识教育，把应用型教育培养的高级应用型人才降为普通的技能应用型人才。

（二）应用型人才教育必须充分彰显应用型特点

1. 注重能力培养

在教育观念和教学过程中，更注重学生的学习能力、就业能力、转岗能力和创新创业能力，培养的人才能够下得去、留得住、用得上、干得好。

2. 面向生产线

以培养生产、工程、管理、服务一线的高级应用型专门人才为根本任务，为地方经济建设和社会发展服务，推广高新实用技术，提升企业的科技含量，提高产品的市场占有率。

3. 强化实践性

实践教学强调与生产一线的实际结合，实行工学结合、校企合作等培养模式，重视生产实习、毕业实习等各类实践教学环节，实践教学在人才培养方案中占较大比重。

4. 突出应用性

以适应地方企业和行业发展需要为目标，以工程应用为主线构建学生的知识、能力、素质结构和人才培养方案。学生具有基础扎实、适用面宽、技术应用能力强、素质高等显著特点。

5. 强调师资实践能力

专业师资队伍是一支既能从事教育教学，又能从事工程实践的"双师型"队伍。

四、应用型人才的培养规格

应用型人才作为一种特殊类型（应用型）、特殊层次（高级应用型）的人才，它在培养规格上和其他别、层次的人才一样，由知识、能力和素质三大基本要素构成。

（一）人才的知识、能力、素质的基本内涵

人们常说的知识指的是人类认识客观事物和对客观规律的积累。人才所应具备的知识储备主要有一般的科学文化知识、本专业知识和相邻学科专业知识等。人才提高自身能力和素质的基础就是知识的储备，如果一个人不具备丰富的知识，那么就很难在综合素质方面达到较高的水平。在大学中，对应用型人才的培养，首先就要让学生掌握扎实的知识基础，这是提高他们能力和素质的前提条件。

人才的能力指的是在掌握一定知识的基础上，经过实践锻炼形成的。人才应当具备较高的综合能力水平，具体来说主要有获取知识的能力、运用知识的能力、解决实际问题的能力、创新创业能力和适应社会的能力等。人才所具有的知识与能力之间可以相互作用，丰富的知识积累有助于提高人才的能力，同时人才具备较强的能力又可以促使其获取更多的知识。

人的素质是指将从外部获得的知识和技能，通过个体的认识和实践，从而将其内化为自身的综合性品质。人才的素质主要包括科学文化素质、专业素质、身心素质和思想道德素质等。个人所具有的较高素质具有很强的能动作用，可以促进个人知识、能力的拓展，并更好地发挥作用。

人才的知识、能力和素质，三者间的关系密切。其中，知识是基础，素质是核心，能力是关键。高校在对应用型人才培养的过程中，必须要注重知识、能力和素质的统一培养，在学生身上实现三者的协调发展，满足人才市场对应用型人才的总体要求。

（二）应用型人才的结构及其相互关系

1. 知识结构

知识结构主要由科学文化知识、基础理论知识、专业知识和相邻学科专业知识四部分构成。科学文化知识包括自然科学和人文、艺术、外语以及社会科学等方面的基本知识，是本专业知识结构的基础平台。基础理论知识是从事本专业所必需的基础理论知识，由数、理、化等公共基础课构成。专业知识是从事专业工作所应具备的专业知识，由专业基础课和专业课构成。对各种知识的掌握，不仅是应用型人才适应技术密集型岗位的需要，同时也是其实现自我提升、不断满足职位变动的需求。随着经济和科技的不断发展，各个学科知识间相互融合、渗透，使得很多跨学科职位应运而生。在这种情况下，学生就必须要在掌握自身专业知识的同时，也要对相邻学科知识有所认识和了解，这样才能满足社会对人才的需求。在应用型人才所具备的知识结构中，基础是科学文化知识，核心是基础理论知识，关键是专业知识，辅翼是相邻学科专业知识。只有注重各类知识的相互渗透，夯

实基础，强化核心，突出关键，丰满辅翼，才能切实培养出适应社会需要的高级应用型人才。

2. 能力结构

应用型人才的能力结构主要由生活适应能力、知识获取能力、专业技术能力、就业创业能力、自我发展能力和创造创新能力等构成。其中、生活适应能力指的是个人适应环境和处理日常生活问题的能力；知识获取能力指的是个人具备科学的思维方式和良好的学习方法，自主学习能力强，善于收集和处理信息；专业技术能力指的是个人对本专业的基础技能和技术规范掌握情况良好，并且可以综合利用所学的专业知识解决实际问题和进行技术分析的能力；就业创业能力是指在就业过程中具有较强的就业竞争力以及敢于创业、善于创业的能力；自我发展能力是指具有强烈的进取心和继续学习意识，能承受挫折和失败，在总结正反两方面经验的基础上不断完善自身的能力；创造创新能力是运用所学知识创造性解决技术难题，积极开展技术、管理、服务等方面的创新能力。

3. 素质结构

应用型人才的素质结构主要包括科学文化素质、思想道德素质、专业素质和身心素质等。其中、科学文化素质包括自然科学、人文科学以及社会科学等方面的知识与素养；思想道德素质包括正确的政治观念，坚定的理想信念，科学的世界观、人生观、价值观，高尚的道德情操及理性的思维方式等内容；专业素质包括对专业知识、专业技术等内容的掌握程度及应用能力；身心素质包括健康的体魄和良好的心理。其中，处于主导地位的是思想道德素质，应用型人才素质是灵魂。这是因为：人才只有具备良好的思想道德素质，才能在科学文化素质和专业素质方面得到更好的提升，才能始终保持良好的心理状态；而良好的思想道德素质，是企业录用人才的关键，对科学文化素质、专业素质以及身心素质的发挥具有重要的推动作用。

五、应用型人才培养的实现途径

应用型高校要根据应用型人才培养的要求，有效实现既定的人才培养目标，应着力推进以下几方面的工作。

（一）设置面向行业产业发展的应用型学科、专业

设置符合地方经济发展方向、布局合理、适应行业与产业发展需要的应用型学科、专业，是实现应用型人才培养目标的重要前提。因此，应用型高校必须紧紧围绕应用型人才培养目标来设计学科、专业建设。

1. 在学科和专业关系上，要确立学科建设为专业发展服务的思路

应用型院校要将学科建设的重心放在支持应用型专业建设上，学科建设脱离专业建设是不利于实现应用型人才培养目标定位的。因此，在学科建设上应有所为有所不为，即对应用型专业建设和发展有支撑作用的学科要着重发展，对于非应用型的学科应"不为或少为"。

2. 在专业建设上，必须突出专业的应用型人才培养特色

首先，突出应用性强的优势专业。要结合国家教育部实施的"卓越人才培养计划"，选择基础好、应用性强的优势专业，进行重点建设，强化特色，着力打造应用性强的品牌专业。其次，积极设置新的应用型专业。要紧跟社会经济发展需要，及时增设市场急需的应用型专业。再次，要注意建设复合型专业。根据学科交叉综合发展的新变化，探索设置多学科复合型专业，以适应培养高素质复合型应用型人才的需要。最后，要努力拓展专业的适应性。根据应用型人才培养的"广适应、擅应用、能创新、会创业"的特质，满足应用型人才对综合知识和复合能力培养的要求，要探索推行大专业以及与专业方向相结合的应用型人才培养之路。

（二）精心构建彰显应用型特色的课程体系

课程体系是人才培养模式中的关键环节，是学生知识、能力、素质形成的有效载体。因此，建构科学的课程体系，是应用型人才培养必须解决的关键问题。由于课程体系设置普遍存在偏重基础理论、局限专业教育、内容与科技发展脱节、实践环节虚化弱化等缺陷，导致培养出来的学生知识面窄、适应性不广、动手能力差、创新创业能力弱。因此，培养应用型人才必须构建体现应用型特色的课程体系，要处理好四个关系：第一，通识教育与职业教育的关系，不能局限于培养掌握专门技术的职业人，而要培养具有健全人格和可持续发展的"全人"；第二，基础理论教育和专业教育的关系，应用型人才培养在重视基础理论教育的同时，要突出专业教育；第三，科学教育与人文教育的关系，要使学生既掌握科学知识，又受到人文与道德精神的熏陶；第四，理论教育与实践教育的关系，在注重专业理论传授的基础上，要特别强化实践技能的训练。

（三）着力构建突出能力培养的实践教学体系

应用型人才培养的教学特点是建立以培养能力为本位的教学体系，教学目标是使学生毕业后胜任生产一线实际工作的需要。其教学模式构建的主要思路是：要改变理论传授与实践训练脱节的现象，注重理论教学与实践教学的紧密结合，突出实践教学体系建设，使学生由过去单纯的"坐中学"转变为"做中学、学中做"。

实践教学体系建设是个系统工程，是对学生大学四年实践训练的整体设计，包括各种实践教学环节、教学内容、教学模式、教学目标及相关考核评价机制的设计。加强实践教学体系建设，要从以下四个方面着力：

1. 强化突出实践教学的应用型人才培养理念

本着突出实践教学的应用型人才培养理念，从教学计划制订、课程安排、教学环节组织到实践经费的落实与实践教学的考核评价等，各方面都要充分体现、突出实践教学环节在整个应用型人才培养目标实现中的重要地位与作用，切实改变重理论轻实践的现象。

2. 确立以综合能力培养、提升为核心的实践教学目标

面向高素质应用型创新创业人才培养目标，实践教学的目标已不再是传统的低层次、简单的实践动手能力培养，而是综合能力的培养、提高，包括培养技术实践应用能力，学生运用所学知识和理论发现问题、分析问题、解决问题，不断探索和提升创新能力及就业创业能力，最终形成高素质应用型人才所必需的综合能力。在能力培养的内容类别上可以划分为基本技术应用能力、专业核心技术应用能力、研究创新能力、就业创业能力、综合应用能力五个方面。

3. 建立一体化的实践教学体系

实践教学内容丰富、时间跨度大、实施层次多，因此要将实验教学、实习实训、课程实践、创业创新训练、毕业设计等教学内容做一体化的统筹安排，把相应的实践教学内容整合到课内实践教学、独立实践教学、创业创新活动和社会实践锻炼四个模块当中，促进实践教学内容的有效落实。

4. 加强实践教学平台建设

加强校内实验室、实训中心和基地建设，尽可能满足课内实践教学和一般性的独立实习实训需要；加强校外实践教学基地建设，通过校企合作共建实验室、实习与就业基地等方式，为强化实践教学提供有力支撑。

（四）高度重视提升应用型人才的综合素质

应用型人才是一种素质高、能力强、知识广的人才，因而其培养不仅要重视学生的知识和能力建设，还要高度关注素质提升。何谓素质？简而言之，素质就是一个人把从外在获得的知识、技能内化为自身稳定的品质与素养的程度，从本质上讲主要是思想品质和精神素养。作为高素质的应用型人才，其素质的高不仅表现为程度高，还应表现出结构内涵的综合性，即一种综合性的高素质。这种综合性高素质大致可分成两方面：一方面是良好的基本素质，包括良好的思想道德素质、科学文化素质、身心素质；另一方面是过硬的职业素质，包括过硬的专业素质、职业素养（职业境界、职业精神、职业责任心等）。由于

人才知识的获取与运用、能力的培养与发挥，都与其责任心、道德水平、心理素质、意志品质等密切相关，也就是说，素质高低尤其是思想道德素质高低直接决定了学习和工作的成效，因此，为了切实提高应用型人才的培养质量，必须统筹考虑构成应用型高校人才培养目标体系的三大要素，知识、能力、素质的关系，在人才培养方案中高度重视素质培养内容的落实，多渠道拓展学生的素质培养，有效促进知识、能力、素质的协调发展，切实提升应用型人才的综合素质，特别是要突出思想道德素质培养。

（五）建立校企密切合作的人才培养机制

工作岗位和就业市场越来越重视人才的应用能力和工作经验，这就要求学生在校期间进行现场工作的模拟训练和积累实践工作的经验。为解决这些问题，建立健全校企合作人才培养机制是应用型人才培养的重要举措和根本途径，是密切高校和产业界的联系，使应用型人才培养主动适应经济社会发展的新要求。目前，成功的高素质应用型人才培养无不以密切的校企合作形式来实现。例如，美国的四年制工程教育，以"工学交替式"为途径培养应用型人才，大学生在校学习和到企业实践实训交替进行；英国也运用"工学交替式"培养应用型人才，通常采用"2+1+1"（四年制，即前两年在学校学习，第三年到企业工作，第四年再回到学校学习、考试，取得毕业证书）和"1+3+1"（五年制，即第一、五年在企业工作，第二、三、四年在校学习）两种学制；德国应用型人才培养实行的也是"工学交替式"，四年制八个学期，一般有两个学期在企业学习和实践。这种"工学交替式"能够有效推动大学生面向产业的学习、面向职业资格证书的学习、面向情境的学习、面向工作的学习、面向研究项目的学习以及面向生产任务的学习，促进高素质应用型人才的培养。

（六）努力打造有丰富实践经验的教师队伍

教师是教育活动的一项重要主体，因此在高校培养应用型人才的过程中，也必须要注重对师资队伍的建设，这是塑造应用型人才的关键。因此，在高校开展应用型教育的过程中，必须注意具备专业教育资格的教师要达到一定比例。获得这些优秀教师资源的途径主要有两种：第一，加强对在职教师的继续教育，不仅要在教师实践中提高他们的专业教学技能，同时还要为其提供参加应用性课题研究的机会，增加教师的教学经验。第二，可以聘用一部分兼职教师，然后根据他们的实际教学效果不断对其进行调整。现代科学知识发展日新月异，导致高校内的专职教师在专业知识和技术方面跟不上时代的要求。因此，这就需要高校在外部聘用一些专业技术很高的兼职教师，保证学生可以掌握最新的知识和技术。

第三节　高校应用型人才培养的模式构建

人才培养目标定位问题是高等学校生存和发展的核心问题，是确立高校人才培养模式、专业设置与建设、课程设置与建设、师资队伍建设等必须首要解决的问题。人才培养目标的确定要用科学的方法，结合自身实际严格制定。独立学院作为高等教育大众化的产物，必须制定符合自身特点和社会需求的人才培养目标，这样才可以在竞争中立于不败之地，更好地发展。在人才培养目标定位之下，如何构建独立学院人才培养模式显得尤为重要。

一、独立学院人才培养目标与定位

（一）独立学院应用型人才需求分析

不同类型和规格的人才需要由不同层次、不同类型的高等院校进行培养。社会对高等学校培养的人才既要求有侧重理论的，也有侧重应用的，还有兼顾理论与应用的。我们认为，在"二本"与高职高专之间存在着一类为社会大量需求的人才，这种人才应该是既能比较系统地掌握本学科专业必需的基础理论和基础知识，又能掌握本专业必要的基本技能、方法和相关知识、具有实践能力和创新精神的应用型专门人才。

1. 知识经济社会客观上要求高校培养本科应用型人才

21 世纪是以知识经济为主要特征的世纪，高质量的高级技术人才是知识经济时代的基本社会支撑。创新是知识经济的本质，知识经济的发展必将深刻影响着经济结构、人类生活、教育方式的变革，其基本标志表现为科技发展更为迅猛、经济结构和就业结构将发生重大变化、人们的职业和岗位变动将更加频繁。因此，知识经济社会中，任何学校或专业培养出的学生都不可能是全才，这就使得职业分工进一步细化，对人才的需要就更趋于"专业+特长型"的应用人才。而经济结构与就业结构的变化，必将带来教育科类结构的不断变化，高等教育应对这种不断变化的有效策略之一就是强化应用型人才的培养。

2. 市场环境的发展现状对本科应用型人才存在大量需求

市场竞争中人才需求以应用型为主。市场经济强调资源配置最大化和追求个人利益最大化。教育作为一种稀缺资源，其资源的优化配置必须以市场为导向。市场已经成为配置资源的基础手段，劳动力供需主体的选择权和决策权逐渐扩大。伴随我国高等教育大众化步伐的加快及市场经济制度的规范和完善，高等教育的买方市场将最终形成。以市场需求为导向的教育改革势在必行。我们看到,日趋激烈的市场竞争对人才的需求是千差万别的,但大致上可以分为两大类:一类是发现和研究客观规律的研究型人才;另一类是将客观规律的理论应用于实践并带来利益的应用型人才。社会分工日益细化,社会对人才的需求呈金字塔形,塔尖是少量的研究型人才,社会发展与进步需要这些人去探索和发现客观规律。塔基是大量的从事与实际问题相关的应用型人才。参与分工合作和市场竞争的企业,需要越来越多的经营管理者、工程技术型人员等应用型人才。清华大学一项调查结果数据显示:需要应用型人才的企业占 66.2%,需要创新型开拓人才的企业占 13.7%,需要应用型人才又需要创新型开拓人才的企业占 9.8%。未来几年内中国应用型本科人才的需求有望每年以 17% 的速度递增,这大大高于全球 10% 的平均增长速度。

2010 年,我国应用型本科的人才需求将达到 500 万人,而目前我国每年本科应用型的毕业生只有四五十万人。按照目前我国高校人才的培养速度,今后 10 年,应用型本科人才仍然还有 100 多万人的缺口。这样的发展和培养速度,很难满足我国对于应用型人才的需求。巨大的应用型本科人才需求空间同时也给独立学院的人才培养带来了很大的发展机会。

3. 高等院校可持续发展的要求

对高等院校来说,培养人才是其自身可持续发展的要求和首要任务。奥尔特加·加塞特曾说:"从严格意义讲,大学是为了把普通学生教育成为有文化修养、具备优秀专业技能的人。即利用人类智慧所发明的最经济、最直接和最有效的方法,把普通人培养成为优秀的专业人员。"目前我国各类高等学校培养的人才基本属于学历型,能否成为各行各业的高层次应用型人才,还需要深入的岗位继续教育和能力素质训练。我国近些年来经济发展的态势表明,国内经济增长对国际环境的依存度越来越高,尤其是高新技术产业。大力培养能参与国际竞争的高层次人才,是提高各国的国际竞争力的关键。中国加入世界贸易组织,参与全球发展战略,促使教育事业不可避免地更多地面对国际竞争,教育更加多元化,国内人才劳动力市场向更加完善的市场经济体制转变,不断适应经济全球化对人力资源的优化配置,从而对各级各类人才素质提出新的要求。高层次专门人才,成为国际对人力资源竞争的热点,这是我国高层次人才的培养结构和模式面临的严峻挑战之一。根据国家科委科技干部局调查,我国科技人员总数,远远低于欧美、日本等发达国家。在专业技术人员中,约有 33.4% 的人员潜力未得到发挥,按人力资源算,相当于 344 万专业技术人员处于闲置状态。调查还表明,科技人员效率低下的主要原因是人才结构不合理。从事开发工作的科学家、工程师和初、中级技术人员和辅助人员的比例为 1:2.94 和 1:3.02。可见,过少的应用型技术人才和辅助人员很难与科学家和工程师匹配,直接造成科技开发整体效率的低下。因此,独立学院发展应用型本科教育,既是我国的经济发展和社会进步的要求，也是追赶国际高等教育发展潮流的一种需要。

（二）独立学院人才培养目标与定位

从高等教育的发展史上看，大学具有三大功能：一是教育功能，即通过教学及其他形式的教育活动培养社会需要的高级专门人才；二是探索功能，即通过科学研究发现知识，推进社会科学、文化的进步；三是服务功能，即直接参与发展社会生产力，服务于社会。按照高校人才培养的职能，根据高等学校社会职能等理论，参考国内外高等学校分类法，笔者将高等院校分为研究型、应用型和职业型三种。研究型大学是以培养具有科学研究理论和创新，并从事事物发展客观规律研究的精英人才，在知识结构和能力方面它不仅强调宽广的自然科学、社会科学和人文科学背景，同时也注重高深和跨学科的专业知识，研究型大学的培养对象主要是研究生。应用型高校是为各行各业培养高级技术型人才，这类人才能将科学原理和学科体系知识转化为设计图纸或方案。在知识结构和能力等方面，应用型人才的培养强调掌握基础知识和专业知识，注重学生的知识转化能力，其培养对象主要是本科生。职业型大学是为各行各业输送高级技能型人才的摇篮，他们依靠熟练的操作技能来具体完成产品。在知识结构和能力方面，强调基础知识、专业知识的结合，注重动手能力的培养，职业型大学的培养对象是专科生。

根据教育部出台的普通高等学校独立学院教育工作合格评估指标体系中确定的独立学院办学定位的合格标准为"根据自身条件和发展潜力，适应地方、区域经济和社会发展需要，确立教学型大学的类型定位和培养具有创新精神和实践能力的应用型人才的目标定位"。该评估体系将独立学院的人才培养定位为"应用型人才"，因此，独立学院人才培养模式实际上是应用型大学的培养模式。其中包括两层含义：

一是本科，尽管是三本，但人才培养的层次依然是本科。它和高职高专人才的培养是有区别的。高职高专在知识结构和能力方面强调动手能力的培养，注重的是熟练的操作技能的锻炼，培养的是技能型人才，其专业的建设和发展是针对职业岗位和岗位群的需要；而本科教育是重视宽口径的专业教育，主要培养的是具有较宽专业理论基础，有"本钱"，具备继续学习的基础的技术性人才。二是应用型，区别于研究型。研究型的人才培养方式是培养拔尖的学术型人才。是精英教育。而应用型人才培养注重以知识为基础，以能力为重点，知识、能力、素质协调发展，其重要特征集中体现在学生的实际运用知识的能力上。应用型本科的专业建设与发展必须面向市场、依托学科（即学术的分类），必须以应用为导向，坚持为地方、区域经济发展服务，面向行业，面向人才市场需求设置专业和办好专业。由以上分析可知，应用型本科人才既区别于高职高专类学校培养的服务于生产服务及管理第一线，并具有较强动手能力的技能型人才，又区别于研究型高校培养的通识型、综合型、研究型人才，而是具备宽口径、较宽专业理论知识，既能动脑又能动手，具有较高知识层次和创新精神的人才，是介于白领和蓝领之间的灰领人才。这类人才应既要有知识，又要有能力，更要有使知识和能力得到充分发挥的素质。这种应用型人才与高等专科教育 、高等职业教育中的技能型人才不能等同看待，是以知识为基础、能力为重点的应用型人才。

作为培养应用型本科人才的独立学院，应以通识教育为基础，提高学生的综合能力和素质，为学生的专业学习和可持续发展奠定基础；以能力培养为本位，培养学生将理论与实践统一、整合应用所掌握的知识和技术解决实际问题的实践能力和创新能力。

二、构建独立学院人才培养模式的指导思想

构建独立学院人才培养模式要以邓小平同志"三个面向"为指导，全面贯彻党的教育方针，着力提高受教育者的综合素质，培养、造就高素质的具有实践能力和创新精神的应用型人才。

（一）遵循教育教学规律，坚持知识、能力、素质的协调发展和综合提高

构建独立学院人才培养模式，要全面体现"教育要面向现代化，面向世界，面向未来"的时代精神，以培养具有实践能力和创新精神的应用型人才为目的，努力吸收先进的教育思想和教育观念，大胆借鉴国内外人才培养的成功经验和模式，使学生的知识、能力、素质三者辩证统一协调发展，培养学生具有良好的思想素质、强烈的民族自豪感和社会责任心，又具有为国家经济建设和社会发展服务的基本本领。

（二）遵循学生身心发展规律，坚持按需施教和因材施教

学生对大学生活逐渐适应后，学习心理属性逐渐成熟，反映在学习意向上带有职业性和实用性的特点，即对学以致用的追求。独立学院人才的培养就要充分考虑学生对不同专业的选择的需要，实施教学，以达到学用一致的要求。由于学生各人都有自己的生活环境、成长经历、个性特点和精神世界，因而对他们的教育必须有的放矢，因材施教，只有如此，才能把社会的客观需要转化为学生的主观因素，充分调动学生的主观能动性。

（三）遵循社会需求导向

不同类型高校，尤其是独立学院，在构建各自的人才培养模式时必须适应市场需求，以市场需求为导向。专业设计、课程设置要与经济社会、区域产业结构紧密结合，与社会的需要需求结合。独立学院属于教学型高校，对应用型人才的要求是要有一定的理论基

础、有较强的动手能力和实践创新能力。

（四）独立学院人才培养模式要体现终身教育思想

终身教育思想作为一种新的教育观念，强调高等教育应注重对学生能力的培养，强调学生应该在其接受高等教育期间掌握工具性的知识，掌握学习技能，掌握综合性和整体性的知识结构，教会学生学习的方法，使学生克服"上一次大学管用一辈子"的一次性教育思想。

三、独立学院人才培养模式构建："平台+模块"模式

（一）"平台+模块"人才培养模式的主要内容

基于以上分析，我们建议独立学院可以通过"3+1"式的"平台+模块"模式来培养人才。所谓"平台+模块"，是"基于'平台+模块'课程结构体系多样化人才培养模式"的简称，是把大学四年（或五年）学生应该学习的内容和形成的技能，按照人才知识结构循序渐进、因材施教的原则划分为三个平台一个模块，即公共基础平台、学科基础平台、专业基础平台，即专业方向模块。明确每一个平台学生必须重点掌握的知识和技能，帮助学生达到每一个阶段的目标和素质要求，在此基础之上且在学生学习的后期阶段，再次选择具体的、适合自己个性特征的专业方向学习，强化适应社会的针对性。该模式以"拓宽口径、发展个性、注重创新、适应需求"为基本特征，力求实现通才教育与专才教育有机结合、实施素质教育与创新教育、强化学生个性培养、满足社会对各类人才的需求，为学生综合素质的提高与个性发展创造条件。

（二）"平台+模块"人才培养模式的基本特征

第一，拓宽口径。这在"平台+模块"的课程结构体系中得到了充分体现，比如课程结构的复合性、学科基础平台设置的重要性、平台课程体系的层次性。

第二，发展个性。这一特征表现在三个方面：学生可以选择专业和专业方向，学生自主学习权扩大，实施分层次教学。

第三，注重创新。人才培养模式重视实践教学环节，并把学生实践能力与创新能力的培养延伸到第二课堂，为此专门设置创新学分与技能学分。

第四，适应需求。在设计具体课程体系和培养方式时，学校各学科、各专业始终从地方经济建设和社会发展对人才的需求出发，结合学校的定位确定人才培养的目标，以适应不断变化和提高的社会需求。这一点尤其体现在模块设置的灵活性和开放性方面。

（三）"平台+模块"人才培养模式的课程体系构建

课程结构体系是指专业人才培养方案中的课程构成、各门（类）课程之间的比例以及课程之间的组合方式。"平台+模块"课程结构体系的构建是人才培养总体设计的具体体现，是教育思想和人才培养目标的集中反映，是人才培养模式的核心，关系到大学生智能结构和素质结构的形成与培养目标的实现。它应遵循以学生为主体，保障学生全面发展，着力开展创造性学习，提高学生综合素质并将全新教育理念融入课程体系的具体构建中。为了实现创新人才的培养，必须围绕专业培养目标，整体优化课程体系与教学内容，构建"平台+模块"课程结构体系（图2-1）。

1. 平台课程与模块课程

（1）平台课程。"平台"是根据学生的共性发展和学科特征要求，由带有相应通用性的学科或专业知识课程组成，反映人才的基本规格和全面发展的共性要求。平台课程由公共基础平台、学科基础平台和专业基础平台三部分构成。

第一平台为公共基础平台。公共基础平台课程设置的基本原则是有利于保证本科学生基本素质，满足共性需求。因此，在设置公共基础平台课程时要体现课程的统一性。公共基础平台课程主要奠定通识基础，以达到国家规定的素质要求，其课程设置中既有国家课程，又有地方或学校课程，是保证培养规格的前提条件。一般是指国家统一要求的课程，它主要包括以下课程：①政治理论课，即思想道德素质方面的课程，如"两课"、思想道德修养、法律基础等；②通识文化课。包括基本知识、能力、素质方面的课程，如中国近现代史、大学英语、大学语文、计算机应用、数学、大学体育、心理健康、军事理论等。

第二平台为学科基础平台。学科基础平台课程是指国家规定的学科基础课程、学科主干课程等，是该学科门类中各专业学生必修的课程，它为学科内各专业的相通和发展奠定了基础。这类课程以国家规定的课程为主，以地方或学校课程为辅。学科基础平台课程是该学科门类中各专业的学生必须修读的课程，在课程设置上切忌简单相加，而应注重课程的重组和内容的融合，保证该学科的基本要求，体现"宽口径""厚基础"，并且按学科大类组织教学。

第三平台为专业基础平台。专业基础平台是为从事某一专业学习的学生掌握该专业的基础知识和基本能力而设置的课程，包括专业基础课程、专业基础实验、各专业的选修模块和辅修模块。学生可以根据自己的特长、兴趣和社会需求，在教师指导下，选择或组合专业。

公共基础平台、学科基础平台和专业基础平台之间，在时序上具有层次递进关系，在课程设置上具有整合分列的内容关系，在人才培养的要求上具有基础保证的作用。通过平台课程的教学，可达到国家人才规格要求的基本预设目标。体现专业人才培养的基本要求，是具有普遍意义的教学预设方案。

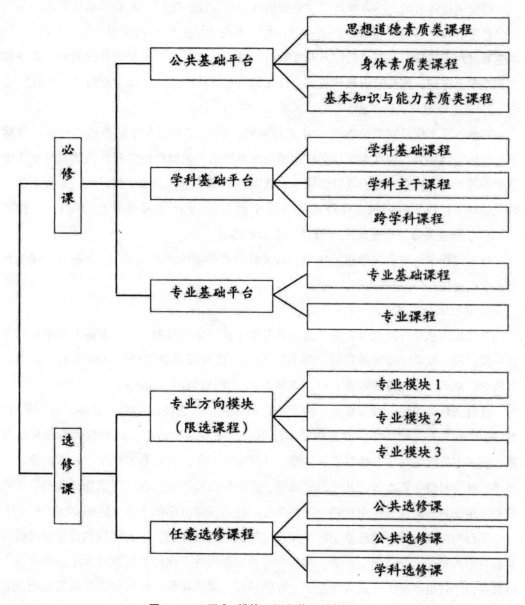

图2-1 "平台+模块"课程体系结构图

（2）模块课程。"模块"是根据不同学生的个性要求和专业发展趋势而设置的课程，它包括公共选修课和专业选修课，是学生在修完平台课程基础上自主选择的课程。模块课程的核心部分是专业方向课程，一个专业可设置3~5个方向。每个方向设置一个模块，每个模块安排3~5门课程。在专业方向模块课程的组块中，其课程主要集中在专业方向上。课程要反映专业方向的特色，体现方向的个性，这类课程包括国家专业课程、学校专业课程。

模块课程的设置解决了传统教学计划过于集中、统得过死、缺乏个性的问题。

模块课程的出现,一方面增强了专业的社会适应性,拓宽了专业的市场需求,为培养社会急需的人才奠定了灵活应对的基础;另一方面为学生个性化知识的发展开辟了通道,学生通过两年的学习,对自己的专业发展有了新的认识后,可根据自己的兴趣、爱好和需要调整专业方向,使其知识结构更具个性化的特点,从而实现个体生命的社会价值。

2. 理论课程与实践课程

实践教学不仅是对理论教学的补充和拓展,更是应用型人才培养必不可少的关键环节。突出实践环节是独立学院培养应用型人才重要的、关键性的内容,应该贯穿于学生大学学习的始终。独立学院应与社会联系,建立产学研基地,为学生提供实习条件。主要实践教学环节包括军事训练、课程设计(学年论文)、生产实习(专业实习)、社会实践(调查)、毕业实习、毕业论文(设计)等多种形式。

理论课程学时与实践学时的比例,人文社会科学类专业控制在 7∶3 左右,理工农医类专业控制在 6∶4 左右为宜。

3. 必修课与选修课

必修课占总学分的60%左右,由公共基础平台、学科基础平台、专业基础平台三个层次不同但相互联系、逐层递进的"平台"构成;选修课占总学分的40%左右,由多个相互独立、知识内容完整的专业方向"模块"和任意选修课程群构成。

任意选修课程由公共选修课、跨学科选修课和学科选修课组成,贯穿于四个平台中,是平台课程的补充和延伸。设置的基本原则是能反映学院特色,展示教师特长和研究成果,能多方位满足学生个性发展的需要,并尽量小型化,包括自然科学、技术科学、人文科学、社会科学、艺术等公共选修课程群、跨学科选修课程群和学科选修课程群。不同学科的学生在每一类课程群中选修一定的学分。任选课学分不低于总学分的10%。

平台与模块、必修与选修是两个相对应的课程组合方式。平台课程的设置使必修课程具有典型的意义,它突出了公共、学科和专业的基础性,保证了国家对人才培养的基本规格要求,同时也奠定了专业人才发展个性的基础。模块课程的设置使限制选修课更具方向性、灵活性和典型性,是具有人性化的课程设置方案,它使学生的选择性增强,灵活性增大,积极性提高,个性得到充分自由的发展。

第四节 高校应用型人才培养的基本路径

党的十八大报告明确指出把立德树人作为教育的根本任务，培养德智体美全面发展的社会主义建设者和接班人；在 2016 年 12 月举办的全国高校思想政治工作会议上，习近平总书记指出要坚持把立德树人作为中心环节，把思想政治工作贯穿教育教学全过程，实现全程育人、全方位育人，努力开创我国高等教育事业发展新局面；在 2018 年 9 月召开的全国教育大会上，习近平总书记再次强调，要全面加强党对教育工作的领导，坚持立德树人，加强学校思想政治工作，推进教育改革，加快补齐教育短板，教育事业中国特色更加鲜明。由此可见，立德树人是人才培养中非常重要的核心理念。应用型本科院校是推动我国高等教育事业快速发展的重要力量，为我国社会经济发展培养了大批的高层次应用型人才，其办学定位是培养应用型人才而非培养学术型人才。在新时期应用型本科院校的人才培养中更需要贯穿立德树人的理念，从而更好地培养出德才兼备、顺应时代发展、有利于社会主义现代化建设的品德高尚的应用型人才。

一、立德树人是应用型本科院校人才培养的核心理念

"培养什么人、怎样培养人、为谁培养人"是我国社会主义现代化建设教育事业中的根本问题，其中"培养什么人"是教育的首要问题。习近平总书记在 2018 年 9 月召开的全国教育大会上指出"我们的教育必须把培养社会主义建设者和接班人作为根本任务，培养一代又一代拥护中国共产党领导和我国社会主义制度、立志为中国特色社会主义奋斗终身的有用人才"，而在人才培养的过程中需要在坚定信念和加强品德修养上下功夫，而这正体现出立德树人这一教育理念对于人才培养具有十分重要的指导意义。立德树人教育理念首先是要"立德"，其后才能达到"树人"的目标，"德不立何以树人""国无德不兴，人无德不立"，在中国优秀的传统文化中也一直强调德行是评判人才培养是否成功的重要标准，只有先培养出具有高尚品德情操、具有爱国主义思想觉悟的人，才能够为国家为社会培养出真正意义上的人才。在人才培养的过程中，德育贯穿于其成长的各个阶段中。在教育改革发展中，也提出要坚持把立德树人作为根本任务，更彰显了立德树人对于人才培养所具有的重要意义。

应用型本科院校属于高等教育学校的重要成员，也肩负着人才培养的重要使命，由于应用型本科院校所具有的需要根据社会发展与地方经济相适应来布局专业建设以培养应用型人才的特点，而应用型人才是能够将专业知识与技能应用于所从事的专业社会实践的一

种专门的人才类型，一般在学校教育培养过程更为重视其掌握社会生产与生活一线的基础知识和技能，其人数众多、对于社会经济发展也发挥着极其重要的作用，因此这类院校的人才培养上也需要贯穿立德树人的理念，在培养方案中凸显立德树人的要求。

二、立德树人理念下应用型本科院校人才培养工作的基本路径

结合应用型本科院校人才培养工作的实施过程所具有的独特实践性，认为从"理论、实践、文化"这三个层面来贯穿立德树人的理念，有助于实现培养具有共产主义远大理想和中国特色社会主义共同理想，怀揣中国特色社会主义道路自信、理论自信、制度自信、文化自信，肩负民族复兴时代重任的应用型人才。

（一）理论层面

在应用型本科院校的应用型人才培养模式中，在课程设置和教材建设等基本环节中，特别强调基础、成熟和适用的知识，因此对他们施行立德树人的教育时，非常重要的一个媒介便是思政课程。思政课程是应用型本科院校对学生开展思想政治教育的主渠道，是以思想政治理论课程建设实践为基础，为加强和改进大学生理论形态的思想政治教育而开设的一门理论课程。通过这门课程的教学要帮助实现培养具有较高思想政治素质的专业人才，同时也要帮助树立学生正确的人生观、价值观、世界观，提高学生的理论素养和学习社会主义核心价值观的内涵，因此这门课程对学生是否具有足够的吸引力、影响力和说服力就显得尤为重要。

落实到课程教授环节中，授课教师与学生是开展思政课程教育活动的两个重要的参与主体，教材是教学活动的重要媒介，实施思政课程教育活动时需要授课教师自身具有深厚的思想政治理论基础和素养，在教学活动中借助教材但又不仅限于思政教材，内容采用多样化的教学方式来潜移默化地将这些思政理论及文化渗透到学生身上，从而实现立德树人的根本任务。除了思政课程以外，在各种通识课程与专业课程的授课活动中，教师也可以在不经意间给学生传递正确的价值理念。在理论层面上开展立德树人的应用型人才培养方面也要遵循以人为本、因材施教、循序渐进等育人理念，要满足学生成长发展中的需求与期待，采用启发诱导的德育原则来提高学生运用理论知识分析道德问题做出正确价值判断的能力，从而更好地实现立德树人。

（二）实践层面

在应用型本科院校的应用型人才培养过程中，仅从理论层面上来开展立德树人是不够的，正如应用型人才培养环节中更加重视实践一样，再丰富的理论知识基础也需要与社会

实践相结合。实践层面上的应用型本科院校人才培养主体是学生，学生具有主动性，能够参与到社会实践活动中去。诸如大学生军训活动、志愿者服务、社会调查、勤工俭学、毕业实习、各项公益活动等多种社会实践活动的参与都能帮助学生树立正确的价值观念以及提升其社会责任感，在活动中学会合作互助、学会艰苦奋斗、学会虚心接受批评、学会享受奋斗胜利的喜悦等，这些都是理论层面上的立德树人教育无法实现的。

学校在学生在校期间不断为其提供各项树立正确人生思想价值理念的实践活动，使其将理论层面的道德观念运用到真实的社会实践活动中去，促进学生养成良好社会公德、职业道德、职业素养的品质以及积极践行社会主义核心价值观，能帮助学生未来步入社会做好充分的准备，真正培养出德智体美劳全面发展的社会主义建设者和接班人。

（三）文化层面

在应用型本科院校的应用型人才培养过程中，立德树人理念不仅需要体现在理论与实践层面的外显部分，更需要融入到文化知识教育层面的内隐部分。每所学校都有着自己的独特校园文化建设，例如在一些应用型本科医学院校，在它们的校训中体现着大医精诚、救死扶伤的理念，在校园建设上体现着杏林春暖、悬壶济世的观念；在一些应用型本科师范院校，在它们的校训中体现着为人师表、求实创新的理念，在校园建设上体现着诲人不倦、静思笃行的观念。

学校通过校史、校训、校园建筑的命名、植物培植的选择等多层次全方位的校园文化环境氛围的构建来形成其独特的育人理念。在校园操场边悬挂的社会主义核心价值观条幅或字牌、在校园公告栏上张贴的传统优秀文化故事、在滚动屏幕中放映正能量视频等都能在潜移默化中影响着学生的成长，促使其认同正确的核心价值观念，不断培养知荣辱明是非的精神，实现文化层面上的立德树人应用型人才培养。

三、构建应用型本科院校人才培养工作的有效机制

为保障立德树人理念下应用型本科院校人才培养工作的有效开展与实施，需要构建科学有效的工作机制，该工作机制需要从教学改革、学校师资队伍建设和学生管理这三个层面展开。

（一）教学改革层面

应用型本科院校是在高等教育大众化背景之下由高等专科学校或者是新建而来，是指以应用型为办学定位、以应用型本科教育为主的本科院校，在应用型人才培养过程中需要综合考虑如何去开展立德树人教育与实践教学活动。因此，应用型本科院校需要从教学改

革层面去提升教学质量进而更好地培养应用型人才。要坚持党对学校的全面领导，在教学活动中要重视立德树人，在课程安排、教材选择等方面上侧重考虑增加德育相关知识，在实验实训实习基地建设上也要体现德育教育，在开展教学评价方面避免唯量化、重视硬件建设忽视软件建设等现象的出现，同时也要健全制度规范、完善立德树人落实机制。

（二）学校师资队伍建设层面

在构建立德树人理念下应用型本科院校人才培养工作的有效机制中，学校的师资队伍起着非常重要的作用。应用型本科院校在学校党委领导下发挥立德树人教育工作的核心领导作用，以学校的管理型教师和服务型教师作为立德树人教育工作的基础和保障，促进学校的思政教育工作者和各类教学型教师为主导人员，积极参与到学生的立德树人教育工作中来，做学生健康成长的指导者与引路人，从而形成有效的"全过程、全员参与、全方位"的立德树人运行机制。

在应用型本科院校师资队伍建设上，需要考虑学校的师资结构类型更加偏向于实践教学；在教师招聘中更看重应聘者的专业从业资格证书与企业工作经验；在教师的在职培训方面也更倾向于开展提高教师队伍职业技能素养相关的培训活动；鼓励教师去企业实习或挂职锻炼来提升教学实践技能，建设出一支"双师双能型"教师队伍。为提高师资队伍的思想政治觉悟与品德素质，可以在教师引进过程中加大政审的力度；在教师在职培训中创造条件多开展一些思想政治教育培训活动；通过激励性制度来促进教师积极参与到学生的成长过程中，帮助学生解决学习、生活、实习等方面的思想困惑与烦恼，从而真正提高学校整体师资队伍的德育素养。

（三）学生管理层面

学生管理是有效运行机制的中心环节。由于应用型本科院校所培养的是应用型人才，他们的教育实践活动场所主要是学校、实验实训实习基地、家庭。其中家庭教育是贯穿于学生的整个人生成长过程中的，是以血缘亲情为纽带的一种教育方式，通过家人的言传身教，潜移默化地影响着学生的人生观与价值观，而学校所应该做的应该是建立一种良性的互动机制，通过辅导员或班主任与学生的家人取得联系，从而使家人及时知晓学生在学校的表现。当学生出现负面情绪与行为表现时，能借助家庭教育的力量修正学生思想与行为。老师也应关注学生假期在家中的表现，当学生出现家人无法帮助解决的思想困扰时，能为其及时提供专业的教育开导。

在应用型人才培养过程中，非常重要的一个过程就是去实验实训实习基地参与实践活动，这是学生们初步接触社会的过程。在实习工作中所接触到的带有负面影响的人与事很容易影响学生的正确价值判断，使其遭遇挫折，那么在这个过程中就需要借助实验实训实习基地管理人员与带教老师的力量来密切关注学生的情绪，凸显实验实训实习基地在人才培养方案制订和专业技能教学上的特有优势，在提高学生的职业技能的同时注重职业素养和职业道德的正确引导，实现学校与实验实训实习基地协同育人的作用。

学校教育是联系家庭教育、实践教育的中心枢纽，是落实立德树人教育理念培养具有正确价值取向与专业知识技能大学生的主阵地，因此学校教育承载着学生立德树人管理的核心工作，学校教育中对学生管理工作层面需要从学生生活的点滴出发，从学生在学校的学习、住宿、饮食、社团活动等方面体现立德树人的理念，例如在学生的寝室卫生管理工作中强调干净整洁的重要性，在学生的社团活动中强调合作互助的重要性，从而构建立德树人理念下应用型本科院校人才培养工作在学生管理层面的有效机制。

第三章 高校应用型人才的素质培养

第一节 高校应用型人才的思想道德素质培养

思想道德素质在学生的素质结构中占据着重要的地位。对学生人生发展具有定向和动力的作用。具体地说，当前学生思想道德素质教育主要包括以下内容。

一、理想信念教育

理想信念是人奋斗进取的强大精神支柱，指引着学生健康成长。所以，理想信念教育是学校德育的核心内容，集中体现德育的思想政治功能。理想信念教育的内容主要包括马克思主义基本理论教育、马克思主义中国化理论成果教育等。通过科学的理论教育使学生形成正确的世界观、人生观、价值观，培育其爱国主义、集体主义、社会主义情怀。为取得良好的教育效果，要使中国特色社会主义理论体系"进教材、进课堂、进学生头脑"，真正培育学生对马克思主义的信仰，对共产主义和社会主义的信念，对共产党的信任，对建设中国特色社会主义的信心。

二、法制纪律教育

法纪教育的目的是培养懂纪知法、遵纪守法的公民。通过宪法教育、法律教育和纪律教育，使大学生将这些强制性的规范内化为自觉的道德行为习惯和内心驱使。应当指出，近几年来，由于某些不良的社会影响对学生思想的侵蚀，加之教育方法欠妥，学生违法犯罪人数呈增长之势，应当引起教育者的高度重视。遵纪守法应成为学生必需的基本素质。在进行法纪教育中，要注意在加强纪律教育和日常行为规范教育的同时，加大法制教育的力度，把纪律要求和法制要求转变为学生自觉遵纪守法的意识，以规范学生的行为，提高学生遵纪守法的自觉性，使学生懂得只有健全和完善社会主义法制，才能享受到真正的民主，使学生认识到，对他人、对家庭、对社会、对工作缺乏责任感，不讲社会公德、职业道德、家庭美德，不忠于职守，都是公民意识缺乏的表现，都是法制观念不强的表现。

三、形势政策教育

经常进行形势政策教育，可以帮助学生全面地理解党在新时期的路线、方针和政策，进一步认清形势，明确奋斗目标，与党中央保持思想上、政治上的高度一致。因此，形势政策教育是思想道德素质教育的经常性的重要内容，是深化改革、扩大开放新形势下的迫切要求。在形势政策教育中，要引导学生善于运用马克思主义基本立场、观点、方法来观察和分析问题。根据国情，特别要注意引导学生正确地认识和对待改革中出现的新情况、新问题，提高对改革的心理承受力。改革是一项规模宏大的、极为复杂的社会系统工程，不能照搬现成的模式，需要在实践中不断探索。因此，要求改革一帆风顺，没有一点曲折和失误是不切实际的。在形势政策教育中，就必须要用与发展社会主义市场经济相适应的新观念去引导学生，使他们正确认识改革的艰巨性、复杂性、长期性，不断增强心理承受能力，正确地理解改革、热情地支持改革、勇敢地参与改革。

四、诚信教育

诚信是为人之基、做人之本。诚信缺失的人，也不可能具备坚定的理想信念。一个在平时不讲诚信的人，在进行价值选择时也是一个利己主义者。诚信也是大学生全面发展的前提。诚实守信，才能更加真诚地对待自己，才能不断提高思想道德素质、科学文化素质、身心健康素质、审美素质等，实现全面发展。向学生进行诚信教育，就是引导学生拥有诚信意识、诚信行为、诚信品质。

五、奋斗精神教育

不懈奋斗才能自强不息、勇往直前，所以应教育学生刻苦学习，勤勉发奋，立志成才。在社会建设中实现自身的价值，要确立学生正确的奋斗观，摒弃以自我为中心、个人奋斗的错误观念和意识。竞争与合作共存的时代，更加需要能容人、能与人合作共事、互相促进的人才。社会的发展是人们团结一致、彼此配合共同推动的。因此，在进行奋斗精神教育的同时，要强化学生的合作精神和团队精神教育。

第二节　高校应用型人才的科学素质培养

提高大学生的科学素质，是一个系统的教育工程，需要社会、学校、家庭及学生自身等各方面的共同努力。从总体上看，我国大学生的科学素质普遍不高，对大学生科学素质教育的研究也不够深入，因此在未来的学校教育中，必须要加强对大学生科学素质教育的深入研究和探讨，不仅要提高大学生的科学素养，同时还要提高大学生的科学实践能力。

一、大学生科学素质教育的精神探索

对大学生进行科学素质教育的过程中，弘扬科学精神是重点。科学精神的核心是开拓创新精神和实事求是精神。

（一）开拓创新精神

1. 开拓创新精神的意义

不断进行开拓和创新，是科学具有强大生命力、创造力的根本原因。从一定意义上可以说，科学的发展历史，实际上就是在认识和实践的基础上不断进行开拓创新的艰苦历程。如果没有人们对于理论的开拓创新，那么就不会有科学的发展，也不会有社会的进步。由此可见，开拓精神对于人类和科学的发展具有重要的意义，具体来说，主要表现在以下几方面：

（1）开拓创新精神是促成事业成功的关键素质。所有获得成功的人，身上都会具有一定程度的共性，而具有开拓创新精神则是其中重要的一项。从某种程度上可以说，如果一个人在其他素质上都存在缺陷，但唯独具有积极的开拓创新精神，那么其在事业上通常也会取得一定的成就。但是，如果一个人不具有创新精神，在社会实践中总是墨守成规，那么其在未来的事业发展中也不会取得良好的成就，甚至只能是处于平庸的状态。

（2）开拓创新精神是提高综合素质的有效途径。对于个人来说，如果其具有良好的开拓创新精神，那么其在文化素质、心理素质等方面都会有较大的提高。例如，如果一个大学生具有良好的开拓创新精神，那么在面对问题时，就会提出自己的见解和解决问题的方法，在这种情况下，他的内心就会被兴奋和充实所充斥，从而拥有积极的生活状态。如果他提出的观点能够得到他人的赏识和赞美，那么自信心就会增加，有利于克服不良的心理情绪、提高个人综合素质。

（3）开拓创新精神是当今社会的迫切需要。当今社会，竞争无处不在，要想在这种激烈的竞争环境中寻求突破，拥有开拓创新精神是一种有效的手段。在面对问题时，要敢于创新思路，打开工作的新局面，这样才能在竞争中脱颖而出。如果一个人缺乏创新精神，总是墨守成规，那么在未来的工作中很可能会遇到更多的问题，甚至会导致事业的失败。

2. 开拓创新精神的培养

（1）学会反向思维法。反向思维法指的是对提出的一种观点，假定它是错误的，而其反向的观点是正确的，然后再进行后续推理的方法。通过运用反向思维法，可以发现观点中存在的不足之处，以及反向观点的优点，对这两种观点取长补短，最终总结出一种优于这两种观点的新观点。

（2）学会换位思考法。换位思考法指的是与对方互换位置，站在对方的角度思考问题，找到其中存在的不足之处，然后有针对性地提出改善的方法，提高解决问题的能力。通过换位思考法，可以加深对对方的理解，对对方更加宽容，减少矛盾的出现，同时也可以发现自身工作的不足之处，发现工作的新思路。

（3）学会中观思维法。中观思维法指的是站在中间的立场去思考问题。通过该种方法，可以避免因自身所处的立场从而产生偏见，可以得出更为公允的结论，提高自身的思维能力。

（4）增加才识。在学到了更多、更广泛、更深入的知识之后，才能对事物产生更多不同的观点，才能在面对不同观点时激发自身的想象力和创造力。

（5）壮大胆识。要提高自身处理社交的能力，敢于表现自己，提出自己的观点，做到敢想、敢做、敢于标新立异。善于抓住表现自己的机会，表达自己对各物的看法，通过与他人观点的碰撞从而产生新的观点和看法。

（二）实事求是精神

1. 实事求是精神的意义

培养科学精神的根本是要做到实事求是。毛泽东在《改造我们的学习》中，对实事求是的内涵进行了详细的阐释："'实事'就是客观存在着的一切事物。'是'就是客观事物的内部联系，即规律性。'求'就是我们去研究。"要做到实事求是，就必须要从实际对象出发，发现事物的内部联系，并探寻其发展中所具有的规律性的东西，认识事物的本质。在人类和社会的发展中，实事求是精神起着重要的作用。

（1）实事求是精神是认识真理、掌握真理的重要工具。所谓的真理，就是客观事物及其规律在人们意识里的正确反映。因此，如果想要认识真理、掌握真理，就必须要从实际出发。如果认识是在脱离实际、歪曲事实的前提下所得出的，那必然不会成为真理。只有在秉持实事求是精神的前提下，才能占有更多的和更为详细的资料，在对这些资料进行深入分析之后，才可能最终得出真理、掌握真理。

（2）实事求是精神能够帮助我们更好地改造世界。认识的最终目的并不仅仅在于认识世界、掌握真理，其真正目的在于改造世界，推动社会不断向前发展。人们在认识真理的基础上，只有具备实事求是的精神，才能一切从实际出发，根据掌握的客观规律来改造世界，从而为推动人类社会发展做出贡献。

（3）具备实事求是精神，才能在改造客观世界中成为强者。在改造世界的过程中，必定会遇到很多困难，但要坚信前途是光明的。人们必须要具备实事求是的精神，认识到改造世界道路的曲折性和前途的光明性，这样才能提高其面对困难和解决困难的信心和决心，并在改造世界的过程中获得更大的收获。

2. 实事求是精神的培养

（1）加强思想教育，不断提高自觉性。高校培养大学生的实事求是精神，可以通过举办讲座、培训和组织社团活动的形式进行，让他们认识到具备实事求是精神的重要性，自觉运用实事求是精神去看待和解决问题。

（2）倡导调查研究。调查指的是运用多种不同的方法和途径，有计划有目的地对事物的真实情况进行了解。研究指的是对调查材料进行去粗取精、去伪存真、由此及彼、由表及里的思维加工，从而能够发现事物中存在的规律，认识事物的本质。通过调查研究，可以提高人的认识能力、判断能力和学习能力，让人们以实事求是的观点看待问题，提出符合客观实际的观点。

（3）提倡善于借鉴，兼听则明。所有的事物都处于运动变化中，因此人们在认识客观世界的过程中，要善于借鉴他人的研究成果，听取多方面的意见和建议，这样才能够坚持实事求是的观点，做到一切从实际出发。

（4）要持之以恒。坚持持之以恒是培养实事求是精神的关键。无论做什么事情，都要坚持用实事求是的观点看待问题，这样才能对事物有科学的认识，能够客观地看待世界，并对其进行科学的改造。

二、大学生科学素质教育的实践方法

对大学生进行科学素质教育是一项系统工程，需要长时间的坚持，并采用有效的教育方法，这样才能在大学生科学素质教育工程中取得良好的效果。

（一）转变教育观念

在传统的教育方式中，对学生的科学教育主要以传授知识为主，忽略了对自然科学基本概念和原理的讲解，同时也没有对与现实生活联系较为紧密的应用知识的介绍；以往对学生的教育教学，通常只注重对知识的讲解，但是却忽略了对学生科学精神和兴趣的培养。这些都限制了学生知识面的扩展，造成学生理论与实践相脱离，虽然在科学知识方面有一定的积累，但是却缺少对科学素质的培养。为了改变这一情况，就必须要对以往的教育观念进行改革，加强对大学生科学素质的教育与培养。需要明确的是，对大学生的科学素质教育是教育观念的一种，其强调的是要提高大学生的内在素质，认为对学生的教育不应仅局限在传授知识当中。因此，为了培养出优秀的具有高科学素质的应用型人才，高校就必须要在教学形式、内容、方法等方面进行变革，从而满足社会的需求。

（二）改革教育内容

当前的高校教育内容中，存在很多的弊端和缺陷，如重理论轻实践、重实用轻方法、重成果轻人物和重结论轻过程等。这对培养大学生的科学素质是极为不利的。因此，高校必须要对教育内容进行改革，具体来说可以从以下几方面着手：

（1）在教育过程中，不仅要注重对科学知识的传授，同时还要注重对创立者的创立背景、生平和其中曲折的过程进行讲解。例如，在讲解微积分时，应当对莱布尼茨的生平事迹也进行一定程度的讲解，让学生对莱布尼茨的人物形象有大致的印象。

（2）不仅要对学生传授已经成熟的知识体系，同时也要让学生了解到该专业或是领域的研究动态，掌握最新的学术前沿，引导学生求异创新。或是可以在高校开设创新的选修课，提高学生的创新能力。

（3）对知识的讲解不仅要注重理论，同时还要注重将其运用到实践中的方法，在实际应用中对可能遇到的问题进行预测，并讨论解决方法。

（4）对学生知识的传授不仅涉及理论知识的本身，同时还要学生了解到知识的发展和获得方式。高校可以开设科学技术史作为选修课，让学生对科学技术的发展有一个更为清晰的了解。

（三）改革教学方式

在当前高校的教学活动中，仍然存在着很多教学弊端，这对培养大学生的科学素质教育是极为不利的。例如，很多高校中的教学活动是以教师为主导而不是以学生为主导，考试方式过于单一，考试仍是以识记型或理论封闭型问题为主等。因此，想要提高大学生的科学素质，就必须要改进传统的教学方式，可以采用以下几种教学模式。

1. 开放型教学模式

该种教学模式是以学生为主导，充分发挥学生的主体作用，做到"以学生为本"。具体来说，可以从以下几方面来着手：

（1）从教师与学生在教学中的地位来分析。在教学活动中，要充分发挥学生的主体地位，发挥其在教学活动中最基础的作用。尽管教师和学生都是教学活动的主体，但在实践中，学生的主体地位却具有基础性。重视学生主体地位，有利于调动起学生学习的积极性，改变以往以教师为主导的教学模式。这种教学方式的实行，就对教师提出了更高的要求，教师必须要不断进行学习，充实自我，提高自己对知识掌握的广度和深度，满足学生的需求。同时，教师也应正视自身在教学活动中的位置，做到师生平等，尊重学生，明确学生在教学活动中的基础地位。

（2）从教师与学生在教学过程中的作用来分析。在传统的教学观念中，认为教师是做好教学活动的关键，这种观点带有一定的偏见。从一定程度上说，教师确实在教学活动中发挥着关键性的作用，如果教师的教学水平高，那么其所教出来的学生成才的机会要更大。但是，从本质上来说，学生的成才与否，其自身才是内因，教师只是外因。想要教育学生成才，关键要看学生自身是否对学习有兴趣，是否具有努力学习的恒心。只有明确学生在教学活动中的决定性作用，才能有针对性地采取措施，提高教学质量。

（3）从教师与学生在教学过程中的相互关系来分析。在整个教学活动中，师生之间进行互动的目的只有一个，就是教育学生成才。现代教育研究表明，师生之间应该是平等的关系，要改变以往"教师为主，学生为辅"的教学模式。教师要改变自身"高高在上"的教学心态，尊重学生，要对学生做到平等对待。

2. 研究型教学模式

研究型教学模式主要包括三种形式，即问题研讨式、课题研究式和多元综合探索式。

（1）问题研讨式。问题研讨式指的是，在实践教学中，将问题作为中心来进行学习和教学等活动。其特点是，将问题的设计和回答作为主要形式，层层推进，由浅入深、由表及里地解决教学中遇到的重点和难点。这些重点和难点，一般是由教师设问，然后学生回答，或是通过学生互问互答的形式来解决的。问题研讨式的教学形式，要求学生始终保持怀疑精神，敢于提出质疑，打破以往知识理论的限制，积极主动思考问题，主动探究问题，然后在教师的指导下解决遇到的难题，体会到学习的乐趣。该种教学模式不仅有利于发挥教师的主导作用，同时还有利于培养学生独立学习的能力、逻辑思维能力、创造能力、探究能力等，有利于全面提高大学生的科学素质水平。

（2）课题研究式。课题研究的主要目的是认识和解决某一问题，其包括多种类型，具体来说主要有实验研究、调查研究和文献研究等。课题研究模式是模仿科学研究的一般过程来进行的，先要选择一定的课题，然后通过调查、测量、文献资料搜集等手段，对资料进行全面的收集和整理，然后再通过实证等研究方法对课程进行研究，同时还要撰写研究报告。通过该种模式的教学，有利于帮助大学生在课题研究的过程中，掌握更多的实践知识，对提高大学生的科学素质具有重要的作用。

（3）多元综合探索式。多元综合探索式重视科学知识的综合性和渗透性，鼓励学生在研究性学习中充分调动起自身的知识经验，敢于批判或质疑以往的理论观点和科学成果，培养学生的批判精神、发散性创造思维和独立研究能力，对提高大学生的科学素质具有重要的意义。

3. 反思型教学模式

该种教学模式要求教师和学生对以往的教学和学习行为进行反思，然后进行批判式的研究和分析，拒绝简单重复。通过对以往教学和学习活动的反思，教师和学生可以对以往的实践活动进行批判性的思考、审视和探究，在找到问题的症结之后再有针对性地进行改进，从而提高教学质量和学习质量。反思型教学模式，要求教学主体对教学中遇到的问题进行持续性的探究，问题的最终解决与教学主体认识的发展之间有着密切的联系。可以说，该种教学模式是将"学会教学"和"学会学习"相结合，对推动师生间的共同发展具有重要的作用。

（四）建立一支适应科学素质教育要求的师资队伍

在教师教学的过程中，不仅是对学生进行知识的传授，同时也是将自身的品德、作风、人格等教给学生，后者对于学生未来品格的形成具有重要的影响，甚至还会对学生未来人生的发展也产生重要的作用。因此，想要提高大学生的科学素质水平，建立一支具有高水平科学素质的教师队伍也是极为重要的。

1. 适应科学素质教育要求的师资队伍应具备的素质

（1）身体心理素质。一般来说，良好的身体心理素质主要包括强健的体魄、愉快的情绪、正确的认知、坚强的意志、执着的信念、合理的需要、完整的人格和广泛的兴趣等。具备良好的身体心理素质，无论是对教学活动的顺利进行、教师自身的发展，还是对学生个性的全面发展都有重要的基础作用。

（2）知识素质。培养学生的科学素质，教师不仅要满足科学素质教育要求，同时也要具备一定的知识素质，拥有良好的本体性知识和条件性知识。

其中，本体性知识指的是教师所具备的与各学科相关的知识，包括数学、英语、物理、化学等。而条件性知识则指的是与教育教学相关的理论、知识等，包括教育的基本理论、特点、规律等，或者是政治学、社会学、教学设计等。

（3）教学素质。所谓的教学素质指的是高校教师在对学生进行科学素质教育过程中所应具备的素质。其主要包括以下几方面的内容：

第一，教学能力。所谓的教学能力，实际上就是日常生活中人们常说的教学技能和教学技巧等。在教师能力结构中，教学能力是其中最重要的一项，可以对教学信息进行加工和传导以及对教学进行组织管理。在实践教学中，教师只有具备了良好的教学能力，才能对教学信息进行合理的加工和传导，进而被学生所接受和学习。

第二，科研能力。教师所具备的科研能力主要包括教师要对自身所具有的专业知识和教育理论进行深入的研究，及时掌握与本学科相关的科研动态，走在本学科研究的前沿，不断提高自身的教学质量。

第三，创新能力。在信息社会，创新已经成为一个民族发展的不竭动力。面对社会政治、经济环境的不断变化，新的问题不断产生的情况下，教师就必须要具备一定的创新能力，运用创新精神不断解决新问题，满足学生和社会的发展需求。

第四，实践能力。实践能力对于一个科学素质教育教师来说也是极为重要的。应当明确的是，学习的最终目的是为了指导实践，因此在对学生进行科学素质教育教学的过程中，教师首先就必须具备较强的实践能力。在教学中，教师要根据学科特点和学生的实际状态，理论联系实际，让学生在生活中逐渐感悟理论知识，在实践中逐渐提高分析问题和解决问题的能力。

（4）科学素质。教师所应具备的科学素质主要包括科学知识、科学精神、科学方法和科学态度等，这些都是追求真理所应具备的基本要素。

第一，科学知识。科学知识指的是自然现象和过程的本质、规律的认识，科学知识是科学素质的基础。

第二，科学精神。科学精神包括创造精神、求实精神、理性精神、批判精神和发展精神等，核心是创造精神。

第三，科学方法。科学方法指的是人们在认识世界过程中所总结出来的正确的思维方法，其为人们认识世界提供了独特的视角和思维方法。

第四，科学态度。科学态度指的是人们在探索真理的过程中，必须要始终坚持实事求是的原则。

（5）政治素质。政治素质是科学素质教育教师必须要具有的一项素质。这是因为教师在对学生进行教学的过程中，会对学生的世界观、人生观和价值观产生重要的影响。当前社会环境复杂多变，教师必须要具备良好的政治素质，保持正确的政治立场，坚持正确的政治方向，能够在政治的高度上探究和分析问题，坚定不移地维护党的路线、方针、政策。

2. 适应科学素质教育要求的师资队伍的建设

在高校中建立一支满足科学素质教育要求的教师队伍，需要做到以下几方面：

（1）积极开展科学素质教育教师的培训工作。在高校中建立一支专门的科学素质教育教师队伍，并对其进行培训，建立起一个分层次、多形式的培训体系。定期组织高校科学素质教育教师进行培训，鼓励他们走出校园，在社会实践中积累更多、更丰富的教学素材。

（2）加大对科学素质教育工作者进修培训的资金支持。高校或是相关部门应设置专项资金，用于对科学素质教育工作者进修和培训的支持。根据教师职称等级的不同，每年为其提供一定的资助金额，用于他们参加各项学术交流活动的经费，不断提高教师的科学素养和业务水平。

（3）搭建科学素质教育工作队伍的发展平台。在高校教育中，大多数从事科学素质教育教师的事业心都较强，尤其是对于那些学历层次较高、业务较强的中青年教师来说，就更是如此。他们通常不仅仅满足于成为一名合格的教育者，而是想将相关学科作为依托，发展独立的专业，在学术研究方面获得一定的成就，甚至想走在某学科领域的前沿。因此，高校应对学科和学位点建设重点关注，积极扶持，努力培养优秀的学术人才，为科学素质教育工作提供更为广阔的发展平台。

（4）积极引进高水平、高素质的教师。对待科学素质教育工作者，高校要努力为其提供良好的工作条件，给予其较为优惠的待遇，吸引那些专业学术更强的高素质人才参与进来，为科学素质教师队伍补充新鲜的血液，作为教师队伍的重要补充，这对维持稳定和优质的科学素质教育教师队伍具有重要的作用。

三、应用型高校人才科学素质的培养

（一）加强应用型高校人才科学素养教育的迫切性及重要意义

当前，高等院校人才培养与社会需求存在着结构性矛盾。一方面，高校毕业生就业市场竞争十分激烈，就业薪水远远低于毕业生预期，部分专业的毕业学生未毕业就面临失业的尴尬局面。另一方面，与大学毕业生就业难形成鲜明对比的是就业市场上高技能人才的缺乏。目前，仅广东省高技能人才缺口就达100万人，这充分说明就业市场需要具有多方面综合素质和能力，能够面向生产技术服务、应用、建设、管理一线的高层次应用型人才。在此就业结构性矛盾压力下，近年来，高校毕业生"回炉"读大专、技校、中职的现象屡见不鲜，其中不乏"985"院校及"211"院校的学生，近期又出现了硕士研究生"回炉"现象。

深思"回炉"现象，可以发现这一现象是由多方面的原因造成的，部分大学毕业生眼高手低，知识与技术的应用能力及熟练程度不如职业院校的学生，加之基本功不扎实、科学素养的思考方式过于固化或者较为淡薄，往往出现的结果是企业宁愿选择大专或职高的毕业生而不选择本科学历的毕业生，或者毕业生自身素质无法满足行业的需要，造成就业难与企业找不到所需人才的两难情况。上述现象的出现引发了教育主管部门的深思，由此，开启了普通高等教育向特色鲜明的应用型本科教育的转变。培养应用型本科人才的重点是培养学生形成良好的科学素质，良好的科学素养有利于学生的未来职业发展，有助于学生在学习及以后的工作中发挥潜能。同时，可以拓展未来发展的空间与前景。

（二）应用型本科人才科学素养培养策略

1. 制订合理的大学生科学素质培养方案

为了使大学生有更好的发展潜力和长远发展前景，在开展应用型本科教育的同时，必须加强科学素养的培养，不应再走普通高校的"通才"式教育和应试教育的老路，也应有别于过分强调实用性而忽略基础理论知识的高职、高专的人才培养模式。应让学生的思维更具有弹性和创新性，使学生不仅学会应用基本知识，还应该具备独立思考并解决问题的能力。因此，应用型高校人才培养目标和方案的制订者，应增强培养学生科学素养的意识，制订合理的大学生科学素养培养方案、培养整体的规划和具体实施路线。

2. 以素质培养为重心改革教学内容和教学方法

以培养具有创新思想的应用型人才为目标，在课程设置上设立各专业功能模块，制定课程体系，改进教学内容和教材，丰富授课方式，是培养大学生科学素养的重要途径。

3. 通过学生课外自主阅读培养科研能力

在大学四年学习中，课外阅读量的累积也是培养和提高学生科研能力的一种方式和途径。鉴于大一新生在高中阶段的受教育情况，应有目的地推荐科学素养相关书籍，可开设以培养科学素养为目的的课外阅读指导类选修课程。此类课程的讲授可首先列出必读书目，如《科技传播与普及概论》《科技传播与普及教程》《科学素养和科研方法简明读本》《当科研成为一种职业》《如何创建成功的科研事业》《现代科学与技术概论》等。然后要求学生写出心得体会，通过自主阅读科学素养的书籍及基本理论，总结科学素养的培养方法及创新思维产生的起源。同时应结合学生身边实例开展科普教育，将日常生活事件渗入到科学教育中。

4. 积极开展科学讲座

科学讲座贵在精而不在多，要加大力度宣传科学素养的重要性。以充分调动学生的兴趣为出发点，通过文理渗透，让理工科学生享受人文知识的洗礼，让文科学生掌握自然科学的基础知识和思维方式，以达到培养学生科学素养的目的。科学讲座应结合国际或国内的大事件开展科普宣传，以事件的新鲜性和科学内涵吸引大学生的关注，从而起到提升大学生科学素养的目的。

第三节　高校应用型人才的创新素质培养

当前，创新已经成为一个民族兴旺发达的重要动力，但是我国对应用型人才的创新素质教育，还处于初级阶段，因此还需要对其进行更为深入的研究和探索，并将研究结果应用到实践当中。

一、大学生创新素质教育的实施方法

想要提高大学生的创新素质，就必须要建立起科学的教育培养方式。世界上的很多发达国家，为了培养具有创新素质的应用型人才，对高校内的教育体制、课程设置、教育模式和人才培养模式等都进行了改革，并实行了一系列具有针对性的有效措施。在我国，近年来很多高校也开始对培养创新素质的应用型人才进行了一系列的探索，并总结出了一些有效的教育方法。具体来说，主要有以下几种：

（一）探究性学习法

探究性学习指的是将传统教学模式中由教师单向讲授的方式，转变为师生双方通过对话和讨论，共同进行交流和探究。在该教学模式中，教师是引导者，学生是探求者。在具体实施过程中，首先需要设置一个问题情境，从而激发学生的研究兴趣，引导学生自主对问题进行探究和探索，找到解决的方式，进行科学的思维活动。在教学活动中还要注意鼓励学生对传统理论提出质疑，发表自己的独特见解，帮助学生养成积极的思维习惯，提高学生发现问题和解决问题的能力。美国研究型大学在 20 世纪 80 年代以来，针对探究性学习进行了一系列的研究和实践，最终找到了一系列有效的教学模式，包括"苏格拉底教学法""案例教学法"等。近几年，随着我国教育模式的改变，对应用型高素质人才需求的不断增加，我国高校也引入了讨论、案例教学等方法，并在实践教学中取得了不错的成效。

（二）探索性研究法

对学生创新意识和创新思想的培养是一个漫长的过程，不能一蹴而就。因此，这就需要高校在对学生开展教育的过程中，不断加强对学生创新意识的培养。在涉及学生专业领域的研究过程中，如果发现该领域的研究出现了新的研究动态和研究成果，就需要鼓励学生积极去了解与该领域相关的前沿知识理论，提高学生学习的积极主动性，为培养学生的创新实践能力打下坚实的基础。随着探索过程的不断深入，学生的创新意识才能被逐渐激发，并在未来的工作和学习中不自觉地运用，获得良好的实践效果。

（三）评价激励导向法

学生的创新能力还受到鼓励创新机制的影响。当前社会，对高创新素质的应用型人才需求很大，因此在高校教育过程中，必须要建立起相应的鼓励创新机制，提高学生创新的内在动力，保护学生的个人发展，对学生的创新行为予以肯定，并且对那些获得良好创新成果的学生给予一定的精神奖励或是物质奖励。例如，在教育实践中，要鼓励学生树立创新的目标，培养学生的创新意识，敢于创新，对学生的简单重复或是模拟行为予以否定。在对学生的行为进行总结性评价的过程中，要重视形成性与诊断性评价，对那些课题完成不佳但是却具有创新思想的学生给予鼓励和肯定。对学生学习状况的评价要注意两方面的内容，一方面要注意考查学生对知识的掌握程度，另一方面还要检测学生的创新能力，只有这样才能够真正对学生起到导向和激励的重要作用。

二、大学生创新素质教育的实施途径

增强大学生的创新素质教育，一个最重要的问题是要建立起大学生创新素质教育的实施途径。大学生的创新素质教育是一项系统工程，因此在实施的过程中，必须要注意进行多角度、全方位的综合建设。

（一）树立创新素质教育的观念

培养具有创新素质的应用型人才，前提是要树立起创新素质教育观念。对高校来说，想要培养出更多满足社会需求的创新应用型人才，就必须要实行一系列的措施，全面提高大学生的创新能力和综合素质。

（二）加强创新型师资队伍建设

高校创新型人才的培养，一批能够胜任创新素质教育的创新型教师是必不可少的。一些研究者认为，对大学生创新素质的培养，首先，教育者本身要具有较高的创新能力，善于发现，乐于寻求问题的答案，这样教出来的学生才会具有更高的创新能力；其次，教师要能够保持平等的心态，与学生共同学习，有良好的教学心态；再次，高校要建立起良好的教学环境，满足创新型教师的需求；最后，在组织创造性活动的过程中，要注重对学生进行鼓励、肯定或是评价。除此之外，创新型教师还应该掌握和了解创新型人才培养的基本规律，能够顺利解决在创新型人才培养过程中所遇到的问题。

当前，美国在对创新型人才的培养方面取得了不错的成绩，其采取的措施主要有：设立学术休假制度、各种研讨会、课程教学发展咨询服务、教学资源服务以及名目繁多的补助金，以此来帮助教师提高学术、教学水平，不断改进教学方式，提高教学实效性。

（三）实现课程体系、教学内容、教学手段的创新

1. 课程体系创新

课程体系创新指的是构建通识教育与专业教育平衡的课程体系。通识教育指的是在大学中开设通识课程，开阔学生的视野，让学生了解与人生相关的知识、原则与方法，在人文科学的文学、哲学、史学、社会学、经济学、政治学与自然科学领域的学习中融会贯通。在国内外的著名大学中都开设有通识教育，这是当前高校教育改革的发展趋势，同时也是培养创新型人才的一项重要措施。当前，我国高校的教学过程中，教学内容仍然过于专业化，因此在未来的教育改革中，应增加通识教育的课程设置。

2. 教学内容创新

高校所实施的创新素质教育，最后还是要落实到实际的教学内容中。为了满足市场对创新型人才的需求，高校的教学内容应以市场为导向，掌握科学技术发展的动态趋势。高校教学内容的创新主要表现在两个方面：一方面是科技创新教育，另一方面是创业教育。

（1）科技创新教育。高校实施科技创新教育包括多个方面的内容，具体来说主要有知识创新、技术创新、技术发明等。其中知识创新教育，主要重视的是科学发现方面的教育，鼓励学生通过科学的观察和实验去探索事物的真相，发现事物发展的规律，提高学生的发现和探索精神。技术创新指的是将在科技方面发现的最近成果，应用到生产实践中，并最终转化为商品为企业带来利润的过程，这是科技与经济的有效结合。通过技术创新教育，可以让学生认识到创新的功能和过程、步骤，了解国家创新体系的机构等方面的内容。技术发明教育，主要是让学生了解并掌握发明创造的价值，以及发明创造中应当遵守的原则和方法等。

（2）创业教育。实际上，创业也是一种创新活动，并且是具有高难度的、综合性的创新活动。从一定程度上来说，创业教育可以被看作是创新素质教育的延伸，其教育理念是要培养学生"开拓事业的精神和能力"。当前我们已经进入了经济和信息时代，社会发展日新月异，这就要求学生要具有较高的创新素质，能够对未来的变化进行准确的预测，并能积极应对，这是当前高校创新教育的重点。2002年3月，中国人民大学、清华大学等9所高校被教育部确定为"创业教育"试点院校，在近十几年中，这些高校对创业教育进行了一系列的改革：建立科技开发园区、建立创业教育学分、建立学生创业团队、设立创业种子基金、组织各种创业竞赛等，吸引学生积极参与到创业教育之中，对实现学生的个性发展起到了重要作用，同时对提高学生的创新素质和市场竞争力也具有重要意义。

3. 教学手段创新

从现阶段来看，实现高效教学手段的创新，实际上指的就是推动高校教育的信息化进

程。实现高校的信息化进程是一项系统的工程，对提高大学生的素质教育具有重要的作用，可以实现资源的融通化、教材多媒体化、学习自主化、教学个性化、教育民主化、活动合作化、环境虚拟化和管理自动化。据统计，美国大学教师使用网络的达到97%，拥有网络接口的达到68%，还有77%的高等教育机构正在或准备开发远程教育的课程。而在我国，虽然电子信息技术的发展已经取得一定的成就，并在一定范围内得到普及，但是很多电子信息技术并没有在大学教育中得到普遍应用。

（四）加强大学创新文化环境建设

大学文化是一个大学赖以生存的根基。高校良好的创新文化环境，对培养学生的创新意识是极为有利的。人们创新意识的培养，会受到环境因素的影响，具体来说主要表现在以下几个方面，如表3-1所示。

表3-1　高校环境对创新意识培养的影响因素

影响因素	具体内容
时代发展的需求	维持与发展社会制度的需求、经济和社会生产力的发展需求
创新环境的建立	是否得到领导的支持、人们是否有心理安全和自由、是否崇尚创新等
创新条件的保证	在场所、时间、图书资料、资金、信息技术和指导教师等方面的保证
创新成果的处理	如在场所、时间、图书资料、资金、信息技术和指导教师等方面的保证
鼓励创新的制度与措施	坚持正确的评价导向，最大限度地鼓励和保护学生的创新意识

如果高校能够建立并维护好以上因素，那么就在校园内部建立起一种良好的创新文化氛围，有利于提高师生的创新意识，提高师生的创新能力。

三、应用型创新人才的培养

应用型创新人才是指具有深厚的基础理论知识、扎实的专业知识和较强的实践能力，在此基础上善于进行技术创新的人才。应用型创新人才是科学技术转化为现实生产力的活的载体，是能够将科学技术创造性地应用于生产实践的人才。应用型创新人才与研究型创新人才的不同之处主要表现在创新的内容与方式上：应用型创新人才不仅要掌握和应用最新技术使用设备，而且能改革、改造和创新技术；而研究型创新人才则侧重于新设备的研制。培养应用型创新人才，应做好以下几方面的工作。

（一）深化理论教学改革与建设，以适应地方经济和行业的新发展、新要求

根据社会需要，及时更新教学内容。教学内容改革要深入研究社会对人才知识、能力与素质结构的要求以及行业、学科发展的需要，积极开展反映社会需求和学科发展的新课程。要将行业与产业发展形成的新知识、新成果、新技术引入教学内容，着力减少课程间教学内容简单重复的问题。

大力推进教学方法和手段改革，实现从注重知识传授向更加重视能力培养的转变。教学方法和手段的改革要在保证实现培养目标的前提下，突破以知识传授为中心的传统教学模式，探索以能力培养为主的教学模式，推广使用现代信息工具的教学手段，推进启发式教学，采用探究式、研究性教学等新的教学方法。

（二）强化实践教学环节，增强学生的创新实践能力

加强实习实践基地建设。加强产学研密切合作，拓宽大学生校外实践渠道，与社会、行业以及企事业单位共同建设实习实践教学基地；采取各种有力措施，确保学生专业实习和毕业实习的时间和质量，推进教育教学与生产劳动和社会实践的紧密结合。

改革实习模式。对于生产实习、毕业实习等重要环节，倡导集中与分散相结合、参观与实战相结合的实习模式。根据实习目的和实习条件，尽可能安排学生到专业实验室、创新基地、工程训练中心、校内外实习基地、合作基地进行实战式实习。条件不允许的，可根据不同企业的生产情况和要求，把实习学生分成若干小组，进行分批、小规模实习，切实提高实习效果。

优化考核方式。实习是个动态过程，实习成绩的评定要综合考查学生的出勤、实习状态、实习报告和最后的考试成绩。实习成绩的考核还应多方评价、综合评价，要引入校内外实习单位相关人员参与评价，体现以社会需求为导向、培养应用型创新人才的办学思想。

（三）搭建全方位的创新教育实践平台，推动学生创新实践活动的开展

开设好创新与素质拓展学分课程，普遍培养学生的创新意识。不断完善创新与素质拓展学分管理办法；充分调动全体教师的积极性，引导教师积极承担学生创新学分指导任务，并依托自身的科研项目设立学生可以从事研究的项目，引领和指导学生进行研究性学习；逐步加大学分中创新性学分的比重，激励学生走进实验室、实习基地和创新基地，自主寻找项目、开发项目，开展研究性学习；实验室和创新性实验项目要向全体学生开放，为学生创新活动提供必要的场地、设备及技术支持；定期举办各类竞赛、学术活动，吸引

广大学生积极参加。

以科技创新实践基地为依托，为学生创造自主性、研究性学习条件。创新实践基地是大学生开展自主性学习、科技创新实践的依托基地。要按照"时间上留有余地、空间上有足够场所、机制上有充分自由度、条件上有足够保障"的原则，建立将科研活动引入创新基地的良性发展机制，形成教师—高年级学生—低年级学生融为一体的团队协作型学习模式，以长期培养与短期训练相结合的方式进行创新型人才培养。创新实践基地的实践体系要具有工程针对性、多样性和多层次性，以教师的科研项目、实验室设备改造、各层次科技创新竞赛、学生感兴趣的自拟项目等为主要内容，为学生提供充足的自主学习机会、良好的自主学习条件、丰富的研究资源和广泛的交流机会。

第四节　高校应用型人才的人文素质培养

如何使大学生人文素质教育的效果得到最大化，需要对其路径进行研究和探索。

一、加强课堂教育

（一）完整的课程体系

在进行人文素质课堂教育时，需要构建一个完整的人文素质教育课程体系，这样做可以使人文教育具有系统性的特征。这个体系包括两类：一类是以提高学生读、写、交流等方面能力为目标的技能型课程，一类是构成人类知识体系的基本学科（人文科学、社会科学、自然科学）的知识型课程。这两类课程的设置有助于促进学生的个性发展，帮助大学生完善知识结构，让大学生在看待社会和自然界时有一个全面的眼光。

（二）启发式教学

对大学生进行人文素质教育的目的是为了培养独立行动、独立思考的人。因此，在进行人文素质教学时应采取启发式教学。孔子是最早提出启发式教学的人，"夫子循循然善诱人"（《论语·子罕》）。"不愤不启，不悱不发，举一隅，不以三隅反，则不复也"（《论语·述而》），意思是，孔子认为不到他努力想弄明白而不得的程度不要去开导他，不到他心里明白却不能完善表达出来的程度不要去启发他。如果他不能举一反三，就不要再反复地给他举例。孔子认为，好的教学就是培养学生独立思考的能力，为此要让学生多思考，而不是直接向学生灌输道理和所谓的正确答案。这也是在进行人文素质教学时教师需要借鉴的。在教学时要以学生为中心、教师为指导，在互相交流中使学生的思想得到发展，知识得以丰富和完善。

（三）课内外活动的互动

课堂教育并不只是在课堂 45 分钟之内进行的教育，它需要教师和学生在课外进行准备、消化和补充。因此，要做好课内外活动的互动，可以以课题小组、实验学习、集中项目、专题研究的模式开展教学。这些模式不占用课堂时间，需要学生有良好的合作力和研究能力，进行课内外活动互动，有利于促进学生的个性发展以及创造力、合作精神的培养。

（四）人文教育在专业教育中的融入

在对大学生进行人文素质教育时，还必须将专业教育与人文素质教育两者相融合。因为在专业课程教学中，科学史与科学家精神、教师自己的治学之道都浸润其中，这些都是人文教育的一部分，在专业教育中将其融合进去，有助于学生形成一个正确对待科学、对待知识和社会的态度。专业教师在教学过程中进行人文教育可以通过以下途径：一是对于专业课中关于人文知识方面的资源要进行深入挖掘，要在教学的过程中将人文知识融入进去，从大学生的实际出发，对教材做出灵活处理；二是根据专业的特点推进人文素质教育；三是结合专业实践活动推进人文素质教育。

二、加强校园文化建设

（一）加强对校园文化的思想引导

大学生是时代的弄潮儿，高校校园文化是时代文化的先锋，对于时代的发展变化大学文化最先体现出来。当代大学生应加强对于时代的关注和思考，对于社会文化也要有自己独立清晰的判断，而不是盲从。人文素质的培养需要有文化的浸润。当前来看，虽然当代大学生的社会适应能力比以往增强很多，但是在学术研究方面却有所下降，最明显的一个表现就是上乘的学术论文很少。如果校园没有一个良好的学术氛围，那么校园文化就会被庸俗流行文化所占领。因此，教育者要加强对学生思想的引领，要鼓励大学生积极进行创作，钻研学术，要大力提倡高雅文化，开展学术研究活动，来提高学生的人文素质。

（二）充分发挥教师群体的主导作用

校园文化是以校园为空间背景，由教育者和被教育者双重主体围绕教学活动和校园生活而创制并共享的。校园文化的建设需要校园中的人来参加，而只有学生活动是远远不够的。进行校园文化需要校园领导、教师、学生共同参与进来，需要校园中每一个个体贡献出自己的力量。在调动起学生的主动性的同时，也要加强教师群体的引导作用。大学教师是大学校园文化中的主要创造者和传播者，教师群体要比学生群体更具有稳定性，他们是学校理念的执行者和实践者，他们的为人师表、行为示范对学校的校园文化有着不可估量的作用和影响。

（三）拓宽大学生活动阵地

大学生活动作为校园文化的一部分，是和学生最贴近的校园文化。通过开展丰富多彩的大学生活动，有助于大学生人文素质的提升。要拓宽大学生活动阵地，为人文素质教育提供新的载体。

学术科技活动是高校学术特色的体现，也反映了一个高校的学术水平如何。学术活动主要有专题学术讲座、开展读书研究、鼓励学生创办校内学术刊物、鼓励学生开展科研活动等。通过组织学生开展各类科技活动，如学科竞赛和创新成果评比活动等，可以锻炼大学生的创新意识和创新思维。开展人文讲座也是提升大学生人文素质的重要活动途径，将人文知识通过灵活多变的文化活动展现出来，可以使学生得到教育和熏陶，进而促进大学生人文修养得到发展和提升。

三、要善于利用网络新媒体

（一）利用互联网加强人文素质教育

网络技术的不断发展给当前学生的生活带来很大的影响，它增强了学生的主体性。网络具有的开放性和便捷性为加强人文素质教育提供了一个新的载体。教师可以通过互联网搜集更多的人文资源，利用网络技术不断更新教学内容。政府和高校应联合起来，建立专门的人文素质教育网站，为大学生自主学习搭建一个良好的平台。

（二）做好人文素质教育公众号建设

随着时代的发展、科学技术的进步，使得自媒体开始流行。高校也应当利用这一时机，做好人文素质教育公众号建设，通过专人负责，每天更新内容，为学生提供丰富的人文知识内容。

（三）利用即时通信技术

QQ、微信等即时通信技术的发展也为人文教育提供了新的渠道。教师要积极建立与人文素质教育相关的 QQ 群、微信群，主动将人文素质教育延伸到学生的日常生活交流中，使通信技术可以克服传统课堂的不足，打破传统意义上的班级概念，通过传递信息等方式方便有效地进行人文素质教育。

四、应用型人才人文素质的培养

在我国高等教育走向大众化以及研究生招生规模不断扩大的条件下，地方本科院校对自身培养目标进行了重新定位，突出了办学的地方性、大众化特征，逐渐实现了从传统精英教育到大众教育的转变，其人才培养重心有所降低，从培养研究型人才转向以培养生产、管理、服务第一线所需要的专业性、技术性、职业性的应用型人才为主体。在我国目前的高等教育体系中，研究生教育和一部分重点大学的本科教育主要培养研究型、管理型人才，各级专科学校和职业技术学院主要培养实用型人才，而地方普通本科院校主要培养应用型人才。所以，应用型人才的人文素质教育问题是所有地方普通本科院校的共同课题。

在这种情况下，构建应用型人才人文素质的培养体系十分必要。应用型人才的人文素质教育是一项十分复杂的工作，不仅涉及学校工作的方方面面，而且还受社会诸多因素的制约。因此，要做好应用型人才的人文素质教育工作，必须按照专业培养目标的要求，根据人才的成长规律，认真研究、精心谋划、统筹考虑，通过逐步建立人文素质培养体系，把学校管理者、教育者和学生对人文素质教育的思想认识统一起来，把校内外人文教育的各种资源有机整合起来，把各方面的积极性充分调动起来，才能做好应用型人才的人文素质教育工作。

应用型人才培养，要求学生在专业知识、专业技能以及人文素质等方面全面发展。从地方本科院校发展的实际看，专业知识和专业技能的教育能一以贯之，已形成相对成熟的培养体系，但提倡人文素质教育不过短短 10 年的时间，对大多数高校而言，仍然是薄弱环节，如何加强人文素质教育，依然是全新的课题。为此，有必要在总结经验的基础上，借鉴国内外人文教育的成功做法，构建应用型人才人文素质培养体系。否则，即使增设了人文课程，投入了经费，也不一定能收到好的效果，更不能可持续发展。具体来看，构建应用型人才人文素质的培养体系，应做好下面的工作。

（一）明确教育指导思想

长期以来，我国高等教育过分追求教育的功利性，忽视了教育在陶冶人的道德情操、提升人的精神境界、确立人的理想信念、坚定人的意志品格、丰富人的文化生活等方面的非功利性价值，削弱了教育的教化作用，致使受教育者缺乏良好的思想道德和社会责任感，缺乏做人、做学问的深厚根基和恒久内力。构建应用型人才人文素质培养体系，首先必须彻底改变功利主义的教育价值追求，把科学教育与人文教育相融合作为培养应用型人才的根本指导思想。大学坚持这一指导思想，就是要追求培养全面发展的人的崇高教育目标；就是要保持自身应有的独立性，不向低俗、短视的社会需求妥协；就是要自觉肩负不仅适应社会、服务社会，还要批判社会、引领社会的崇高使命。这是构建应用型人才人文素质培养体系的关键，也是培育大学人文精神的关键。

（二）找准培养目标定位

从科学教育与人文教育相融合的指导思想出发，必须在专业培养目标中对人文素质培养目标准确定位。

应用型人才的整体素质包括道德素质、专业素质、心理素质、人文素质等。所谓人文素质，是指人文知识在个体世界观、价值观、人生观及其人格、气质和修养等方面的内化。如何确定应用型人才的人文素质培养目标，换言之，应用型人才应该有什么样的人文素质，论者见仁见智。笔者认为，人文素质教育目标是一个多层次的体系，应用型人才的人文素质培养目标应定位于两个层次：一是具备人文知识，即掌握语言、文学、艺术、历史、哲学等人文学科的基础知识；二是培养人文精神，依靠人文学科的基础知识，结合实践，通过内心反省、感悟和环境熏陶逐步形成正确的世界观、价值观、人生观以及自由、批判和超越精神。人文精神是理想人格的主要标志，也是人文素质的核心。

（三）构建人文课程体系

应用型人才的人文素质培养目标只有通过构建完善的人文课程体系，规定学生必修的学分才能落实。人文素质课程体系的构建应放宽视野，把第一、第二与第三课堂有机结合，由列入课堂教学的显性课程和课外教育的隐性课程构成。显性课程分为必修课、限选课、任选课三大类，共28学分。必修课包括思想政治理论课（两课）和大学语文、社会调查研究方法，共16个学分。选修课的设置可分为哲学类、语言学类、文学艺术类、历史学类、文化学类、心理学类、宗教学类等，每一类包括若干门课程，各专业可根据专业特点和学生的实际情况设置具体课程，其中限选课8个学分、任选课4学分。隐性课程由听取人文讲座、阅读名家原著、参加社会实践、进行素质拓展等构成，共4学分。学生听人文系列讲座满6次，写出两篇体会得1个学分；学生每学期选读1本原著，4年写出读书报告8篇得1个学分；学生在4年中，参加科普宣传、志愿服务、社会调查、支教扫盲等社会实践3次，并完成3篇调查报告得1个学分；学生参加素质拓展，凡在校级及以上的各类竞赛、比赛中获奖，或公开发表论文、出版著作、取得专利，或研究发明成果的应用取得一定效益，或担任主要学生干部、成功策划组织大型科技文化艺术活动、取得突出成绩等，均可获得 1 学分。

如果以大学本科 4 年完成 160 学分计算，人文素质教育课程体系的 32 学分，占 20%。国内外研究都表明，这是一个比较合适的比例。

第四章 工匠精神的当代价值

很长一段时间内，工匠精神似乎淡出了人们的视野，但这不意味着工匠精神已经过时。不同时期和不同地域的工匠精神虽然各自具体的表现形式不同，但是古今中外的工匠精神也具有相通之处。工匠精神中蕴含的爱岗敬业、精益求精、求实创新等对促进个人的全面发展，提高经济竞争力以及传承和发展民族文化都有重要的价值。

第一节 工匠精神与经济竞争力

国家经济竞争力的提升是综合效应产生的结果，除了有形的物质资源的作用外，也包括无形的精神资源。工匠精神就是一种无形的精神资源，在推动企业转型升级、提升产品质量，增强市场竞争中发挥着重要作用。

一、工匠精神是制造业转型升级的助推器

中国的制造业十分发达，有着"世界工厂"之称。经济全球化的深入发展让制造业面临的竞争更为激烈，推动着各国制造业在进行转型升级。中国在很长一段时间忽视了产业的更新换代。当前，中国的制造业也面临着一系列的困境。在外贸和内需方面，中国制造业的总体竞争力不强。在这样的背景下，重新提出培育工匠精神，能够驱动中国制造业的转型升级。《中国制造2025规划纲要》指出，我国经济发展进入新常态，制造业发展面临新挑战。形成经济增长新动力，塑造国际竞争新优势，重点在制造业，难点在制造业，出路也在制造业。在这样的时代背景下，工匠精神对制造业的转型升级有重要的价值。首先，工匠精神推动了制造业从"制造"到"智造"的转变。自主创新能力是推动经济可持续发展的重要因素。中国的经济发展进入了效率驱动阶段向创新驱动阶段转变的关键期，工匠精神在这个重要时期中起着巨大的动力作用。一方面，弘扬工匠精神有利于做出高质产品，打造品牌，提高自主创新能力，为创新驱动发展培育新的经济发展动力，让我国从制造大国走向制造强国。另一方面，完成产业的升级，也需要工作态度、职业精神、

从业者能力的升级。工匠精神中精益求精、至善尽美的卓越追求，使得从业者能够通过改进设备、原料和工艺来提升产品品质，实现产品从"多"到"强"的发展。其次，工匠精神推动制造业产业结构的升级。工匠精神促进制造业产业结构升级的过程是推动制造业升级快速发展的过程。工匠精神有助于激发劳动者的敬业和奉献以及创造能力，焕发企业的活力，提高全要素生产率，刺激市场功能的发挥。工匠精神适应了当前我国供给侧改革发展的要求，有利于我国克服产能过剩的困境。工匠精神是我国产业结构转型的重要突破口，是制造业产业结构升级的重要"软件"支撑。工匠精神推动了自主创新与技术进步，同时也提高了劳动效率，促进了产业结构的升级。最后，工匠精神推动了工业4.0时代的到来。随着工业技术和信息技术的发展，利用物联网进行个性化的制造业将成为可能。工匠精神可以使制造行业追求精益求精，适应未来个性化定制的需求，推动制造业的全面升级。

二、工匠精神是企业发展的黏合剂

市场经济的主体是企业，建设市场经济的关键在于打造符合现代市场经济要求的企业。企业随着工业革命的发展而成长壮大，在特定的历史文化背景下发展生产，离不开文化的影响。在市场经济发展过程中，工匠精神对促进企业生产、提升企业管理水平以及加强企业建设等方面有重要的作用。在企业生产层面，工匠精神让企业避免被市场淘汰的风险。工匠精神能够促使企业对产品不断完善，推动品质升级。"苹果"产品是现代工匠精神的最好体现。苹果公司的创始人乔布斯在苹果产品的设计过程中，不断地追求极致，反复雕琢。对细节的锱铢必较的工匠精神可以说贯穿于苹果设计团队之中，使得苹果产品成为时代精品，并实现了产品的不断更新换代。在企业经营和管理层面，工匠精神能够促使从业者保有职业热情，并推动构建良好的企业文化。工匠精神是价值规范，也是一种价值职业观。如果企业只是一味追求产量而不顾质量，生产者就会机械重复操作，会降低对产品质量的要求，最终也会让生产者产生职业倦怠。工匠精神强调产品的质量，要求生产者要有一丝不苟的工作态度，可以为生产者提供强劲的精神动力。工匠精神为企业生产者提供了职业发展的方向，让生产者更加积极地投身企业的建设和发展过程中。此外，工匠精神还有利于构建良好的企业文化，提升企业的管理水平。企业文化是企业成员普遍认同的思想文化观念，是一种独特的文化形象，体现着企业的个性特征。企业文化是企业无形的资产，对内可以增强团队凝聚力，对外可以展示良好的企业形象。工匠精神重视人的价值和作用，有利于弘扬人本精神，建设企业忠诚文化。工匠精神要求企业重视产品的质量。这表明企业注重诚信意识，有利于培育企业契约精神，打造良好的企业形象。工匠精神对于打造企业的硬实力和软实力来说，都具有重要的价值，使企业内部的各种要素联结起来，从而在市场上保持竞争力。

三、工匠精神是产品质量提升的核心要素

首先，工匠精神是提品质、创品牌的关键。这是就产品本身而言。一方面，对产品的精益求精能够推动产品精品化，形成自身的品质优势。在激烈的市场竞争中就有可能占领较多的市场份额。工匠精神能够让劳动者在生产过程中专注于某一个领域、某一件产品，将产品的细节做到极致，始终保持追求卓越的理想状态，改变过去产品单一、质量低劣、竞争力不足的状况。在手工业时代，从产品的构思到制作都凝结了工匠们的智慧和劳动，因此工匠们对每一件作品都饱含情感。于工匠们而言，产品的质量就是工匠的声誉。在大数据时代，依托"互联网+"的模式进行个性化定制、柔性化生产成为可能。工匠精神的回归使产品的品质得以提升，满足了消费者高品质生活的需要。其次，发扬工匠精神有利于培育产品品牌。通过产品的高品质创立知名品牌，利用品牌效应可以获得更大的利润空间。伴随国内消费需求的升级，人民群众希望获得更高品质的产品和服务，渴望品牌化的消费。我国正在推进供给侧改革，改革主要依靠去产能、去库存、去杠杆的手段。以"薄利多销"为目的追求的产品制造已经不能适应时代的发展，这就需要在整合各种先进资源的基础上，创设产品品牌并进行品牌营销。利用产品的精品化、品牌化能够获得更大的利润空间。工匠精神中一丝不苟的精神使产品本身的品质得以提高，使产品品牌化，消费者在购买、使用以及售后服务等整个过程中感受更为满意的用户体验。

第二节 工匠精神与民族文化自信

民族发展的血脉和传承通过民族文化体现出来。文化自信是指对自身文化价值的充分肯定、对自身文化生命力的坚定信念、对既有文化优良传统的肯定与坚持。工匠精神是中国优秀传统文化的重要组成部分，弘扬工匠精神有利于推动中华优秀传统文化的传承、社会主义核心价值观的培育和践行、文化的交流和传播，有利于在推进文化的传承和发展过程中不忘本来、吸收外来、面向未来。

一、工匠精神传承了中华优秀传统文化

工匠精神是中华民族的精神传统。庄子"庖丁解牛"的故事展现了一个工匠的"心—神—身"联动的妙境；秦国李冰父子主持修建的都江堰水利工程，历经千年而不衰，是工匠精神的真实体现；鲁班在中国古典家具制作中体现的工匠精神流传千年。在中国近代

史上，一个个富有工匠精神的人在国家极其困难的情况下为中华民族赢得了尊严。工匠精神是中华民族生生不息、薪火相传的精神支撑。工匠精神为当前改革开放和社会主义现代化建设提供了强大的动力支撑。工匠精神传承了中华优秀传统文化的精髓，具体体现在：工匠精神体现了天下兴亡、匹夫有责的担当意识。手工艺是我国的传统工艺文化，是劳动人民智慧的结晶，是宝贵的精神财富，体现了对中华优秀传统文化的自豪感。传承手工艺文化包含了一种历史责任，体现了工匠们对自身产品的高度负责、执着与对产品质量的追求，因此工匠精神蕴含着社会责任担当。2016年，在央视播出的《我在故宫修文物》中的工匠们身上所体现出来的工匠精神就是社会责任担当的最好诠释。工匠们有的是对青铜器、宫廷钟表、陶瓷、木器、漆器、百宝镶嵌、织绣等文物进行修复，有的是对书画进行修复、临摹和摹印。工匠们通过自身日常的工作，在文物修复领域努力完整地呈现国宝文物的原始状态和收藏状态，充分展现了传统中国"士农工商"四大阶层中"工"的信仰、技术沿袭与变革。此外，工匠精神体现了"天人合一"的共生思想。宋代哲学家张载强调人与自然的统一，提出"天人合一、民胞物与"。天人合一是天道与人道的协调统一，即人与自然的和谐。古代工匠们遵循着天人合一的要求，取之于自然，顺应自然。工匠精神自古就有天人合一的精神传统。总之，工匠精神传承者具有强烈的社会责任担当意识，传承着"天人合一"的共生思想，不断推动对自身民族文化的认同，为坚定文化自信奠定了坚实的基础。

二、工匠精神涵养了社会主义核心价值观

社会主义核心价值观凝聚了全党全社会的共识，是当今中国核心价值的集中体现。在国家层面，社会主义核心价值观提出了富强、民主、文明、和谐的价值目标；在社会层面，社会主义核心价值观提出了自由、平等、公正、法治的价值取向；在个人层面，社会主义核心价值观提出了爱国、敬业、诚信、友善的价值遵循。工匠精神有利于推动社会主义核心价值观中对公民诚信和敬业的要求，对国家富强文明的追求的实现。爱岗敬业是工匠精神的本质体现，尊重劳动是社会主义核心价值观的重要内容。社会进步和国家富强需要依靠人们具体的劳动，而在这个劳动过程中需要人们秉承和践行工匠精神才能实现。工匠精神强调崇尚劳动，尊重劳动者的价值，这与社会主义核心价值观所倡导的内容是相一致的。工匠精神从国家层面、社会层面和个人层面涵养了社会主义核心价值观，推动着社会主义核心价值观的培育和践行。从国家层面看，工匠精神是国家富强文明的重要推进因素和精神保障。经济全球化推动了世界各国的竞争，作为国民基础的制造业成为竞争的焦点，产品的质量成为制造业竞争的关键点。当今中国生产的产品质量遭受到很多质疑，中国制造业面临着严峻的挑战。在这种情况下，以精益求精的工匠精神为驱动力，以产品质

量为目标，不仅能够提高中国制造业的国际竞争力，为中国现代化建设提供物质基础，推动国家实现繁荣富强，而且能够传递正能量，让人们认识到认真严谨、精益求精的重要性，促进国家文明水平的提升。从社会层面看，工匠精神规范了企业竞争的秩序，推动了市场经济公正平等秩序的建设。工匠精神将企业之间的竞争转移到产品品质的竞争，减少了唯利是图、投机取巧等恶性竞争，实现了企业竞争的良性循环。在收获高品质产品的同时，也进一步完善了市场经济公平公正的市场秩序，推动着社会公正平等价值观的培育和践行。从个人层面，工匠精神是爱国敬业诚信友善的重要体现。在每种职业和每个岗位，工匠精神都要求以认真严谨投入的态度，生产、完善和改进产品，提升产品的品质。工匠们对在自身平凡岗位上所表现出来的敬业和诚信体现在对产品设计的一丝不苟，对原材料的选择挑剔，对工艺流程的精准把握，对细节的精雕细琢，对产品质量的至善尽美。当产品远销海外时，产品的品质也代表着国家的形象，在这个层面上，强调产品品质就是培养爱国精神。

三、工匠精神推动了文化的交流和传播

不同国家文化之间的交流是国际关系的"助推器"，是惠及世界人民的"幸福因子"。工匠精神是中国精神和民族文化的重要内容，反映了中华儿女勤劳勇敢、自强不息的精神品质，也体现着追求卓越的文化品格。工匠精神也是人类社会的共同精神财富。弘扬和培育工匠精神有利于国家之间的文化交流和传播。在全球化浪潮下，民族国家希望在竞争中合作以谋求共同发展，而现代工匠精神正成为国家之间交流合作的精神纽带。一方面，中国以积极吸收世界优秀文明成果的大国胸怀学习借鉴日本、德国等国家的工匠精神。如日本制造业所显示的有待完善的制造精神和设计理念，一种与用户共同完成生命体验的过程。德国工业4.0计划中提出的"生产可调节、产品可识别、需求可变通、过程可监测"等要求为中国现代工匠精神的培育提供了宝贵的借鉴。另一方面，中国也在积极传播当代中国的优秀文化，让国外民众感受中华文化的魅力，展示良好的中国形象。例如中国通过《大国工匠》和《我在故宫修文物》等纪录片让世界人民也感受到中国现代的工匠精神。工匠精神对人类社会而言可以说是人类"共同体"，其"精益求精"的精神本质将成为人类社会文明发展的共同财产，推动着国家间文化的交流和传播，为国家间文化融合和再生产提供强大的精神动力。

第三节 工匠精神与个体发展

社会发展的同时也要求个人的发展。社会个体中，特别是青年一代有理想、有本领、有担当，国家就有前途，民族就有希望。个体的发展离不开正确的方向指引、自身综合素质的提升以及实践力量的支撑。工匠精神作为一种精神力量，在促进个体发展的过程中起着价值引领、方法目标、实践动力的作用，推动着个体成为有理想、有本领、有担当的时代新人。

一、引领个体树立理想信念

理想信念是个体对未来的向往和追求，是对某种思想或精神的坚信不疑并身体力行。理想信念指引人生的奋斗目标，提供人生的前进动力，提升人生的精神境界。理想信念在个体发展中起着价值引领的作用，是个体发展的实践起点。工匠精神对个人层面的价值首先在于其如精神火炬般引领个体树立自身的理想信念。一方面，工匠精神是一种职业精神，其中的爱岗敬业包含着职业理想和职业信念。职业理想和职业信念的形成有利于增强个体的职业认同感，让个体的发展有精神的归依。有了职业理想和职业信念的支撑，个体就会将自身工作当作一份事业。工匠精神让个体增强自身的职业信念和职业动力。在具体的生产实践中，工匠精神中所蕴含的精益求精、勇于创造不仅对劳动者的生产实践具有指导作用，而且成为劳动者的一种职业追求。劳动者们希望通过自身的认真踏实、勇于创新和追求卓越实现自我职业理想。工匠精神将劳动者们的目标、方法、勤奋等融为一体，体现了人们对工作与生活的热爱，激励着劳动者不断地突破自我。另一方面，工匠精神在职业态度层面表现出来的持续专注、精益求精的坚守也推动着个体信仰型人格的形成。个体在长久坚持中将生活态度、艺术涵养、文化养分融于技艺中，最终升华成坚守之美的精神境界，让工匠对技艺形成精益求精的工作追求。

二、推动个体成长成才

个体的全面发展不仅要有方向的指引，更重要的是自身能力的提高，从而成为有本领的时代新人。个体的"硬实力"和"软实力"是自身本领的两个重要方面，这两个方面的增强意味着个体自身能力的提高，实现了个体成长成才。个体的成长成才离不开具体现实的社会实践活动。工匠精神是社会物质生产实践活动的成果，对个体的能力和品格的提升有着实践指导作用。首先，工匠精神能够增强劳动者物质生产能力。传统工匠的制作活动是一种持续性的创造活动，工匠们需要对技艺和产品不断地进行完善。"工匠可以随意左右自己的行动。因此，工匠可以从工作中学习，在劳动过程中使用并发展自己的能力及技能。"现代工匠精神要求劳动者对自身的工作以及自身的产品要有一种投入的状态，让产品要有生命力和创造力，这会促使劳动者不断地提升自身的知识和技能。其次，工匠精神促使个体自我反思能力的提升。工匠精神此时就如同一面"镜子"，让个体不断地将自己的行为和工匠精神所体现的爱岗敬业、精益求精、持续专注、责任担当等进行对照，形成自身的内驱力，驱使自身不断完善自我，最终拥有自身核心的竞争力。工匠精神所起到的作用就如同一杆标尺，驱动个体自身"硬实力"和"软实力"的增强，最终实现成长成才。

三、实现个体自我价值和社会价值的统一

人的价值体现在人类社会与个体之间、个体之间、群体之间的相互需要和相互满足的关系。人的价值是自我价值和社会价值的统一，人在劳动中实现了个人价值的同时也创造社会价值。在这个过程中，工匠精神是个体的自我价值和社会价值实现的精神力量，是一种实践动力。个体在自然和社会中生活，是以实践的主体而存在的。劳动是人类生存和发展的基础。任何一个民族，如果停止劳动，不用说一年，就是几个星期，也要灭亡。作为一种劳动精神，工匠精神倡导人们要爱岗敬业、诚信友善，引导着个体兢兢业业地做好本职工作，提倡人们通过认真的劳动去实现自我价值。在实现个体自我价值的基础上，工匠精神还有利于推动个体实现社会价值。在《大国工匠》讲述的中国现代的工匠们，有为国家航天实力提升而奋斗的工匠，也有为塑造国家文化形象而努力的大国工匠，他们都在为实现中华民族的伟大复兴贡献自己的力量，实现着自身的社会价值。可以说，实现自我价值和社会价值是个体发展的最终落脚点。

第五章 工匠精神融入高校应用型人才培养的体系构建

要培养符合当代中国发展目标的工匠，在高等职业院校中构建有利于培养企业用得上的高水平青年工匠的教育体系就显得十分必要。培育高水平青年工匠是一项系统性工作，培养在校大学生的专业技能和素质是基础。目前很多高等职业院校都在原有的教学体系上，通过建设"双师型"队伍把原来长于理论教学的教师队伍逐步转化成理论水平高兼具实践经验的教师队伍，通过"请进来"——邀请优秀工人技师进课堂、"走出去"——创造学生进入企业顶岗实习等办法，全面提升学生专业技能和素质，努力实现学生毕业后就能进入生产一线工作的目标。

培育工匠精神则是许多高等职业院校面临的新课题，构建一个相对独立又与原有教学体系相结合的学生培养体系是实现培育工匠精神目标的关键。下面重点探讨构建上述教育体系的原则、教育方法、基本对策以及具体的教学内容。

第一节 工匠精神融入高校应用型人才培养的原则

构建有利于工匠精神培养的教育体系是一个系统的工程，笔者认为，在开展工匠精神培养过程中有一些原则需要遵循，其中比较典型的原则如下：

一、科学性原则

工匠的生产实践活动是一种典型的改造社会的工作，是人类创造社会的集中体现。有人认为工匠的生产实践活动与科学原理关系不大，事实上这种观点是不正确的。在人类解决问题的过程中，科学是任何环节都不可缺少的。科学性原则也是包括工匠的生产实践活动在内的一切社会活动的第一原则，工匠精神培养作为工匠培养工作的组成部分也不例外。

在工匠精神培养工作中，科学性原则主要体现在以下几个方面：

首先，工匠精神培养工作中所涉及的原理必须是科学的。工匠的实践活动可能依托于产品、可能依托于技术，还可能依托于服务，但不论何种形式的实践活动都必须符合事物发展的客观规律。试想一个工匠把自己的革新目标定位到发明和生产永动机上，其成功的可能性就可想而知了。不仅如此，工匠的主体活动是生产实践活动，要保证商业活动的"科学性"，就需要规避国家法律、道德不允许开展的领域，就需要杜绝国家法律不允许使用的生产手段，就要遵循产业的发展规律，只有这样才能保证工匠实践活动的健康发展。如果工匠在生产实践中偷工减料，甚至个别人置国家法律法规于不顾，参与制假等活动，这种违反科学性原则的做法必将导致企业因违反法律而走向失败，也使工匠精神丢失殆尽。工匠精神培养必须坚持科学原则，把学生培养成有社会责任感的人，而不是投机分子。这样，学生将来投身社会后才会成为对社会有用的能工巧匠。

其次，工匠精神培养工作的决策应该科学。教育工作中决策是不可或缺的，在决策过程中要对目前掌握的信息进行分析判断。现代社会中的人类活动趋于复杂化，高校教育活动中涉及的信息越来越庞杂，仅仅靠经验进行判断显然是不行的。要更好地对信息进行处理，就要熟练地运用统计学的知识。完成了对信息的处理、分析，决策工作才会顺利进行。而要实施决策就需要提出一系列备选方案进行权衡、比较，如果没有现代管理学知识，备选方案的设计、权衡、比较也将无法进行。因此，方案决策必须以科学为基础，开展工匠精神培养工作要坚持科学决策。

再次，工匠精神培养工作的计划安排应当是科学的。一个好的方案，如果没有具体的规划将不可能得到实施。任何方案确定之后都需要制订周密的实施计划，要分析清楚计划的关键环节在哪里，哪些工作是后续工作不可或缺的基础、哪些工作可以平行进行、哪些工作必须按先后顺序执行，在保证完成工作计划、达到工作目标的基础上，订立最好的可供执行的计划是计划安排的目的。要达到这一目的，活动的计划安排也应当是科学的。开展工匠精神培养工作，如果没有符合本学校特色、有针对性、系统的计划，就很可能照抄照搬其他先进学校的经验，成为"邯郸学步"的笑话。

最后，工匠精神培养工作的实施过程是科学的。有了计划就需要具体的实施，而实施过程中，保证计划在实施中的执行效果和面对计划以外问题的及时处理是实施工作过程中的两个关键环节。要保证计划的执行效果，首先要有科学的工作态度，实施工作的负责人分清楚哪些工作是必须执行、不能变通的，哪些工作是自己有权决定的。面对问题，实施工作的负责人要首先判断当前所面临问题的性质。分清问题是自己可以做决定的，还是需要向上级或决策者反馈的。做出这些判断的基础归根结底还是科学原理。如果在工匠精神培养工作中不考虑课程的特殊性，而用传统教学的尺子去衡量，很可能违反工匠精神培养规律，把工匠精神培养工作引入歧途。

二、有限理性支配下的简单性原则

工匠精神培养工作是一项不可完全模仿和复制的工作，需要教育工作者进行理性的思考与判断，而人类所能够思考的范围是有限的。这时候，人类就要进行有限理性的思考，而在有限理性支配下的人就会选择简单性原则。开展工匠精神培养工作同样要坚持这一原则。

假设一个数学家开车到闹市附近去办事，就会涉及寻找停车场的问题。他可能希望停车场离办事地近些，但又不要太拥挤；另外，收费标准越低越好。从绝对的理性出发，就是要找出一个停车场的地点与收费价格之间的最佳关系。西方经济学理论用边际效用理论予以解释，即假定决策者愿意按一定比例交换不同方面的增量，例如停车场与办事地点之间的距离每变化 100 米，相当于拥挤程度减少若干，或等价于停车费减少若干。

实际上，无论多么精明的数学家，都不会进行上述计算和比较的，因为在大多数情况下人是喜欢简单化的，这就是所谓有限理性支配下的简单性原则。

有限理性说强调理性活动者思考、推理、计算和认知能力的局限性，完整地说，就是决策者面临复杂的外界环境，在自身认知能力的限制下，力图达到一定目的的行为方法。高校教育工作正是有限理性说的重要表现形式。在教育活动中，人们既要看到教育者对外部环境的适应，更要看到教育者技能局限性对适应过程的意义。有限理性说为教育者制定有效的决策、设计和规划，提供了规定性的原则。因此，"寻求满意"的原则（简称满意原则）已经成为教育领域中最重要的原则之一。而要寻求满意的结果就需要对问题进行简化。因此，努力使问题简单化和寻求满意是有限理性支配下人类活动的必然选择。这一点，值得教育工作者在工匠精神培养工作中注意。

在工匠精神培养工作中应用简单性原则的主要原因有以下几个：

首先，难以求得理论最佳结果是工匠精神培养工作应用简单性原则的客观原因。

在教育工作中，教育目标能否实现的重要条件是教育方案是否可行。教育方案的可行性是在设计教育实施方案过程中实现简单性原则的前提和基础。教育中的优化工作按任务目标分类一般可分为单目标设计和多目标设计。所谓单目标优化是指需要解决问题的中心目标是单一的优化设计问题；所谓多目标优化是指需要解决问题的目标是多个或多个目标重要程度基本相当，必须全面考虑。教育活动中是以实现目的为表现形式的工作，一般是多目标优化问题，优化是贯穿在教育者教育工作始终的一个过程。

"最优化"是典型的数学概念，在教育活动中实现"最优化"就是实现理论上的最佳，教育活动中绝对最优化是不存在的。为了分析这一问题，笔者将以一个单目标优化问题为例分析理论最佳的不可获得性。

要设计一条路线让推销员沿此路线走过数目及地理位置均已给定的几个城市，且所经过的路程最短，这就是有名的推销员问题。假设几个城市的相对距离如表5-1所示，推销员从甲城出发。

表5-1　各城市之间的距离

	甲	乙	丙	丁	戊
甲	—	250	1450	1700	3000
乙	250	—	1200	1500	2900
丙	1450	1200	—	1600	3300
丁	1700	1500	1600	—	1700
戊	3000	2900	3300	1700	—

对于这个问题，有一个直截了当的优化方法，即试算所有可能路线，取其路线最短者。由于现在有5个城市，我们就必须计算出120条路线的长度。比如，我们先算出"甲—戊—丁—乙—丙—甲"路线长度为8850公里，但这不一定是最优解；再算"甲—乙—丙—丁—戊—甲"路线长度为7750公里，显然优于前者，但也不一定是最短路线。要想用这种方法找到最优解，非把所有120条可能路线全计算比较一番不可。这个问题的特点是，当城市数目相当多时，可能路线的数目将迅速增长。例如，当城市数目增加到10个时，其组合路线为3 628 800条；当城市数目增至50个时，其组合路线为$3.04×10^{64}$条。这种现象称为组合爆炸。假定我们算出每条路线长度并同前次计算结果相比较、删去其中较大者，仅需用万分之一秒，那也要用$9.64×10^{52}$年才能算完！这等于说是根本没法算完。对于这类组合爆炸的问题，巧妙的优化法也无能为力了。

高等院校的教学工作很难模拟工匠生产实践活动的全过程，因此，选择简单性原则用简化的模型、案例开展教学是一项有效手段。

其次，思维习惯性是工匠精神培养工作中应用简单性原则的认知原因。环境心理学在研究行为性时发现，人有"走捷径"的行为习惯。同样，在思维中也存在着"走捷径"的习惯，通过简洁的思维过程一下子得到思维结果，就是以长期经验积累为基础形成的经验直觉。这种经验直觉在大多数情况下是能够保证思维结果的正确性的。正是这种过程既简单又省力，结果基本正确的价值判断成为工匠精神培养工作中应用简单性原则的认知原因。

确定何者第一、何者第二的过程，实际上是对一个复杂问题进行简单性判断的过程。因此，简单性原则成为优化的外在表现形式。

在理想条件下，人类的整个思维过程完全是具有理性的。在具体的教育实践活动中，涉及的与教育决策相关的主、客观因素很多。在参与判断的主、客观因素中，有可量化但难以计算的，也有不可量化的。对于这类情况的处理，就只能借助教育者的经验使用简单性原则来进行判断。因此，在诸多因素的影响下，教育者很难完全按理性思维解决问题。在此情况下，教育者由习惯性思维所引起的简单性判断作用更大。所谓习惯性思维就是由于外界环境的影响，教育者根据个人的知识积累和经验，对具体问题做出判断的思维方式。由于这种思维是受教育者固有的思维习惯影响的，因此被称为习惯性思维。习惯性思维所反映出的思维特点可以被称为"思维的习惯性"，"思维的习惯性"是简单性原则成为工匠精神培养工作原则的原因。

由于思维习惯性的存在，教育者很难获得综合的、一致的效用函数，它对备选方案的价值考虑是受注意力支配的，注意力的影响就决定了教育者考虑范围的简单化。当教育者对教育中的问题进行分析时，他的价值考虑将集中在当前所面临的基本问题上。教育者的思维空间就被限制在待解问题系统这一有限范围内，不可能把待解问题系统之外的其他相关需求都同时加以考虑。即使同时存在多种需要，也要首先顾及其中最迫切的问题。有时由于条件过于复杂，甚至只重点考虑核心的需求目标。因此，教育者对备选方案的优劣衡量，不是依照某个囊括全部价值的效用函数，而是一个遵循简单性原则的部分效用函数。

由于思维习惯性的存在，教育者根本不可能真正寻找一切备选方案。在决策过程中，他们往往只考虑与做抉择最有关系的少数方案，这便形成了方案选择上的简单性。同某一事物有关的其他事物，尽管从原理上讲是极其大量的，但由于使用了简单性原则，人们只考虑其中的少数几件，而把其中大部分忽略掉了。比如，一个人在决定花钱买车时，考虑到的备选方案可能只限于购买本地区某几家商场里的某几种车，尽管他做抉择的客观环境还包括其他地区的另外一些车，甚至包括把这笔买车钱花到其他用场上去。

由于思维习惯性的存在，教育者在做任何决策即使是重要决策时，也很难把一切可能后果都认真考察一番。实际上教育者只是对备选方案的后果有着一般的了解，他可能会对一两个重要后果认真地加以思考，但绝不会去思考其余的无数可能后果，也可以说教育者不可能对诸多复杂因素一一考虑。世界上的事物之间的联系原则上讲是普遍的，但人们在实际思考时只考虑很少的几个主要联系，这便形成了决策方案制订上的简单性。

由于思维习惯性的存在，教育者会主动寻求简单。因为教育者尽可能不同复杂性情况（通过优化方法实现简化）打交道，由于没有一致的效用函数，不考虑一切备选策略，也不考虑每个策略所可能导致的一切或然事件。所以，他在不同时期所做的决策很可能是不一致的。从连续推移的时间上看，即使侥幸获得此时之"最优"，等到"彼时"来看，很难仍是"最优"的了。所以，"最优"概念本身，对于受"习惯性思维"影响的教育者来说是很成问题的。放弃"最优"，选择"次优"，思维习惯性影响下的教育者思维活动体现出的正是典型的简单性原则。放弃"最优"，选择"次优"，教育者就实现了优化与简单性在工匠精神培养工作中的统一。

再次，目标性是工匠精神培养工作中应用简单性原则的动机原因。工匠精神培养领域中的工作往往是以完成某一特定任务为目标，相当一部分工作几乎没有任何重复性。随着特定的终极目标的实现，工作即告一段落或完成。工作任务的一次性、非重复性决定了每次活动必须根据需要因时因地按目标的要求、环境的情况、当时的技术条件进行工作。具体的工匠精神培养的设计与实施是一种具体教学目的性条件下的活动，教育者由于受教学条件的影响，在选择方案时就会自觉以实际情况为标准选择最合适教学的方案（即从经济角度出发的最简方案）。因此，教育工作者思考时不可避免地带有目标性倾向，对目标实施条件进行选择与简化也就不可避免。这时，简单性原则就成为工作的首选思想原则。

对于工匠精神培养工作中的具体项目和课程教学任务，完成任务的时间、资金、人力、物力都有要求。这就决定了实施方案设计不可能完全是理论上的设计，设计中常常出现为了完成任务而不得不做设计调整的现象。这种调整是为了满足上述时间、资金、人力、物力等功利性要求而做的，调整后的设计内容就不可避免地带有以完成上级教学要求为目的的功利性色彩。在功利性的驱使下，教育工作者在进行设计决策时往往由于条件所限而主动或被动地放弃了对全部可行设计方案的考察，进而依据简单性原则遴选出部分设计方案进行优化。事实上，工匠精神培养工作中的方案决策实际上是教育工作者在相对功利性条件下进行的；教育重要目的之一就是实现利润最大化，即在完成任务的前提下实现成本最小。成本最小的实质就是使总资本投入最小。实现总资本投入最小的过程，实际上是一个协调总资本投入中各类资本投入比例关系的过程。显然要达到这一要求就必须建立一组关系函数。虽然主要变量只有两个（"物量资本"和"人力资本"），但两者又都受许多因素的制约，因此很难建立或构造出一组理想的、能够全面反映各种因素的关系函数。建立或构造出的关系函数往往是忽略一些次要条件的结果，这一点是完全符合简单性原则的。最优化结果求解的困难，导致选择"次优化方案"的使用正是功利性因素作用的结果，教育工作者在传播这一理念的同时，也正是强化简单性原则在工匠精神培养工作中作用的体现。在工匠精神培养决策中的另一种目标性倾向就是追求最终效果的"最佳"。

效果"最佳"往往与实施过程的学校固有规定、教学条件相矛盾。而在以教学活动为代表的工作中，工作中教育又是教育工作者不可侵犯的准则。在功利性原则的支配下，方案设计者往往采取在不违反学校固有规定标准的前提下降低教学效果的办法。

最后，寻求满意解是工匠精神培养工作中应用简单性原则的技术原因。对于一个具体的问题而言，整个问题中的评价、选择工作，不可能完全用优化方法来完成，其中大部分工作都要用次优化方法来完成（即寻求满意解），以寻求满意解作为完成任务、实现目标的技术手段正是简单性原则的体现。

在数学优化理论中，问题的解有三种类型：最优解、满意解、可行解。最优解是求解数学模型得出"解集"中的"最佳值"，是一种很好地达到解决问题全部要求却很难在现实生活中实现的"理想状态"，教育工作者在工匠精神培养工作中基本难以采用。可行解是求解数学模型得出的"解集"。由于"可行解"中包括一些"极差值"，它是一种只能达到基本要求的"临界状态"，教育工作者在工匠精神培养工作中也基本不会采用。满意解是求解数学模型得出"解集"中的"中间值"，是一种较好地达到解决问题全部要求的"惯常状态"，教育工作者在工匠精神培养工作中会常常采用。因此，教育工作者在确定方案时，就会在"可行解"中寻找"满意解"。现实世界中各种条件相互制约，不可能使全部条件均达到"最佳"，因此，寻找"满意解"只能实现目标条件大体上的"满意"。本文提出的满意原则是指在工作中实现其总体目标，"满意"的概念不同于日常习惯上的满意，它是一个数学意义上的"满意"。

教育工作者的功利性思想决定了工匠精神培养工作过程就是寻求解决问题方案满意解的过程。寻求满意解，意味着寻求在当时看来比较满意的解决问题方案。这个方案，通常经过逐步搜索而构造出来。寻求满意解的教育工作者通常不是先把一个个方案先构造出来然后挑选，而是先构造一个方案看看满意不满意。如果是满意解就停止搜索，如果不是满意解再构造下个方案。如果找到了许多方案都不能令其满意，就会降低自己的满意解标准。

满意解标准的出现实际上就是放弃了复杂性原则选择了简单性原则。显然，寻求满意解的过程是个考查方案的过程。寻求满解的教育工作者的最后选择，往往取决于他构造的方案的顺序。比如，假设甲方案比乙方案更好，但两者皆达到了满意解标准（欲望），这时，先构造了哪个方案（如乙）哪个方案就被接受了，决策者不再继续构造其他方案（如甲）。

在具体的寻求满意解的过程中，首先，根据产生欲望并以境况优劣程度来调整欲望水平的机制，来确定什么是"满意解"或"好"。然后寻找备选方案，直至找到一个"足够好"的方案为止。这个原则对设计解决问题的方案模型和思维模型的工作提出了一个要求：所设计的方案模型和思维模型应当是符合简单性原则和满意原则的模型，它应当体现这样一种机制，使人在无法完全了解复杂事物的情况下，仍能处理复杂事物（用简单性原则处理复杂事物）。由于在复杂世界里，备选方案不是给定的，而是必须去寻找。又因为备选方案不是只有一两个或有限多个（从本质上说有无穷多个），因此，根据满意原则教育工作者通过将简单性原则引入思维过程，避免了试图在真实世界里寻求最优的困难——寻找、评价和比较无穷无尽的备选方案，避免了思考、策划过程进入永无止境的恶性循环。满意原则提供了现实的终止判据，即一旦找到足够好的备选方案便停止思索，告一段落。因此，满意原则是简单性原则在工匠精神培养工作中得以实现的载体。

教育活动具有复杂性和非线性的特征。但是，由于理论上的最佳结果难以实现的客观原因以及思维习惯性、功利性思维和满意原则的存在，教育工作者为了实现教学目标，总试图在一定范围内将复杂变成简单，将非线性转化为线性。在这个以简单性为原则的转变中，理论上的最佳结果难以实现的事实是基础，功利性思维是动机，思维习惯性是转换的辅助力量，寻求满意解是外化表现形式。

第二节　工匠精神融入高校应用型人才培养的方法

方法是主体实现目的的手段，或是主体能动作用于对象性客体的各种工具的总称。无论是认识世界或是改造世界，人们都必须借助一定的物质手段或精神工具，离不开相应的方法。没有方法或方法不当，人们就寸步难行、一事无成。培育工匠精神工作作为高等职业学校教育工作领域特有的一种对象性活动，自然也依赖一定的方法，这即是工作方法。不过，究竟什么培育工匠精神工作是所需要的工作方法，不同方法之间有何联系与区别，以及如何正确选择和恰当运用众多的培育工匠精神教育方法，这是一个十分复杂的方法论问题，需要进行初步分析与探讨。

时代的进步和科学技术日新月异地发展，一些前人未知的领域和前人没有采用或无法采用的方法，逐步被人认识，并运用于培育工匠精神工作实践。

正是这些伴随新兴科学技术产生的培育工匠精神教育方法逐步被人类认识和运用，培育工匠精神教育活动才跃升到一个新的水平，并日臻完善和富有时代特征。因此，研究现代条件下培育工匠精神工作中的技术方法意义重大。下面将在对方法进行概括分析的基础上，进一步分析应当被教育工作者熟悉的工作方法。

一、培育工匠精神教育方法及其系统结构

培育工匠精神工作作为一种特殊的教育工作实践活动，必然有其经常使用的工作方法。但是在如何认识和界定培育工匠精神工作所需的工作方法的问题上，需要进行认真的探讨。

首先必须指出，培育工匠精神教育方法不是工匠培养教育活动中人们所采用的一切方法，而只是教育工作者在培育工匠精神工作中的方法。我们知道培育工匠精神工作作为一种社会组织活动，是培育工匠精神工作主体和培育工匠精神工作客体的互动过程。在工作过程中，教育工作者和大学生都在活动，两者都有自己作用的对象，同时也都借助于一定

的方法。那么，是否可以认为培育工匠精神教育活动过程中人们所采用的方法即是培育工匠精神教育方法呢？笔者认为这种观点是不正确的。因为，大学生在培育工匠精神教育过程中虽然也在活动，但他们是在教师引导下参与培育工匠精神工作的。

教育工作者的工作才是培育工匠精神工作重点，是引导大学生逐步形成工匠精神、提高素质的特殊实践活动。因此，只有他们的行为方式才具有教育的属性，其方法才是严格意义上的培育工匠精神教育方法。如果将培育工匠精神教育过程中所有成员所使用的方法都看成培育工匠精神教育方法，就会模糊教育工作者同大学生的关系。

在调研中，笔者发现有的教育工作者承认培育工匠精神教育方法是教育工作者的方法，但却认为只有教育工作者在从事教学活动中的实践方法才属于培育工匠精神教育方法，而将教育工作者进行预测、决策等思维活动所采用的认识方法排除在培育工匠精神教育方法之外。其实这种观点是比较片面的，培育工匠精神教育方法不仅包括教育工作者的实践方法，也包括他们的认识方法，这是因为完整的培育工匠精神教育活动不仅包括教育主体对教育客体一系列的组织、支配活动，还包括教育主体对教育目标的预测、论证、择优和计划的制订，这两类活动都需要借助一定的方法，而这两类活动也都具有教育的性质。如果将教育工作者的认识方法排除在培育工匠精神教育方法之外，这不仅是对培育工匠精神教育的片面理解，也与当代教育工作丰富的内涵明显不合。在现代教育工作中，教育工作者常常既是计划的制订者，同时又是计划的执行者，他们所采用的方法既具有教育工作实践的属性，又具有教育工作的认识属性。所以，将培育工匠精神教育方法仅仅看成培育工匠精神教育的实践方法是不正确的，培育工匠精神教育方法是指教育工作者为达到教育目标、实现培育工匠精神教育中各种职能、确保活动顺利进行的各种手段、工具、措施和方式的总称，在本质上它属于培育工匠精神教育主体的精神性工具，是培育工匠精神教育思想实现社会价值的具体表现形式。

培育工匠精神教育方法既然是教育工作者进行教育活动所采用的各种工具和手段，这就说明教育方法是多种而不是一种。那么，培育工匠精神教育方法究竟包括哪些种类？这些不同的方法彼此之间又有何关系？这就涉及方法的系统问题。因此，需要从哲学角度分析、研究、探讨培育工匠精神教育的方法系统。

培育工匠精神教育方法作为一个系统，是由多层次多侧面的不同方法按照一定结构有机组成的。从方法的总体特征来分类，培育工匠精神教育方法可以划分为教育工作者的认识方法和实践方法；按培育工匠精神教育方法的普遍性程度，又可划分为哲学方法、技术方法和专业工作方法。下面重点介绍培育工匠精神教育的哲学方法、一般方法和技术方法及其关系，揭示培育工匠精神教育方法系统的一般特征。

所谓哲学方法，是指教育工作者运用某种哲学观点来研究观察和指导培育工匠精神教育活动的方法，它包括教育工作者如何理解培育工匠精神教育的社会本质和一般规律，如何确立培育工匠精神教育的最终目标和进行价值判断，怎样评价教师和大学生的能力以及两者的基本关系，怎样在宏观上把握组织和环境、团体和社会之间的关系，等等。总之，凡是涉及培育工匠精神教育的根本路线、战略决策、基本原则和用人宗旨等重大问题，便需借助哲学方法。这种方法具有最大的普遍性也最抽象，初看起来似乎不能直接解决培育工匠精神工作中任何具体问题，因而常常被人们所忽视，似乎哲学与教育工作无关。实际上，教育工作者是摆脱不了哲学的，哲学左右着教育工作者的思维方式和行动路线，自觉或不自觉地影响着各种培育工匠精神教育活动，甚至决定着培育工匠精神教育的成败，为教育工作者提供了必不可少的方法论原则。

与哲学方法相关但又有所不同的另一类教育方法是一般方法。同哲学方法相比，这类方法没有哲学方法那么广的普遍性和形式上的抽象性，显得比较具体、容易操作，但与更具体的各门技术方法相比，它又具有相当大的普遍性，可以被称之为一般方法。

教育工作者特别是一线教育工作者常用的教育方法是具体的技术方法。

这里的"技术"不是指工程技术，不是人们常说的各种技术工具，而是指作为个体的教育工作人员开展教育活动的具体方法和技巧。技术方法是最具体最易操作的方法，同时也是最直观最丰富的工作手段。这类方法为教育工作者提供了明确的教育工具和具体的教育手段。

培育工匠精神教育方法之所以是一个系统，正是由于教育工作者所采用的不是一种方法或一类方法。一方面，上述方法分属于培育工匠精神教育的不同层次，各有自己的特点和功能，彼此不能取代；另一方面，上述方法又相互制约、相互影响、互为补充，综合运用于培育工匠精神教育。哲学方法属于最高层次的方法，侧重于宏观决策和总体控制，多为高层教育工作者（如学校领导以及分管教育工作的领导）所采用；属于中间层的一般方法，因其通用性和一定范围的规范性，多被校内教学部门领导者和中层教育工作者所采用。至于技术方法，因为它具体而实用性强，主要是一线教育工作者采用的教育手段。当然这并不是说，高层教育人员只需要懂得哲学方法，可以对一般教育方法和必要的技术方法一无所知；也不是说中层教育人员可以抛开哲学方法或一线教师无须掌握必要的一般方法和学会哲学方法；而是说不同层次的教育人员首先应当学会与自身工作关系最密切的主要方法之后还应该兼顾掌握其他方法，不能主次不分或平均使用力量，否则一样方法都掌握不好也使用不好。从培育工匠精神教育主体群体来看，因为教育方法是一个系统，各类方法单独使用都不能发挥最佳的教育效用，只有三种方法兼用、互相配合才能在培育工匠精神工作中发挥作用。这就要求各级教育工作者树立系统观念，既能熟练掌握某一种教育方法，又做到互通信息、上下配合；既注意克服方法上的单一化倾向，又杜绝不同方法的混淆和错位。

二、现代技术方法的类别和特征

现代技术方法，是在培育工匠精神工作中应用的各种现代数学方法、定量化方法和先进技术手段的统一体。广泛应用现代技术方法，是社会发展的客观要求，也是教育工作现代化、科学化、与时俱进的必然趋势。

随着社会发展和科学技术的进步，社会分工日趋精细，各部门之间的联系日益密切，影响教育工作的因素更加复杂多变，因而教育工作相关的信息量和工作量激增，对教育工作的要求也就越来越高。在这样的新情况下，除认真总结各种行之有效的传统教育工作方法外，还必须广泛应用适合于现代社会的技术方法，以便能更准确地描述和分析问题，深入研究各种因素多方面的数量关系，及时处理大量的教育信息，并对拟订的计划方案和政策规定进行科学论证。同时，由于现代数学、信息科学和系统科学等学科的产生，以及计算机的广泛运用，也为现代技术方法在包括教育工作在内的各领域中广泛运用提供了必要的条件。

现代技术方法，是按照现代社会发展规律和适应现代科学技术进步的客观要求，运用现代自然科学和社会科学的最新成果，对各种工作对象进行有效控制的一系列新技术和新方法。它是在继承和发展一般方法的基础上运用现代科学技术成果，经过不断探索、科学实验、精心优选逐渐形成的。同传统方法相比，现代技术方法具有三个明显的特征：

首先是系统性和择优性。一般说来，每一种现代技术方法都有内在的系统性，它包括明确的目标、一定的约束条件、达到目标的程序和方法以及信息反馈等，从而为科学地解决问题提供一定的模式或模型，使复杂的工作实现科学化。例如，在培育工匠精神教育实践中，引进并建立数学模型进行求解的过程，也是优化的过程。又如在一定的约束条件下，对多元教育工作目标选择最佳的组合方案，或在一定的目标要求下，对各种约束条件进行选择和组合，都存在择优的过程。

其次，现代技术方法使培育工匠精神教育信息数据化，并能把培育工匠精神教育的定性分析与定量分析密切结合起来。现代技术方法区别于传统工作方法的一个重要标志，就是使教育工作活动从定性分析发展为定量分析，从依靠经验判断转变为数理决策。因为建立数学模型，进行定量分析，可使培育工匠精神教育任务进一步科学化，这就大大提高了教育系统的运转速度和工作效率。

再次，现代技术方法具有较大的通用性和关联性。现代技术方法应用的范围较广，在解决培育工匠精神教育系统中复杂的实际问题时，各种方法可以相互补充，发挥多方法配套使用的整体功能。

现代技术方法的种类很多，这就要求教育工作者要针对不同的对象准确选择合适的方法，避免方法的混用或错位。同时，各类技术方法又存在着相互联系、相互制约的关系。如果在培育工匠精神教育中孤立应用一种或几种方法，虽然也能收到某些成效，但会有很大的局限性。为此，教育工作者在工作中，应努力使各种方法和技术相互补充，发挥各种方法的综合功能。在当代教育工作中，尤其是培育工匠精神教育中，使用得比较多的方法包括系统方法、数学方法和预测方法。

三、系统方法

系统方法，就是按照事物本身的系统性把对象放在系统的形式中加以考察和处理的一种方法。这种方法要求从系统的观点出发，始终从整体与部分、系统与环境的相互联系、相互作用、相互制约的关系中综合地、精确地考察对象，以最佳方式处理问题。其显著特点是整体性、综合性、动态性、开放性、环境适应性、最优化。

整体性反对传统工作事先把对象分成单一的个体。从系统管理目标上分析，任何系统都体现系统管理目标的整体性。从系统管理功能上分析，系统大于个体之和。

综合性就是指在进行教育管理时，要把系统的所有要素联系起来。综合考察其中的共同性和规律性，它从两个方面对教育工作者提出要求：一是培育工匠精神教育目标综合，即要求教育系统各个部分必须围绕系统总目标开展工作，或者说要求一个学校的最高领导必须用培育工匠精神总目标去统摄各部分的分目标；二是培育工匠精神教育过程各个部分功能的综合，即各个部分功能要按照培育工匠精神教育总目标运行。同时系统综合性原理还提示教育工作关注两个问题：第一是系统可以分解，由于系统都是由许多要素综合起来形成的，因此，任何复杂的系统都是可以分解的。第二是综合可以创造新事物，现有的事物或要素通过特定的综合可能生成新的事物和系统。"量的综合导致质的飞跃"正是基于这一规律。

动态性是系统方法的第三个特点。所谓动态性主要体现在系统管理要素的动态性和系统管理功能的动态性两种形态。培育工匠精神教育系统要素的动态性表现在两方面。一方面，培育工匠精神教育系统要素之间存在着纷繁复杂的联系，这种联系就是一种运动。系统要完成功能输出，需要内部要素相互作用、相互影响，形成一定的输出模式，这个过程本身是动态的。另一方面培育工匠精神教育系统要素与环境的相互作用是一种运动。由于现实生活中封闭系统是相对的，开放系统则是多数，因此，系统与环境之间会存在信息、能量或者物质的交换活动，这个相互作用过程也是动态的。培育工匠精神教育系统功能的动态性主要表现为：培育工匠精神教育系统的功能是时间的函数，是随系统要素状态的变化、环境状态的变化、各要素之间联系以及要素与环境间联系的变化而变化。

开放性是系统方法的第四个特点。所谓系统开放性是指在非理想状态下，不存在一个与外部环境完全没有物质、能量、信息交换的系统，即所有的系统都是开放性的。

环境适应性是系统方法的第五个特点。在系统的环境适应性理念的指导下，教育工作者进行培育工匠精神教育决策时要清醒地认识系统本身的局限性，设计出有利于学生素质提升的工作方案。

四、工匠精神培育的遵循步骤

在培育工匠精神教育过程中，运用系统方法应遵循以下几个基本步骤。

（一）确立目标，搜集信息

目标是运用系统方法所要达到的目的，根据具体情况，目标可以是明确的、定量的，也可以是粗略的、定性的。确定目标既要从单项目标入手，注重单项目标的可行性和最优化，又要将各单项目标放在总目标的现象中进行考察，把落脚点立在整体系统的目标上。为了达到系统方法追求的目标，还要按确定的目标搜集信息。收集信息主要包括三项内容：一是进行实地调查，直接掌握情况；二是广泛收集材料，并按目标要求对有关情况进行筛选；三是对筛选过的情况做单项分析，包括定性和定量分析，得出一些性能指标和参数。这些指标和参数，或称信息数据，是系统分析的基本根据。

（二）建立模型，拟制方案

这是系统方法的主要部分。建立模型，就是将搜集得来的有关信息因素按一定关系结构组合成一定的模型，用以反映系统活动所要耗费的人力、物力、时间和系统诸因素在系统活动中的作用方式。

模型建立后，再以系统活动的各种效益为指标进行综合性比较、评价，然后选择拟订最佳方案。系统模型可能是定性的，也可能是定量的，也可能是定性与定量结合的。

（三）对方案进行评估检验

建立模型拟制方案之后，还要对方案进行检验评估，分析方案的可靠程度或风险程度。这是因为任何事物都受到随机性干扰，随机干扰是人们在现有知识水平上尚无法认识的或无法确定的事件。例如自由垂直下落的物体在 t 秒之内所经过的距离 $S = 1/2gt^2$（g 为重力加速度），本来是确定性模型。但下落物体要受到空气阻力，而且还有随机性的气候（风）干扰，由运动方程计算的下落距离，只能有百分之几十的可靠程度。这就是要求对方案必须进行评估检验，以确定方案的把握度和风险度（两者之和为100%）。如果超过了风险标准，就修改目标，重订方案，直到实现最优方案。

现代社会活动规模大、因素多、关系复杂，如果照抄过去那种条块分割、分兵进击的传统方法进行教育工作，势必造成人力、物力、财力和时间上的巨大浪费。

系统方法改变教育主体的思想方法，给整个教育方法论带来深刻的革命性变化。系统方法可以使教育工作者对培育工匠精神教育的研究方式从以个体为中心过渡到以系统为中心，从单值的过渡到多值的，从线性的过渡到非线性的，从单测度的过渡到多测度的，从主要研究横面关系过渡到综合研究纵横面关系。这些变化，不仅改变了培育工匠精神教育的图景，改变了教育工作的知识体系，同时也引起了培育工匠精神教育主体世界观和方法论的深刻质变。

五、数学方法

数学本身不是目的，而是一种工具和手段，这在应用数学表现得特别具体而清楚。因为应用数学就是为设计解决各种具体教学课题而产生的数学工具，是给某一具体课题提供适当而有效的数学方法。

数学方法有以下几个主要特点：

第一，抽象性。现实对象是复杂具体的，每一事物无一不是质和量的有机体。只有经过抽象加工，才能便于人类进一步把握。

第二，精确性。数学具有逻辑的严密性和结论的确定性。数学推导是严格按照一定的规则进行的，只要前提正确，那么，由数学的内在逻辑所推出的结果本身就具有毋庸置疑的确定性。爱因斯坦说："还有另一个理由，那就是数学给予精密自然科学以某些程度的可靠性，没有数学，这些科学就达不到这种可靠性。"运用数学方法，对客观事物中各种质的量以及量的关系、量的变化进行推导和演算，使现象及其过程能够得到精确的定量描述。所以，数学方法也是决策最优化的可靠工具，利用数学模型对几种可能的方案进行推导和演算，就能从数量上进行精确的比较，帮助人们选择最优的方案。

第三，普遍性。数学对象的普遍性决定了数学方法的普遍性。数量及其关系是各种事物所具有的共同特征。任何事物既存在质的方面，又存在量的方面，没有质的事物固然不存在，没有量的事物也不存在。既然任何事物都是质和量的统一，那么从可能性来说，任何领域都可以应用数学和数学分析，培育工匠精神工作自然也不例外。

数学作为数量结构科学，数学方法的普遍性还反映了异质同构现象的存在。就是说，不同质的事物和系统可以存在着同样的数量关系，而同样的数量关系，又可以反映不同的物质存在形态和不同的物质运动过程。

数学方法可以应用于各门科学，这是就原则和理论来说的，要把这种原则和理论上的可能性变为现实，需要人类不断的探索。科学和社会发展的历史表明，进行质的定性分析，相对来说比较容易，而进行定量分析就比较困难。近代科学产生以后数学方法首先在力学和物理学中得到了广泛的应用，而后是化学。目前，数学方法在社会科学某些领域中也开始得到了应用，比如运筹学（优选法、统筹学、规划论、对策论等），在一些社会科学（特别是经济学）中正在显示出它的作用。

随着现代科学的不断进步，数学方法也开始应用于教育工作中。在数学方法的参与下，部分培育工匠精神工作就可以是用数学模式程序来表示计划、组织、控制、决策等合乎逻辑的程序，求出最优的答案，从而达到目标。

此外，计算机还为数学方法应用于教育工作开辟了新天地。它不仅可以协助教育工作者对培育工匠精神教育活动的全过程进行宏观的调控，提高教育跨度，而且适应高速发展的现代社会的需要而使培育工匠精神决策工作高速化、精确化。当然，随着教育工作的发展，人们对培育工匠精神教育各个层次的认识越来越深入，反映到教育的认识手段和方法上，就比以往任何时候更加需要多种方法协同发展。

六、预测方法

所谓预测是指对于客观事物未来发展状况进行分析、估计、设想和推断。预测并不神秘，事实上，人们时时处处都在做出预测判断，例如出门需注意天气的变化、预定乘车路线等。总之，要实施一个有目的的行动，都必然会有一个对未来的考虑过程，这个过程就包含有预测。日常生活中的预测，一般比较简单，较易执行。但对培育工匠精神教育活动来说，预测的内容就复杂多了。

科学的预测，应通过对客观事物的历史和现状进行科学分析和调查研究，由过去和现在推测未来，由已知推测未知，从而揭示和预见事物未来的发展趋势和变化规律。科学的预测不是随意猜测，而是在正确理论的指导下，对客观事物进行深入分析，并运用现代先进的预测技术，做出系统的研究。

（一）专家评估法

即组织有关领域的专家运用专业方面的经验和理论，研究预测对象的性质，对过去和现在发生的问题进行综合分析，借以对教育工作未来的发展远景做出判断。专家评估法主要包括个人判断、专家会议和德尔菲法（即专家意见法）等。个人判断一般指专家权威凭个人经验和知识才能做出预测。专家会议即依靠专家集体智慧做出预测。德尔菲法是由美国兰德公司首先采用的一种方法，又称专家调查法，这是采用书面的形式征询各个专家的意见、背靠背地反复多次汇总与征询意见，最后得出一个比较一致的预测意见。

（二） 预兆预测法

这是通过调查研究前兆现象推断后继现象的一种预测方法，它是因果联系最敏捷的发现形式。预兆预测法的关键，是准确掌握后继现象与前兆现象之间的种种联系，特别要注意两者的内在联系，排除偶然性。有时只知道两者相随发生，并不知道其内在联系，这种预测便是不可靠的。只有密切注意两种现象相随的再现率，并通过思考以发现二者之间的本质联系，才能确定引起后继现象的前兆现象，从而对将来的发展方向做出正确的判断和评估。

（三） 回归分析法

即研究引起未来状态变化的各种客观因素的相互作用，找出各种客观因素与未来状态之间的统计关系的方法。这是多种依据事物间的因果性原理，用数学工具建立的预测方法。在随机事件中，某些变量之间存在着一定的依赖关系，一个变量的变化引起另一个变量的变化。当人们能够准确发现这些变量之间的数量类系时，就表现为函数关系，难以准确确定其数量关系时，就只能通过对大量数据的分析，找到某种相关性关系。为了定量地把握事物的因果规律，需要通过回归分析的中介，使相关关系转化为函数关系。回归分析，就是根据大量统计数据来近似地确定变量间的函数关系，即定量确定相关因素间的规律的方法，它可以用来预测未来。

（四） 类推法

类推法至少是在两个事物中进行的，一个作为模型出现，另一个作为被预测事物出现，前者称为类推模型，后者称为类推物。类推法的本质是把类推物与类推模型进行逐项比较，如果发现两事物间的基本特征相似，并且有相同的矛盾性质，就可用类推模型来预测类推物。

预测的程序一般有这样几个步骤：

第一步，确定预测目标和任务。预测目标指预测所要达到的目标，实际上就是确定未来事物质的规定性和量的规定性，或者是二者的统一。

第二步，输入预测资料。预测所需的资料有纵向的资料，也有横向的资料。对于已占有的资料要进行周密的分析；对不够正确的要做适当的调整，不够完整的要填缺补齐。

第三步，预测处理推断。预测处理推断，是指根据预测资料，运用一定的逻辑推理方法，对事物未来发展趋势进行预计和判断。这是预测的关键环节。

第四步，输出预测结果。它包括鉴定预测结果和修正预测结果两个内容。预测毕竟是对未来事件的设想和推断，由于受资料不足、方法不当及人们认识的局限性等因素的影响，故而容易产生预测误差。误差越大，可靠性就越小。因此必须对预测结果进行鉴定，并对误差大小做出估计。分析误差的目的，在于观察预测结果与实际情况偏离的程度，并找出发生偏离的原因。输出结果预测是预测工作流程中最后的一个步骤，它既是通过修正预测结果，使之更符合客观实际情况的过程，又是检查预测系统工作情况的过程。

科学预测方法在培育工匠精神工作中，具有关键性的作用。从决策程序来看，不论是确定决策目标阶段还是优选决策和追踪决策阶段，都是离不开预测的。看不准未来的发展趋势，就不能确定决策目标；没有预测作为依据，决策就是冒险的、不可靠的；如果没有预测的可靠根据，就有可能造成再次失误。

提高预测水平是提高教育工作者应变能力的重要一环，随着科学技术的迅猛发展，特别是现代化通信工具、信息技术、计算机的应用，使教育工作者面对一个瞬息万变的世界，对各种不同的事物开展预测，提高应变能力，对于各种不同的可能性，做出不同的预测判断。加强预测也是提高工作效率和经济效益的迫切需要。

第三节　工匠精神融入高校应用型人才培养的对策

工匠精神培养工作目标就是在教给学生专业知识的同时，培养学生的实践能力，提高其综合能力。笔者认为完成这个任务的关键是建立有特色的工匠精神培养体系。笔者认为，开发一体化体系是构建学生工匠精神培养体系的有效途径之一。

一、构建一体化课程促进工匠精神培养工作

所谓一体化课程，就是将当代大学生所需要的专业知识和能力，作为一个系统去考量，而后设计一个前后关联紧密的课程体系。目前，工匠精神培养还基本上是以讲座、公共选修课形式实现的活动，因此，结合工匠精神培养工作，实施教学内容整合，把相对松散的讲座和公共选修课整合起来，开发一体化课程工作是切实可行的。

开发工匠精神培养一体化课程时应当关注如下三方面问题：

首先，在工匠精神培养一体化课程过程中，要对与学生实践能力培养密切相关而专业课程又很少涉及的观察能力、想象能力、联想能力加强训练，培养学生的逆向思维、发散思维；提高学生的思维灵活性；营造有利于激发学生潜能的心理环境，促进大学生利用类比，举一反三，拓展思路，同时提高学生思维的系统性，从而全面提高大学生的综合素质和能力。

其次，开发工匠精神培养一体化课程的目标，是使学生可以树立正确的理想，善于独立思考，拥有自己独到的、有创新性的观点，并能够轻松表达思想，为未来的工作服务。因此，教育目标应定位在培养学生的应用能力上。教师应重点培养和激发学生的学习兴趣，进而，帮助不同基础的学生发现自身不足，并从方向上和方法上引导大学生去查资料，补充其参与科普活动所欠缺的知识。然后，还应鼓励大学生积极参与活动，大胆地展示自己的才华和学习成果。

再次，在教学中激发学生参与意识是促进学生能力逐步提升的关键。兴趣是最好的老师，教师在教学过程中首先要培养大学生参与活动的兴趣。因此，教师应该以一个组织者和学生朋友的身份进入教学环节，减少学生的压力，鼓励学生大胆发表个人观点。不仅如此，教师还应该运用多种教学手段和方法（如多媒体教学、案例教学、头脑风暴法等）尽可能多地为学生创造实践、展示的机会，鼓励学生大胆地设想、实践。

如何能在教学中更好地保证学生学习到与未来生产实践所需的相关知识和能力，建立工匠精神培养一体化课程计划是关键，也是实现工匠精神培养工作从"是什么"向"怎么做转化"的有效途径。工匠精神培养一体化课程是培养当代大学生生产实践所需的能力的系统方法。一般来说，工匠精神培养一体化课程计划应当具有以下重要特征：首先，工匠精神培养一体化课程计划是围绕当代大学生生产实践所需的能力知识体系进行组织的，但需要重新调整教学计划，促使生产实践所需的人才培养目标要求的各种能力之间有机联系和相互支持，而不是各自分离和独立。其次，工匠精神培养一体化课程计划将学生未来参与生产实践活动时涉及的各种能力进行有机结合，使其形成相互支持的课程体系，减少专业学科知识与实践能力培养之间可能出现的矛盾。最后，在工匠精神培养一体化课程计划中每个选修课或讲座都应当明确规定关于当代社会生产实践所需的人才能力的学习效果，以便为学生将来自我学习打下良好的基础。工匠精神培养一体化课程计划形成了一个总体效果大于各部分相加的教育系统。这个教育系统由相互联系的各种元素的协调构造而成，每一元素都有各自明确的功能，所有的元素共同作用以确保学生达到专业所设定的预期学习效果。

工匠精神培养一体化课程计划是通过与本科必修课教学基础相结合，培养大学生实践能力和工匠精神的系统性方法。当所学课程的有关内容和学习效果之间具有明确的联系时，实践能力和工匠精神应是可以相互支撑的。一个明确的计划使教育者可以将当代大学生实践能力和工匠精神培养工作进行整合。

构建工匠精神培养一体化课程计划有实践上和教学上两方面的原因。实际上，我们只能重新分配可用的时间和资源。在传统本科课程计划中，很难增加工匠精神培养的内容或时间，特别是当预期学习效果超出学科核心内容时，学生每学期不仅需要完成平均的课程任务，而且教学计划难以拓展学生的经验。因此，在构建工匠精神培养一体化课程计划时，必须能够使能力和学科知识得到同时发展。

工匠精神培养教师要能够在提高学生学习效果方面扮演重要的角色。如果教师确信围绕工匠精神培养工作进行的能力培养是重要的，他们就会在课程中将这些能力和工匠精神培养的教学目标结合起来。此时，当他们示范这些能力时，学生就可以在课程结束后的实践活动中培养这些能力。

关键是教师要向学生说明工匠精神培养在未来生产实践中的重要性和合理性。工匠精神培养一体化课程应具备以下特征：首先，专业学习效果会系统地渗透到教育每个环节的学习效果中。其次，教育系统的各个环节规定了它们如何相互支持学科基础知识的学习，并具体说明了如何使个人实践能力达到预期的水平。最后，工匠精神培养一体化课程计划的设计是一个由全体参与工匠精神培养的教师认可并认真实施的一个明确的计划。这一点对实践能力和工匠精神培养一体化课程计划的成功执行至关重要。因为教育是由整个教学领导层所主导，并且由具体教师去执行的。因此，全体参与工匠精神培养的教师达成一致非常重要。

在对工匠精神培养一体化课程计划进行设计时，有一点很重要，就是要意识到每个教师对某一实践能力作为工匠精神培养一体化课程计划一部分的作用和地位可能会有不同的理解。有些教师认为这些能力是次要的，应该和教学内容分开，所以他们可能不愿意将这些能力整合到他们的教学计划中去。

对能力和学科内容在认识上的关系将影响教师对工匠精神培养一体化课程计划设计的看法。当教师对基本能力的目的和地位有不同看法时，就需要通过对工匠精神培养一体化课程计划中的分歧进行讨论并提出建议的方式来实现。这些讨论有利于在工匠精神培养一体化课程设计的准备阶段便知道如何将当代大学生工匠精神培养工作目标与教学知识进行有机的结合。因此，要努力实现教师从关注与教学计划无关或相关类别的判断转变为重视能力和学科知识的相互作用上来。

二、工匠精神培养一体化课程中的教、学环节分析

要实现工匠精神培养工作目标，教、学、评估是实现教学目标的三大因素。因此，怎样对学生开展学习效果评估，如何处理好教与学的关系，是建设工匠精神培养一体化课程必须面对的两个关键问题。

实践能力和工匠精神培养一体化课程教学目标是使在学生学习学科知识的同时，学习并实践与未来生产实践活动相关的综合能力。前文已经分析了把能力融合到实践能力和工匠精神培养一体化课程中的重要性。教学工作经验是工匠精神培养一体化课程教学的重要

基础，结合以往经验形成的案例进行课程教学是实现讲座计划中所设定的教育目标的基础。这些方法的主要特点有：一体化学习计划要求有明确的关于大学生综合实践能力培养的预期学习效果。一体化学习将工匠精神培养教师置于学生学习理论知识和培养实践能力的中心，并强调这两方面教育的价值和联系。经验学习使大学生置身于教育者将要面对的环境中。主动学习使学生能够实际参与模拟活动，这不仅可以应用于经验学习，而且可以应用于传统的学科课程和大班课程设置当中。教学实验表明，使用这些学习方法，学生更有可能达到预期的学习效果，而且对所受到的教育更加满意。因此，笔者认为，要实现工匠精神培养一体化课程教学目标需要关注学生对教与学的认识、一体化学习、提高一体化学习的方法和资源、主动学习和经验学习四个方面的问题。下面将从学生对教与学的认识出发，逐步展开对工匠精神培养一体化课程教学相关问题的分析。

（一）学生对教与学的认识

要实施工匠精神培养一体化课程教学，就要求广泛使用教学、学习和评估的方法。在开展教学之初，重要的一点就是要了解学生对现有学习方法的认识。针对这个问题，笔者开展针对大学生的访谈，收集学生对教与学的看法，努力发现学生在知识学习中的共性问题。根据对调研结果的分析，笔者发现，许多学生的建议都与他们的学习评估和学习期望有关。实际上，学习和评估是相辅相成的。

在这个调查中，许多学生表示出对理论知识的用处和实用性的关注。学生常常会觉得在以往的专业课程学习中常常需要为考试去记忆理论，但并不知道理论知识与专业实践和解决问题之间的联系。当然，这种观点与教师对理论的理解完全相反，教师认为，这些理论是认识周围世界和解决问题的基础。

下面是依据学生面谈结果所总结的典型看法：老师关心学生是否已经学过这些理论。学生经常为考试而学习理论，然后就忘了。这是一种死记硬背的学习方法，学生并不清楚这些理论为什么是这样的，以及怎样去应用这些理论。学生应该更加重视应用，目的是掌握知识的所有内涵。但觉得自己有时不懂得如何应用所学的知识。学生想在学习理论之前去了解实际作用，因为这会激发自己对学习理论的兴趣。为了适应课程提出的要求（为考试而死记硬背的理念学习），导致学生对学习内容理解肤浅，缺少长期学习的积极性，学习动力差。这表明许多学生采用了肤浅的学习方法，其学习目的只是重复知识而应付考试。正如学生自己已经意识到的，从肤浅学习中得到的知识结构是混乱的，而且容易遗忘。反之，通过深入学习的方法，学生的目的之一是理解学习内容。结果，学生所学的知识结构清晰，并能长期记忆。

因此，在设计学生学习活动的时候，必须区分学习和深入学习两种情况。

对大多数学生而言，学习和理解理论的动力就是应用理论并与实践相结合。通过工匠精神培养工作创造实践学习机会，能激发大学生更大的积极性，并使大学生认识到所受的教育是有用的。学习积极性的提高使他们对所学的知识和能力更有信心。其结果就会使学生觉得有能力胜任未来生产实践中需要承担的角色。

（二）一体化学习

一体化学习是实现工匠精神培养一体化课程教学目标的一个主要手段。让学生在尽可能接近实际环境中学习理论知识和培养实践能力的同时，培养个人教育能力。根据一体化的学习经验，教师要更有效地帮助学生把知识应用到未来生产实践活动中。一体化学习可以带动大学生对理论知识和实践技能的学习，使学生的学习时间得到双重利用。工匠精神培养一体化课程强调把能力学习效果融合到工匠精神培养计划中的系统性计划，关注生产实践的实现问题。一体化学习意味着学生在学习理论知识的同时，还要提高应用能力。双重目标的学习活动作为一种学习能力的手段，加深了学生对理论知识的理解。在一体化课程教学中，学生掌握了生产实践所需的一般能力，使他们有信心在其专业领域中表现自己的实力。工匠精神培养工作期望学生能够描述或表达意见，能对教育活动中的设想和解决方案表示支持或反对，并能通过协作策划形成对策。显然，这些能力与学生对所学知识的表达和应用密不可分。因此，应该对学习活动和学习评估进行调整，以强调与学科知识和能力有关的学习效果。学习和评估的交流在实际环境中更加有效，即在实践的模拟情况下更有效。

为使学习时间得到双重利用，学习活动和学习评估必须采用新的方法，必须特别注意把能力学习效果融合到一门课程中，但这并不意味着要把大量新的理论内容加入到已有许多内容的课程中。例如，在培养学生作为教育者所需的表达能力时，不能把表达教学能力看成是语言学、心理学、哲学等学科理论知识体系的一个新目录，而应当列出一个现代教育者需要掌握的重要的表达知识，这些知识包括多种能力，可以通过系统的教学和实践而获得。团队协作能力和交流能力等许多能力需要都可以在一体化课程中讲授和评估。在课程的设计过程中，决策者要着眼于将大学生个人能力提升安排在已经排好序的课程中，并逐步形成对一体化教与学活动进行策划的基本框架。

（三）提高一体化学习的方法和资源

实现工匠精神培养一体化课程教学目标要从确定工匠精神培养工作目标开始，通过指定的预期学习效果来完成。在教学计划的设计过程中，要尽可能保证工匠精神培养工作的目标效果在一体化课程中基本得到正确的反映。然而，学习效果的改进和详细的设计却是每一个课程的任务。在课程学习效果中明确地指定能力，有助于确保这些能力的教学和评估，否则当教师对课程的目标存在异议时就会产生冲突。

通过对预期学习效果进行明确定义并形成一致意见，为工匠精神培养工作提供了一条解决问题和避免产生不必要冲突的途径。预期学习效果描述学生在参与课程学习之后能做什么。这些学习效果应与可观察到的表现相一致，即能够通过学生的表现和教师的判断去确定这些效果是否达到。预期学习效果还指出学生必须达到的理解水平和能力水平。比较通用的教育目标分类法列出了六种知识和能力掌握水平：了解、理解、应用、分析、综合以及评价。

许多学习效果最初是通过应用与实践表现学生的知识、能力和态度的。尤其是在综合实践能力训练过程，仅有理论知识是不够的，应该有意识地策划和教给学生生产实践能力方面的学习效果。例如，安排学生辅助教育团队工作并不意味着他们就能自动地学习到教育团队活动中所需的表达能力。因此，必须让学生明确理解许多问题，如怎样形成一个团队、怎样在团队中计划和分配工作、怎样解决团队内部的冲突等问题。当学生有机会进行实践、对其经验进行反思以及将理论概念在实践中予以应用时，就会获得卓有成效的学习效果。为了重新设计包含主动学习和经验学习的内容，要为教师提供机会以提高他们的教学和评估能力。更多地使用新的教学和评估方法，需要付出很大的努力。主动学习和经验学习的策划需要时间、资源和来自学生和评估专家的支持。要实现这一目标，就应当努力用实践教学环节打破长期以来在教学过程中已经形成的根深蒂固的传统授课方式，这样学生的视野才会更加开阔。

（四）主动学习和经验学习

所谓主动学习是基于主动经验学习方法的教与学。主动学习方法使学生直接参与思考和解决未来生产实践中可能面对的问题。它很少让学生被动接受信息，更强调学生参与操作、应用、分析和评价其想法。让学生思考概念，特别是思考新的想法，并要求他们做出某些明确的反应。学生不但能学到更多的东西，而且明白自己学到了什么和怎样学习。这个过程有助于学生提高学习理论知识和掌握实践能力的动力，从而达到预期的学习效果，同时形成终身学习的习惯。主动学习提供了一种深化学习的方法。深化学习的方法意味着学生要去理解概念，这与考试中简单地重复记忆是完全相反的。主动学习和经验学习方法直接影响学生的学习方式。当学生在学习过程中扮演主动角色时，他们会学得更好，因为他们更愿意采用深化的学习方法。学生主动参加他们的学习，能使学过的知识和新的概念之间更好地联系起来。经验学习是让学生模拟专业角色和专业实践的环境中进行教学活动。经验学习方法包括基于具体表达活动的学习、仿真、案例分析和模拟实现经验，这些方法是建立在学生如何学习和提高认知能力的教育理论的基础上的。

工匠精神培养一体化课程和实践活动是基于经验学习实现的。在工匠精神培养一体化实践活动中，经验学习的循环是在不同的时间点开始的。因为学生都有共同的经验基础，所以，结合主动学习方法的授课课程要从思考观察出发去激励学习。课程也可以从抽象概括开始，并对主动实践进行总结，例如通过模拟实践活动的游戏来实现。学生参加类似于实际生产实践活动的任务，思考从这些经验中学到的东西，总结他们的学习，提高对观点和原理的概括能力，并通过主动实践方法和其他问题的应用检验这些新想法，把经验学习贯穿于综合能力训练计划中，为加强知识的理解提供了机会。

角色扮演学习是安排学生扮演专业活动具体角色的活动。角色扮演通常有具体的规则、指导原则和结构上的角色及关系等。在角色扮演环节中，课外活动指导教师的任务是解释规则和条件，告知学生要充当的角色，监控角色扮演使其完整执行，以及引导学生思考他们的模拟表达实践效果，并得出结论。在教学的环境中，教师应当在课程中把两个或更多的主动学习和经验学习方法结合起来，这样才能更好地实现教学目标。

第四节　工匠精神融入高校应用型人才培养的课程设计

一、培育工匠精神一体化课程的总体设计

现代社会的发展对各行各业工作人员的素质要求越来越高，社会主义经济建设需要的人才，是理想、道德、知识、智力与技能以及体质、心理素质等诸多因素全面发展、相互协调的人才。人才素质的构成是全方位的，它包括人的知识储备、职业素养、表达能力等。

传统的观点认为：人才按其知识和能力结构的类型可以分为学术型（科学型、理论型）、工程型（设计型、规划型、决策型）、技术型（工艺型、执行型、中间型）和技能型（操作型）。工业文明要求大批训练有素的劳动者，这就要求学校按一个统一的模式把成批学生制造成规格化的"标准件"去满足工业文明的需要。现代社会对人才需求是全方位的，对人才的素质要求也是全方位的。因此，人才需求的类型与传统的类型有着较大的区别，即便是普通劳动者也不是简单操作型人才。工匠的定位是技能型，但又部分接近技术型人才，在掌握工作必需的本专业基础理论知识和具备扎实专业应用技能之外，未来工匠的非专业素质成为衡量人能力的关键。

适应现代社会的工匠的非专业能力主要有思维能力、表达能力（包括书面表达能力和

口头表达能力）和解决问题能力。在此基础之上加上良好的心态就形成了现代人才非专业能力体系（如图5-1所示）。简而言之，非专业能力的核心就是以良好的心态创造性解决问题的能力。

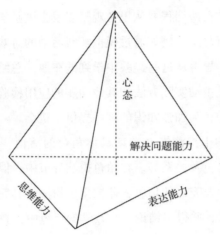

图5-1　现代人非专业能力体系结构

工匠精神培养一体化课程是相对独立于原有课程体系的，课程要贯穿学生学习的始终，又要结合紧密。从图5-1结构中，我们不难发现要提高大学生素质，尤其是非专业素质，就要首先培育大学生职业能力和工匠精神，并形成良好的心态。同时，开展思维能力、表达能力、解决非专业问题所需的实践能力的培养。基于此，笔者以三学期教学为模型，在原有教学内容基础上设计补充课程体系如下：第一学期，结合即将到来的顶岗实习环节，开设职业道德和工匠精神养成课程，讲授工匠必须具备的职业道德、中国工匠发展历史，并结合具体案例解读工匠精神，为学生在未来顶岗实习中践行工匠精神提供理念参考。同时，抓住学习方法、学习习惯转换的时机，依托大学生新生入学新鲜感，开设创造创新思维与实践课程，讲授工匠未来工作所需的思维方法、技术革新活动所需的技法、培养问题意识和系统思考意识，为未来参与创新实践打下基础。第二学期，抓住即将开始的大学生暑假社会实践活动，开设社会实践教育课程，讲授社会实践的意义和价值、社会实践方案设计、社会实践活动中需要掌握的调研方法以及社会实践成果的写作技巧。第三学期，以工匠未来工作所需的表达能力为重点，开设表达能力课程，讲授写作基本技能、工匠参加工作后涉及的各类文体的写作规范与技巧，同时介绍提高学生口才的方法和具体训练手段。

培育工匠精神是一个循序渐进的过程，要想培养符合市场经济需求的工匠就要打破专业界限，构筑新型平台是建立一体化课程体系的基础。上述四门课构成了工匠精神培养一体化课程。在教学中，要做好教学内容的衔接，把上述四门课形成一个帮助学生逐步理解并践行工匠精神的系统，要注意如下方面的问题。

（一）以职业道德和工匠精神养成课程激发学生兴趣是培育工匠精神教育的核心

以职业道德和工匠精神养成课程为载体的未来工匠心态教育是保证方向的标志物，也是培育工匠精神教育的核心。在这一过程中，应当引导学生热爱工匠岗位，激发学生兴趣，使一体化课程成为受学生欢迎的课程。

兴趣是最好的老师。教师在教学过程中首先要培养学生的兴趣，为未来的教学打下基础。在具体的教学工作中，教师首先应该以一个组织者和学生朋友的身份进入课堂，减少学生的压力，鼓励学生大胆发表个人观点。其次，教师应该运用多种教学手段和方法（如多媒体教学、案例教学、头脑风暴法等）尽可能多地为学生创造表达的机会，鼓励学生大胆地说、大胆地讲。在此基础上，教师应该及时发现典型和个别问题，在课堂教学和课外答疑时进行分析、指导，以促进不同基础的学生在原有基础上迅速提高。这样，教师就可以抓住影响教学质量的关键环节，实现提高教学质量的目标。同时，教师可以把作业转化为课上练习的延续。要求学生课下自己设计作业题目，自己策划实施方案，自己记录实施过程，必须让学生把成果总结后在课上进行发言，教师进行点评。在此基础上，学生可以根据教师点评并结合自身体会，修改发言稿并写出心得体会。这样，就能让学生眼、手、脑并用，看、想、写结合，达到消化、深化、优化、理解的教学目的。使学生以教师引导为出发点，由"粗"到"精"，获得独立分辨、逐步掌握、优化信息的方法，提高学生通过自学选择信息、表达思想和总结问题的能力。教师将课程结束后的考试改为口试，这样就可以用考核督促学生积极参与练习，使学生既关注如何使自己的奇思妙想变成现实，又能够获得顺畅表达自己观点的机会，进一步提高教学效果。

（二）创造创新思维与实践能力课程是培育工匠精神的基石

具备创造创新能力的工匠应该具有很强的自主意识，又有良好的合作精神。不仅如此，还应该同时具有继承性思维、批判性思维和创造性思维。任何创造创新过程都需要这三类思维的整合。教师应该在注重传统教育的共性发展、社会本位基础上，注重个性发展、个人本位，注重传统教育手段和现代教育手段结合：把传统教育注重知识，学生勤奋、踏实、谦虚与现代教育注重智力开发、综合能力培养，学生兴趣广、视野宽、胆子大、敢冒险结合起来；把传统教育强调知识的严密、完整、系统，与现代教育注重掌握知识的内在精神和发展方向结合起来；把传统教育强调学生基础知识扎实，与现代教育强调学生自立、开拓结合起来；把传统教育强调求实的作风，与现代教育追求浪漫的风格结合起来；把传统教育"学多悟少"，与现代教育"学少悟多"结合起来。上述观念是培养大学生创新精神的核心，也是培养具有创新能力的高水平工匠的关键。（如图 5-2）

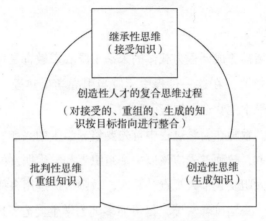

图 5-2　创造过程的复合思维结构

在创造创新思维与实践能力课程教学的过程中，重点训练学生的观察能力、想象能力、联想能力、设计能力，培养学生的逆向思维、发散思维，提高学生的思维灵活性。创造有利于激发学生潜能的心理环境，促进学生利用类比、举一反三、开拓思路，同时提高学生思维的系统性，从而全面提高学生创造性解决问题的能力。

（三）实用写作和口头表达方式训练为主要内容的课程是提升未来工匠表达能力的台阶

首先，坚持以培养学生应用能力为主要目标是学生能力逐步提升的基础。大学生表达能力训练的目标是使学生可以轻松表达思想，尤其是表达自己独到的、有创新性的观点。因此，教学目标应定位在培养学生应用能力上。

教师应培养和激发学生的学习兴趣。同时帮助不同基础的学生发现自身不足，并从方向上和方法上引导学生课后去查资料补充所欠缺的知识。在此基础上，教师应鼓励学生积极参与练习，大胆地展示自己的才华和学习成果。

其次，强化学生在教学过程中的主体地位是通过课程教学提升未来工匠表达能力的关键。教学是一种以语言为载体、以知识为内涵的实时性信息传递活动。传统的观点一般认为教学过程的主体是教师，基于这种观点人们就会认为提高教学质量完全是教师的事。事实上，教学是由"教"与"学"两个部分组成的。教学的目的是向学生传递信息、讲授知识、提高学生能力，因此学生应该是也必须是教学的主体。只有坚持学生教学过程中的主体地位，才会使学生真正成为教学的中心。坚持以学生为教学中心，就会使一切教学工作都围绕提高学生能力和综合素质这一中心进行。这一规律，在以学生表达能力培养为中心任务的课程中体现得更加明显。坚持学生在教学过程中的主体地位，并不是削弱教师在教学环节中的地位和作用。教师在教学过程中要起到主导作用，所谓主导作用就是教师要在教学过程中引导教学主体——学生进行主动学习。在教师的引导下，学生的学习潜能会得到充分发挥，教学质量也会进一步提高。

再次，适度的"班型"是通过课程教学提升未来工匠表达能力的保障。

听课学生人数的多少，是影响教学效果的重要因素。因此，适度的班型是实现预期教学效果的保障。班型过大，势必影响教学效果；班型过小，则会造成教学资源浪费。普及知识类课程班型应该大一些，培养技能类课程班型应该小一些。表达方式训练课兼有上述两个特点，实用写作可以像创造创新思维与实践、社会实践等课程一样班型大一些。口才训练课班型应该适中，最好以30名左右学生为宜。同时，在不同的教学环节（如多媒体教学、案例教学等）中，可以将班型适度放大或缩小。

（四）社会实践课程是帮助未来工匠参加社会实践接触社会的辅助工具

所谓大学生社会实践，就是大学生按照学校培养目标的要求，有目的、有计划、有组织地参与社会政治、经济、文化生活的教育活动。社会实践活动泛指由共青团组织和学生党组织、教学部门倡导和负责的专业实习、实践以外的活动，主要形式包括如下几种：大学生暑期社会实践活动，科技、文化、卫生"三下乡"活动，"青年志愿者"活动，社会调查和考察，大学生课外科技活动及"挑战杯"全国大学生竞赛活动，专业实习和专业性社会实践，勤工助学活动，军训，挂职锻炼等。

大学生社会实践可以促进青年学生的健康成长，促进高等教育的改革和发展。作为大学生"受教育、长才干、做贡献"的重要形式，具备以下的特点：

首先，理论和实践双重性。大学生社会实践既有学校教育的属性，又有社会教育的属性，是联结学校教育和社会教育的重要纽带。它不仅仅是理论指导实践第一课堂的延伸，而且是大学生在实践中形成新的理性认识的基础。

其次，多功能综合协同性。大学生社会实践的教育目标或价值，既可以体现在认知发展、技能形成等业务能力提升方面，也可以体现在情感体验、品德与态度等树立正确的世界观、人生观、价值观方面。在某一实践活动中，既可以对学生主体进行德育，也可以进行智育、体育、美育、劳动技术教育和心理教育等多方面的教育内容，进而达到综合而不是单一的教育目标、任务。

大学生社会实践要求各专业教师之间、学校教师与家长及社会有关机构人员之间相互配合，家庭、学校、社会形成合力，协同完成任务。而且要求学生在充分发挥自己进行评价的同时，充分利用与合作伙伴相互交流、分享成果的机会，培养锻炼人际交往能力和团队合作的精神。

再次，自主参与性和开放性。大学生社会实践是大学生作为社会政治生活、经济生活、文化生活的一员广泛地参与到广阔的大自然改造和丰富的社会活动之中，亲自接触和感知各种人和事，通过了解社会从而增加对社会的生活积累，并获得对社会物质文化、精神文化和制度文化的认知、理解、体验和感悟。大学生社会实践的开放性包括活动内容的开放性——在大自然和人类社会的广阔天地中去学习和发展、活动时空与形式的开放性、活动评价的过程和活动开展的开放性等。

（五）稳定性和灵活性

随着高校社会实践的深入开展，在不断探索和总结经验的基础上，为保证该项活动能持久有效地开展，已逐步建立了一套行之有效的规章制度，并已建立了一批"大学生社会实践基地""实践活动定点社区"，为大学生社会实践持久、稳定地开展创造了有利的条件。在此基础上，高校有关部门开始不断尝试用新的运作方式来开展大学生社会实践，从经费筹集到具体形式都不断创新，使大学生社会实践活动不断向前发展。

为了更好利用社会实践培育工匠精神，就需要把社会实践课程当作帮助未来工匠参加社会实践接触社会的辅助工具。用社会实践工作中的所需确定教学目标和内容，反向指导社会实践课程教学。同时，把教学内容应用到指导社会实践工作中，用社会实践活动作为课程效果的检验。因此，判定课程效果的不是课程成绩而是社会实践效果，在条件允许的情况下，可以把社会实践活动效果作为高等职业院校学生社会实践课程成绩评定的依据。一般来说，为了更好地结合社会实践活动培育工匠精神，应当在贯彻"受教育、长才干、做贡献"的指导方针基础上，用如下原则指导社会实践活动开展：

第一，旗帜鲜明。"旗帜鲜明"就是指在大学生社会实践活动中要坚持以正确的政治方向为指导。大学生社会实践活动，作为社会主义高等学校教育不可缺少的组成部分，它必须以马列主义、毛泽东思想、邓小平理论、"三个代表"重要思想、科学发展观和习近平新时代中国特色社会主义思想为指导。坚持"受教育、长才干、做贡献"，以受教育为主的指导方针。

第二，周密策划。即在具体工作中要重点把握好三个环节：一是事先进行动员、联系，确定社会实践的内容和形式、参加人员、接待单位、经费来源等；二是活动开展过程中，带队教师、干部和学生骨干进行精心指导，帮助学生解决在活动过程中遇到的思想问题和实际问题，对于可能出现的消极因素进行引导；三是活动后，对活动成果进行总结、消化，对好的经验进行推广。

第三，因材施教。应当根据不同学科、不同年级、不同专业学生的思想特点和培育工匠精神的要求，有针对性地确定社会实践的思想教育主题和内容、形式，使学生能够通过参加社会实践更好地在思想政治方面受到教育。在具体的工作中要根据不同专业、不同年级学生的专业特点和专业水平，精心安排社会实践的内容。同时发挥专业课教师在社会实践中的指导作用。此外，要尽可能地把社会实践同专业实习结合起来。

第四，共赢发展。指社会实践不仅要使学校和学生受益，也要尽可能使活动接受单位受益。因此，在安排社会实践时，除了着重考虑对学生思想教育和专业教育的要求外，还应考虑地方和活动接受单位"两个文明"建设的需要，把社会实践同地方和活动接受单位"两个文明"建设的需要结合起来。努力把学校专业技术上的优势转换成活动接受单位的精神文明成果和现实生产力。

第五，量入而出。在活动策划阶段充分考虑经费、交通、活动接受单位接待能力等方面的限制，安排好大学生社会实践活动。尤其是在大学生暑假社会实践活动中要注意如下三点：第一点，多数学生应回到家乡就近开展社会实践；第二点，集中组织的社会实践队伍应当精干，选择的活动地点、活动内容应与活动目的相一致；第三点，学生在社会实践中，吃、住、行等应从简安排，不应过多增加接受单位的负担，削弱社会实践的效果。

二、改革考核

方法是培育工匠精神一体化课程教学活动顺利实施的保障。培育工匠精神一体化课程与传统课程区别很大，要使课程教学活动顺利实施，可以采取如下一些措施改革考核方法，提高教学效果。

（一）考核标准统一

与弹性的结合、考核手段多样化、考核方法改进过程民主化是考核方法改革的关键。任何思想都必须有一个核心与关键，考核方法的改革也不例外。任何教学活动最终都是通过评分评判得出成绩的，如何在评分过程中既体现评分标准的权威性和公正性，又做到保护学生的创造性思维成果？笔者认为，评分要相对统一又具有弹性。标准统一是为了评判结果的客观性和公正性，因为评分、评判标准是一个衡量尺度，如果没有一个统一的评分、评判标准就不能做出正确的评判。但是，如果在评分、评判标准上一刀切，势必扼杀学生的创造力和想象力。因此，在制定评分、评判标准的工作中要有弹性。具体地说，就是增加对于学生素质的主观评价。也就是说，在评分、评判标准中增加教师对学生创造力的主观评价的评分比例。这样做，可以使评分、评判标准达到主观和客观的结合，标准统一与弹性的结合。

显然，多次评分得出的综合结果比一次评分得出的单一结果可信度更高。多种考核方法对事物的评价更客观、更全面，多种考核方法的使用过程必然是不少于一次的考核。因此，多种考核方法产生的结果显然可信程度更高。

要争取教学质量一直保持在一种较高的水平上，就必须不断改进考核手段，使之更有利于教学。要做到这一点就必须敢于、善于接受对自己有益的思想，要做到这一点就要善于以民主的方式听取来自各方面的意见（包括学生和相反的意见）并认真分析，吸收有益于提高教学质量的部分。

（二）多次考核与多样化考核相结合

评定成绩是教学必不可少的环节，然而为"考试"而考试学生压力必然增大。久而生厌，变成了一种消极负担。因而有必要对考试进行改革的尝试。

采用期终考试来评定成绩，"一锤"定音，虽然可以收到促进全面复习、提高、巩固所学知识的效果，但是同时也会给学生造成一种消极的负担和恐惧心理。因而，可以在一体化课程教学工作中进行如下改革：

首先，根据该课程是考查课的实际情况，将期末考试分解为多次考核。

在每一单元结束后都进行一次考核。考核的方式是多样的：既可采用笔试，也可采用口试或单元总结报告等方式进行。通过考试，正确地掌握学生的学习情况，为有针对性地矫正错误提供依据。同时进行总结、讲评，及时矫正，促使学生思考，掌握前导知识，以促进以后的学习。

其次，结合答疑的质疑训练同样是考核的一种方式。通过答疑，特别是有计划地准备问题，可以全面了解学生的学习情况，特别是疑惑和难点。在帮助学生解疑的同时，也可以促进后续教学的改进。

在具体的考核评分过程中，可以采取具体的分数与五级评分制相结合；可以将成绩先以具体的分数（百分制）评定，然后转化成五级评分制（优、良、中、及格、不及格）。同时，可以对优秀学生试行答辩制，这样既可以提高成绩的可信性又可以锻炼优秀学生的口头表达能力。

（三）培养综合能力

作业作为教学检查的一种方式一直为教师所采用。然而，对作业抓得不紧和缺乏典型性也会使学生产生单纯的任务观点，滋生厌烦情绪和心理障碍，甚至进行抄袭，难以取得理想的效果。为此，可以将作业改成小论文、课题报告等形式，在包含所学知识的同时，有意识地在广度与深度上有所延伸，使学生在熟悉、运用所学知识的基础上，训练分析、概括与综合能力以及查阅资料与书面表达能力。在具体的操作过程中，可以采用先示范例文的方法，克服写论文的神秘感。而后由教师指定学习材料的范围，布置相应的小课题，并启发论文的思路和方法。同时。提出具体要求，保证论文质量。

最后，认真讲评并计入总分。这项考核的过程就是学生带着问题自学，并写出小论文的过程。这样就能让学生眼、手、脑并用，看、想、写结合。达到消化、深化、优化、理解的目的。可以使学生以教师引导为出发点，由"粗"到"精"，获得独立分辨、逐步掌握、优化信息的方法，提高学生在自学中选择信息的综合能力，领会工匠精神。

第六章 工匠精神融入高校应用型人才培养的质量保障

第一节 工匠精神融入高校应用型人才培养的师资队伍建设

研究论证工匠精神引领人才培养的师资队伍建设，就是要研究师资队伍的重要性、如何建设师资队伍以及师资队伍各组成部分在管理队伍中的培养与应用问题。各类高等院校要完成教学、科研任务，培养经济社会所需要的建设者与接班人的使命，其关键在于建设一流的师资队伍。师资队伍建设要根据学校发展的目标与思路，着眼于学科发展与学术梯队的建设需求，科学合理地引进人才；要通过精心培养，搭建工作平台，促使人才迅速成长；要创新聘任、激励与评价机制，科学合理地使用人才；要通过营造和谐、宽松的环境留住人才，建立素质一流、充满活力、相对稳定的师资队伍。教师队伍、教辅队伍、科研队伍和管理队伍构成了完整的师资队伍，师资队伍建设需要精益求精、严谨、耐心、专业和淡泊名利的工匠精神来引领。

一、工匠精神在教师队伍中的培养与应用

清华大学前校长梅贻琦先生说："所谓大学者，非谓有大楼之谓也，是有大师之谓也。"[①] 唐代的韩愈指出："师者，所以传道受业解惑也。"可见，高校教师队伍建设非常重要。

（一）科学引进人才，优化教师队伍的结构

1. 提高人才引进的层次，建设一流的学科带头人队伍

优秀的学科带头人能起到"带动一门学科，凝聚一支队伍，突破一个领域，开创一座

---

① 胡淑慧. 加强高校师资队伍建设的几点思考 [J]. 内蒙古师范大学学报（教育科学版），2007（12）：67-68.

高峰"的强大作用。高校应加大对高层次人才的引进力度，采取"引进来"与"走出去"相结合的方式，建立一支优秀的学科带头人队伍。

2. 降低人才引进的"本缘率"，促进学术的交流、碰撞与融合

高校教师招聘要按照"按需设岗，公开招聘，择优聘任"的原则，破除"因人设岗"的积习，力避"近亲繁殖"的陋习，杜绝"暗箱操作"的恶习。学校的教师岗位应面向全国公开招聘，控制新聘教师本缘率，加大新聘教师面向海外的宣传和公开招聘力度，改善新聘教师学缘结构，欢迎并鼓励具有博士学位的研究机构、事业单位、企业界和政界人士竞聘，促进学术的交流、碰撞、融合与繁荣。

3. 转换人才引进的模式，共享优质的文化教育资源

荀子在《劝学》中言："假舆马者，非利足也，而致千里。假舟楫者，非能水也，而绝江河。君子生非异也，善假于物也。"荀子关于学习的论述，同样也值得我们引进人才时借鉴。在人才引进上要转变人才引进的思路，树立"不求所有，只求所用"的人才引进观念；转换人才引进的模式，采取固定与流动相结合、刚性与柔性相结合的人才队伍引进与建设模式。要拓宽渠道，变换方式，不拘一格引进人才；建立研究生国内外合作导师队伍，建立国内外兼职本科生课程教师队伍，聘请国内外著名专家学者和高水平专业人才承担教学任务、开设讲座和开展教学合作研究，提高人才培养质量；逐步建设一支以全职教师为主体、专兼职相结合的高水平教学队伍，提升学校整体教学科研水平和社会影响力。

（二）精心培养人才，提升教师队伍的素质

目前国内高校教师，多数只有专业经历，没有师范学习的背景，未经过专业教师训练，常出现"搞教育，不懂教育"的窘状。为此，引进教师后必须进行精心培养，以使其深谙高校的教育教学规律与先进的教育教学理念，熟稔传统与现代的教育教学技术及手段，擅长组织课堂教学与进行学生管理，善于利用科研成果充实教学内容，积极进行教育教学研究与改革，不断创新教育教学方法与手段。具体可采用以下几个措施：第一，创办教师培训机构。可成立教师培训学校，根据教师成长规律，定期为青年教师举办公开课、示范课与诊断课；举办课件制作培训，提高教师多媒体与网络应用技术与水平；开展教育理念、教学原理与教学基本技能培训；开展教学研究与改革、科研能力培训，培养青年教师教学与科研相结合的意识和能力；举办双语教学讲课比赛，提高双语教学水平；举办青年教师教学技能比赛，提高教学综合能力。第二，构建教师培训体系，该体系应包含灵活多样的培训模式、丰富实用的培训内容、科学完善的培训机制，以满足高校青年教师培训的需求。培训可采用"请进来""送出去"等多种方式进行，如选派青年骨干教师到海外名校，进行科研合作和学术交流等，提高青年教师科研水平和实践能力；有计划地选派教

师深入企事业单位或生产一线开展合作或技术研发，全面提升自身的综合素质。高校还应不断充实与丰富培训内容，形成有效实用的培训内容体系。如专业知识培训、最新国内外教学科研的交流培训、教师职业训练、外语培训、师德建设等。同时还要建立科学完善的培训机制，设立教师培训专项经费。

（三）搭建工作平台，加速教师队伍的成长

根据马斯洛需要层次理论，人都潜藏着五种不同层次的需要，但在不同的时期表现出来的各种需要的迫切程度是不同的。人最迫切的需要才是激励人行动的主要原因和动力。随着高校教师在住房、工资方面的需求不断得到满足与提升，课题申报、职称晋升以及在专业技术方面的自我实现正逐渐成为推动中青年教师成长最主要的原因与动力。搭建适合教师发挥专长、实现自我的平台是高校实现教师队伍"内稳外引"工作的必要条件，是推动教师队伍壮大、发展的重要途径，是提高办学水平，增强高校吸引力、凝聚力与影响力的关键性环节。

1. 加强学术团队的建设，促进教师队伍的协调发展

高校应率先树立科学发展的理念，积极推动学校各项工作的全面协调展开。所谓协调，就是正确处理组织内外各种关系，为组织正常运转创造良好的条件和环境，促进组织目标的实现。教师队伍的协调发展首先应表现在目标清晰、积极奋进、分工明确、合作良好的科研与教学团队的建设上。蔡元培先生说过："大学者，研究高深学问者也。"当今科学技术的发展正日益呈现交叉与融合的态势，任何一个研究领域的深入开拓，均不是某一个人才或某一学科的人才能独立完成的，都需要多门学科、多个专业的优秀人才的共同参与合作才能顺利完成。所以只有建立高效的学术团队，发挥团队合作精神，集体攻关科研项目，分工合作，积极进取，互相启发，才能紧跟并占领学科前沿。只有在这样的团队里，才能给教师提供充分的发展空间，使教师发挥自己的专长，完成自我实现。高校要建设一批高水平的学术团队，形成更具竞争力的科研群体，探索建立创新团队的学术评价体系和管理模式，提高学校的整体学术实力。在团队内部要打破原有的院系界限，注重学科的分布和交叉，同时注重青年骨干教师的培养，吸收他们进入学术团队。当然，高校的中心工作是教学，与中小学相比，高校教师不开展集体备课，教学信息不能及时交流，教学经验不能有效共享，不利于教学水平的提升与教学质量的提高。通过建设教学团队，借助教学研讨与教学交流的平台，促进教学知识产生、发展、共享，实现优势互补，促进教师的专业发展，提高教学水平和教学质量，以此推动专业教学团队的稳定发展，推动教师队伍的协调发展。建设运转良好的科研与教学团队，能为科研与教学人才的成长搭建平台，促进组织与个体目标的实现，也为学校事业的协调发展奠定坚实的基础。

2. 加强学术梯队的建设，促进教师队伍的可持续发展

一流的管理靠的是文化。大学是一种文化，一种"染缸"或"泡菜坛子"式的文化，它需要代代的传承与发扬。建设老中青搭配的，结构合理、优势互补、不断发展的教师队伍结构，可以在科研或教学实践活动中，传承和历练高超的学术业务水平，延续和发展良好的师德与师风，积累和沉淀大学的特色与精神。学校应制定宽松政策，充分发挥老教师的经验优势和学术积累优势，在学术上和教学上不断帮带中青年教师迅速提高；创造更多机会，采用多种方式，加强对中年教师的培训和深造，使其不断成长为教学科研的骨干力量，大胆培养和使用青年教师，使其勇挑重担，促进其成长成才；还可通过开展"青年教师教学水平大赛"等有利于青年教师发展的活动，带动一批年轻教师迅速健康成长，进一步完善以各级教学名师和优秀教学团队为基础的高水平教学梯队建设体系，为学校的持续发展积极创造条件。

（四）创新工作机制，激发教师队伍的活力

高校人才工作机制对教师队伍的建设具有根本性和决定性的意义。一支队伍是否充满活力、充满着朝气，很大程度上取决于科学、合理的聘任机制，取决于灵活、有效的激励机制，也取决于客观、准确的评价机制。高校应努力创新工作机制，以最大限度地激发教师队伍的活力。

1. 完善岗位聘任制度

《教师法》规定，学校和其他教育机构应当逐步实行教师聘任制，加强考核，竞争上岗。高校应按照"按需设岗，公开招聘，择优聘任，合同管理"的原则，根据教学、科研任务和学科建设的需要，逐步完善岗位聘任制。一旦聘任，双方应认真签订聘约，注明相关事项，聘任期满后续聘与否，要视教师的教学、科研成绩而定，而不能流于形式；对不符合续聘条件者，通过转岗、分流等多种途径，优化教师队伍。同时还要深化分配制度改革，细化岗位津贴、业绩津贴，最终形成岗、责、利有机结合，形成相对稳定、合理流动、竞争淘汰的岗位聘任制度。

2. 构建灵活、有效的激励机制

第一，要逐步试行"非升即走"制。在一个教学团队内部，建立职称考评小组，规定职称晋升的最高年限，超过规定年限仍不能晋升者，必须离开该团队另谋出路。如规定讲师必须在八年内晋升为副教授，由本人于一年前向自己所在团队职称考评小组提出职称晋升申请，团队职称考评小组根据晋升者本人教学与科研工作的实际情况，写出具体意见，交给学校的职称评审委员会审查通过；未通过者，教师必须主动离开该团队。"非升即走"制迫使广大教师在规定的年限内，在科研、教学上努力做出成绩。第二，要逐步实行"未

位淘汰制"。随着本科教学专业评估的逐步推进，相关机构会定期对某一专业或学科的办学、科研水平进行评估与排位，若某一专业经过努力仍不能通过评估排位进入前列，学校应本着"以教学规律治学，以市场规律办学"的原则及时停办该专业，则该专业教学团队解散，并入其他相关教学或科研团队。该方法激励团队负责人及其成员为提高其所在专业的地位与声誉而奋斗拼搏。

3. 实行客观、准确的评价机制

要完善教师考核评价机制，形成以业绩为导向，由品德、知识、能力等要素构成，符合教学科研规律，科学、合理的教师考核评价指标体系。要打破单一、僵化的评价方式，针对不同的学科、不同类别和层次的岗位，制定不同的评价标准。要克服重数量轻质量的倾向，改变单纯以发表论文和获奖的数量评价教师。要适当延长评价周期，由重视过程管理向更加重视目标管理转变，由重视年度考核评价向更加重视聘期考核评价转变，由重视个体考核评价向更加重视团队考核评价转变，克服急功近利思想和短期行为，支持优秀人才从事原创性研究和具有重要科学价值的长期研究。要致力于构建教师教育教学效果评价网络，通过构建由学校网评系统、院系教学督导员、学生教学状态信息员组成的信息反馈网络，建立与完善教学信息的反馈制度，及时将教学过程中出现的问题反馈给开课单位或教师本人。教师在倾听各方面反馈建议后，针对提出的问题进行反思，不断改进教学内容、方法与手段。挑选教学效果良好、教学经验丰富的老教师，与兄弟高校共同组建青年教师教育教学效果评定委员会，定期对青年教师的教育教学进行诊断与评估，并建立青年教师教育教学效果档案。仿照人事档案管理办法，成立专门机构对青年教师的教育教学效果进行定期考核与评价，颁发高校教师资格证书，详细记载教育教学效果档案，作为教学聘用、任务委派的重要依据。这有利于促进优质教师人才资源流动、配置与整合。

（五）创设和谐环境，保持教师队伍的稳定

首先，要树立"教师主体"的观念，尊重教师，尊重人才。营造有利于教师队伍建设与稳定的良好环境和氛围，努力构建一个鼓励教师干事业、支持教师干成事业、帮助教师干好事业的良好制度环境，营造有利于教师成长和发挥作用的工作环境、和谐融洽的人际环境、民主活泼的学术环境、相对舒适的生活环境和互相尊重理解的集体环境。尤其要通过事业和感情这两个重要的纽带千方百计地提高对优秀人才的吸引力和感召力，在事业发展中培养人才，在建设事业中造就人才，坚持抓人才工作与抓事业发展相结合，使事业发展与人才成长相互协调、相互促进。其次，要根据实际情况不断提高教师的待遇，不可片面强调无私奉献精神。学校领导要始终把关心教师、团结教师、理解教师和帮助教师贯穿于教师队伍建设的始终，及时了解和反映教师的真实想法，积极为广大教师办实事、办好事，在助手选派、家属安排、职称评定、科研与教学资源、住房分配等方面给予优惠。最后，要处理好现有人才和引进人才的关系，消除"外来的和尚会念经"的片面观念。在制定和执行人才政策上，要一个标准，对校内现有人才和引进人才一视同仁，不可厚此薄彼，力避"招进了女婿，气跑了儿子"的情况发生。教师队伍建设是一个复杂的系统工程，要根据学校发展的目标与思路，着眼于学科发展，着眼于学术团队与学术梯队的建设需求，根据本校的教师队伍现状，认真细致分析，科学合理地引进人才；要通过精心培养，搭建工作平台，促使人才迅速成长；又要创新聘任、激励与评价机制，科学合理地使用人才；还要通过营造和谐、宽松的环境留住人才，以建立素质一流、充满活力、相对稳定的教师队伍。

二、工匠精神在教辅队伍中的培养与应用

随着我国高等职业教育的迅速发展，如何提高教学质量问题，培养出适应当代社会需求的应用型人才，为全社会所关注。要提高教学质量，这需要拥有两支高素质的队伍，即教师队伍和教辅队伍。这二者是相辅相成的关系，提高教学质量不仅要有高素质的教师队伍，教辅人员的队伍建设也是非常重要的，全面提高教辅人员的素质，才能更好地为教学提供辅助服务，没有高素质的教辅队伍，就没有优质的教学质量。高职院校教辅与教学的关系是非常密切的。

（一）高职教辅人员的作用

高职院校的教辅是指学校的教育管理岗位，是对教学工作进行辅助的，是教学以外的，和教学工作密切相关联的、为教学工作服务的教育辅助。具体包括教务管理、图书资料管理、学生管理、实习实验设备维护管理、计算机网络服务等[①]。甚至包括学校为教育教学服务的行政管理、后勤管理。因此，从最大范围上来讲，在高职院校除教师以外的，为教育教学提供辅助和服务的人员都应该算是教辅人员。

1. 管理作用

教辅部门在日常管理工作中，遵循教学管理规律，在教学制度管理、教学档案管理、学生管理、学生学籍管理、实验设备档案管理、图书资料管理等方面，保证教学工作的正常有序开展。

2. 服务作用

教辅部门的根本工作任务就是为教学工作提供多方面的服务，包括提供教学信息，整

---

① 吴发科. 谈高校"教辅"的职能与建设 [J] 现代教育论丛，2007（4）：57-60.

理教学资料；提供教学前的准备，如教学仪器设备、实习实训设备的维护，做好教学辅助；做好教学环境维护、改善教学条件，为教学工作服务；整合学校的教学资源，做到资源共享。

3. 协调作用

教辅人员的工作范围较广，事务繁杂。在日常工作中，要和多部门的人员联系，既要与教务处、学生处等职能部门联系，又要与系里的老师、辅导员、实验员联系。在课程安排上要充分利用现有的教学资源，如多媒体教室、实验实训室，为教师教学提供服务。教辅人员要有较强的沟通、协调能力，处理突发性教学事件的能力。

（二）高职教辅人员的工作特点

1. 工作任务繁重

随着招生规模不断扩大，高职院校教学资源相对不足，教辅人员普遍存在工作任务繁重、超负荷运转的情况。就拿院（系、部）的教学干事来说，要做好院（系、部）教学管理工作，教师调停课安排、教室安排、学生重修、学生补考等工作，一方面要完成学院教务处下达的工作任务，一方面要完成教学督导部门下达的工作任务。很多工作不可量化，岗位人员编制少，工作任务很多。这就造成工作人员始终处于工作任务重、工作压力大的状况。

2. 工作环境差

目前很多高职院校是由几所中专或技校合并办学，学院往往对教学方面很重视，投入大量经费，而对教辅工作方面则投入较少，使得教辅工作人员的工作环境较差，办公设施比较陈旧，已使用近十年的电脑还在使用的情况普遍存在。

3. 职称待遇低

高职院校重视师资队伍的建设，所有的政策都对教师倾斜，教辅队伍建设得不到重视。院校会对教辅管理人员政策要求很高，教辅工作人员在申报职称晋升、正常职务晋升等方面，遇到很多困难。

（三）高职院校教辅队伍建设的现状和存在的问题

1. 重视度不高，管理不规范

高职院校根据各专业的人才培养方案、产学结合的教学理念，在学校管理理念上普遍重视教学管理，重视教师队伍的建设，对教辅建设和教辅管理不重视，缺乏对教辅工作全面系统的规划和研究。教辅队伍管理不规范，没有明确建立教辅人员任职的标准和要求，在管理上缺乏一定的标准，存在漏洞；由于管理人员缺乏，许多任职人员未经培训就上岗了。高职院校对教师的职称职数、评聘方面，教师的工资、课酬津贴等方面都给予一定的政策倾斜。对教师素质的提升、业务进修等提供了很多的机会。而对教辅部门来说，所有的工作重心都是为教学工作服务的，人员进修的机会少，业务能力提升慢。

2. 教辅条件较差，整体水平不高

目前我国高职院校在教辅条件上与高校相比较差，是与高职院校的成立与发展历程分不开的。高职院校大多是由几所中专、技校、中职校等合并办学，原有的教学辅助设备都已很陈旧了，例如实验实训设备、实习实训场所环境、图书资料资源等方面，甚至是学生上课的教室、学生宿舍等也都设施陈旧。教辅条件落后，严重影响了教辅质量水平的提高，也影响了教学质量的提高。

3. 人才流失严重

高职院校教辅工作岗位人才流失严重，这主要有以下几个方面的原因：第一，当前社会，对教辅岗位的社会期望值不高，认为这是学校基层岗位，发展前景有限。因此，高学历、高素质的人才不愿意从事这个职业。第二，从事教辅岗位的人员，由于平时工作任务重、工资待遇与工作强度不对等、业务学习机会少、职位升迁机会少等因素，他们的工作热情受到很大的打击，难以长久保持工作激情和动力，缺乏积极性，工作满意度降低。只要有机会就会申请更换岗位，去从事教学或者其他岗位，甚至出现离职或旷职情况。由于这种原因，造成学校缺乏有长期教辅工作经验的人员，这对高职院校的教辅管理工作极为不利。

（四）　教辅工作人员的自我发展建设

1. 坚定职业信念，做好职业规划

高职院校教辅管理人员，首先要对自身的职业角色有清醒的认识，树立服务意识，为教学服务、为教师服务、为学生服务。只有认识到自身的价值所在，才能坚定职业信念，在教学教辅工作岗位安心工作，保持工作激情和动力。教辅管理人员正确认识工作岗位的客观环境，培养乐观积极的生活态度和工作态度，增强心理调适能力，要进行自我剖析，对自己的优点、长处有清楚的了解，在工作中才能发挥长处，取长补短①。挖掘工作中有意义的方面，培养自己对工作的兴趣。合理做好职业生涯规划，树立明确的职业目标与理想，运用科学的理论、用切实可行的方式，逐步实现自己的职业目标与理想。

2. 参加业务学习，提升业务水平

教辅岗位属于管理岗位，要有一定的管理能力，包括沟通协调能力、业务执行能力、

---

①　郭必裕，王嘉华.高等学校教学管理与教辅工作的界定［J］.南通工学院学报（社会科学版），2003（3）：70-74.

突发事件处理能力。对教师要热情,对学生要耐心,对工作中出现的问题要及时解决。这就要求教辅人员要主动参加业务学习,学习教育心理学、管理学等方面的知识,从管理科学、技能、方式方法等方面不断提高自身业务水平和工作能力。改进工作方法,提高工作效率,使自己在实际工作中获得成功的体验。高职院校的特点,就是加入了职业元素。作为教辅管理人员,要根据院校发展的特点,提高对自身的要求,有条件可以参加相关职业培训,取得相关职业方向的职业资格证书,对本部门本专业有个全面充分的了解,才能更好地为教学提供服务。

(五) 对高职院校加强教辅管理建设的几点建议

1. 提供培训学习机会,提高整体素质

新时代对教辅管理人员的要求越来越高,高职院校要根据本校教辅队伍结构特点,根据学校整体工作的需要,制订科学的培养计划,可采用多种形式的培训。例如,年度继续教育培训、骨干培训等方式,使教辅人员能够熟悉岗位工作,适应岗位要求。对于新上岗的教辅人员,要进行岗前培训,在熟练掌握工作业务知识后,才能走上岗位。建议从系部基层教辅岗位上挑选工作经验丰富的人员,进入机关教辅部门。通过业务培训,提高教辅人员的整体素质,从而提高院校的教辅管理水平。

2. 提高重视度,让教师、教辅均衡发展

高职院校的教师与教辅是相辅相成的关系,只有二者共同发展,才能提高教学质量,才能把学校教育工作做好。高职院校应该认真制订教辅目标与建设规划,加强教辅领域的全面建设。教辅队伍要进行结构调整,建设一支高素质、高学历的教辅队伍。教辅人员必须经过进修培训,能熟悉所服务的专业学科的知识和技能,才能很好地为教学提供服务。高职院校要提高教辅手段、教辅条件,改善教学环境、实习实验设备、图书资料等条件,充分利用现代化的技术、计算机网络技术、教务管理系统等教辅手段建设,充分发挥教辅在高职教育中的作用,提高教辅人员的薪酬待遇。高职院校应将教辅队伍纳入学校教学专业技术队伍来统筹考虑,为教辅队伍提供合理的职业成功路径,设计两条线:一条是专业线,另一条是管理线。在岗位收入、津贴发放、职称评定、职务晋升等方面,保证教辅队伍的收入和待遇不低于学校其他队伍,满足教辅人员对自身职业进步的需求。

当代社会快速发展,高职院校以培养适应社会需求的应用型人才为办学宗旨,以发展战略的布局,加强学科专业建设、教师队伍建设、教辅队伍建设、校园文化建设、校园基本建设。可见,教辅队伍的作用是不可忽视的,加强教辅队伍的建设是高职院校建设的重要方面。建设出一支业务素质高的教辅队伍,为教育教学工作提供优质服务,提高教学质量,才能培养出适应生产、建设、管理、服务一线需要的,德、智、体、美方面全面发展的高等技术应用型专门人才。

三、工匠精神在科研队伍中的培养与应用

加快自主创新，建设创新型国家是未来一段时期内我国的一项重大战略任务。高校作为国家创新体系的重要组成部分，在推进创新型国家建设中有重要的地位与作用。高校已成为重大专项核心、共性、关键技术研发的主力军。科研团队是指围绕共同的科研目标，以项目为纽带、拥有共同兴趣的科研人员组成的学术群体。科研团队是科学研究的最为有效的单元。科研实验人员（有些称为技术人员）作为科研团队的重要组成部分，常常担负着科研实验、测试分析、数据统计等重要任务。

（一）加强高校科研实验队伍建设的现实意义

1. 促进人与事业全面发展的需要

我国在党的十六届三中全会上提出了科学发展观，其中"以人为本"作为科学发展观的本质和核心，就是要不断满足人们的多方面需求和促进人的全面发展。科研是以人为主体的工作，涉及的环节多、知识面广，通常依靠个人的努力很难取得创新性的成果。为此，更需要有不同知识背景、不同专业特长的人在各个科研活动过程中做出贡献。科研实验人员虽然没有重点人才那样地位突出，但现实中却不可或缺。充分认识、重视并发挥这支队伍的作用，满足他们的发展需求，不仅是团队事业协调可持续发展的需要，也是落实科学发展观、促进人的全面发展的需要。[①]

2. 构建和谐科研团队，促进科技创新

创新是一个国家进步的灵魂，是一个民族发展壮大不竭的动力源泉。建设创新型国家的关键在于人才。创新型国家的建设是一个庞大的系统工程，并非某个"院士"或者"杰出人才"的事情，涉及每个领域、每个环节和每一个人以及科研人员所在的环境与氛围。高校科研实验人员作为人才体系的组成部分，同样肩负着创新的任务与使命，因此，调动他们工作的积极性和主动性，对于构建和谐科研团队，融洽人际关系，激活各种科技要素，推进和谐社会和创新型国家的建设有积极作用。

3. 提升高层次人才培养质量

家庭是社会的基本组成单元，而团队是科研的基本组成单元。要培养知识丰富、德才兼备的人才不能仅仅依靠某个"院士"，更需要的是具有知识结构不同、特长各异的优秀团队来培养。实践是培养创新人才的必要途径，优秀研究生培养除了需要汲取导师的丰富

① 刘子林. 浅议高校实验室的人本管理 [J]. 实验室研究与探索，2010（4）：171-172.

知识体系与经验外，而且也需要接受科研实验人员的实践操作指导，只有这样健全的培养体系，培养的人才不会"纸上谈兵"。因此，科研实验人员自身的实践经验、操控技能、分析问题与解决问题的能力等素质与广大研究生、博士生的培养质量有关，与高层次人才培养的质量密切相关。

（二）高校科研实验队伍建设的现状

矛盾是推动社会发展的根本动力，而科学技术是推动社会与经济发展变革的决定性力量。当前，社会的各个层面都充分认识到人才在推进科技革新上的主体地位与作用，更加注重高层次人才的引进，但常常忽视高校科研实验人才队伍的培养与引进，导致引进的人才达不到预期的效果。目前我国高校科研实验人才队伍建设仍存在一些不足。

1. 群体规模小，人数不足

通常我国高校人事编制分为教师、干部、技术人员和工人四大类。技术人员主要包括教学和科研实验人员。目前科研实验人员在高校的比例甚少，从有关教育统计数据来看，教育部直属高校教师与教辅人员的比例平均为 6.8∶1，省属高校教辅人员的比例更低，有的教学型高校的科研实验人员根本没有编制。而在国外大学和研究机构的科研实验人才比例是较高的。如剑桥大学卡文迪许实验室，研究人员与实验人员之比约是 1∶1；西德重离子加速器实验室是 1∶2。在世界著名的国际水稻研究所，其研究人员与实验人员的比例为 3∶7。这种人员比例构成能够充分而有效地保证科学家有足够的时间与精力从事科研，不为小事耗费精力，工作效率普遍较高。

2. 学历层次与结构不合理

由于高校自身长期对科研实验人员队伍建设不重视，导致科研实验人员学历层次低、知识结构不合理、年龄普遍老化，使得现存的极少的编制也不能够得到有效应用。许多学校把此类岗位当作引进人才的"家属岗"、后勤人员的"分流岗"、军转人员的"转业岗"，工作随意性强，导致此类岗位人员的专业技能不强、学历层次低，加上缺乏应有的培训，知识结构十分狭窄。虽然近年来各高校新引进的科研实验人员基本要求本科或者硕士学历，但由于历史欠账太多，学历层次低的现象并没有得到有效改变。另外，近年来高校的办学规模都不同程度地扩大了，有的规模较原来扩大了 3~4 倍，但科研实验人员的规模却没有改变，大都是原来的人员退休了，空出的岗位才会引进新的人员，所以在岗人员普遍存在年龄老化现象。

3. 位居"从属"地位，待遇低

长期以来，对科研实验人员的缺乏"重视"与"聚焦"，最终导致岗位设置的"从属"地位。科研实验人员无论在职位、津贴和职称上都相对低于教师和行政人员。再加上目前许多高校的科研重理论、轻实践，重学术、轻技术，科研实验人员的"从属"地位一直得不到有效改善，教工代表大会都见不到他们的身影，没有人反映他们的呼声，更不要说走进学校的管理层。另外，把科研实验岗位当作"分流站""保管岗"的看法使他们失去了对工作的追求，素质稍微好点的实验技术人员，由于受不了歧视，不能安心工作，最终是"此处不留人，自有留人处"，人才流失严重。

（三）加强大学科研技术队伍建设的措施

创新型国家建设对各条战线上的科技工作者提出了更高的要求。高校作为科技创新的主力军，应该在国家创新体系建设中承担更多的任务与责任，加强科研实验人才队伍建设。

1. 提高对科研实验队伍建设的认识

当前，科研实验队伍建设的滞后性已经严重影响了高校科学研究的高效运行，有的已经成为学科建设、人才培养和科研发展的"瓶颈"。重视科研实验人才队伍建设，协调解决科学研究发展过程中的各种矛盾，摒弃实验技术队伍建设是"次要""从属"的错误观念，逐步理顺科研实验人才队伍的管理体制，也是高校实践贯彻科学发展观、构建和谐科研与校园、促进高校各项事业发展的过程。随着国家技术创新研发的经费投入不断加大，高校投入大量经费购置了一大批科研设备，但由于科研实验人才队伍建设相对落后，科研仪器设备购置后没有得到充分使用，功能得不到有效开发，严重影响了科研效率。实际上，现代化的装备没有相应高水平的操作、保护、开发人员，是用不出水平、用不出效率的，这不仅浪费了国家的资源，也是对人民的不负责任，与建设节约型社会的目标相悖。

2. 科学制订科研实验人才的发展规划

学科不同、地域不同、层次不同导致每个高校在国家创新体系的地位与作用不尽相同，但不同层次的人才积极参与创新体系建设的目标是相同的。高校应把科研实验人员建设作为学校的一件大事来抓，落实到议事日程。要切实根据自己的研究力量、学科特点等实际情况，结合大学建设的整体目标，认真分析，科学规划科研实验人才队伍建设。从人力资源战略体系构建的高度，结合《国家中长期人才发展规划纲要（2010—2020年）》，制订中长期《科研实验人才发展战略规划》，并明确配套改革发展措施。

3. 构建适于科研实验人才发展的体系

第一，设置专职岗位。高校要根据自身科技工作需要科学定编，应把科研实验"人员"当作"人才"，把"辅助"定位于"支撑"，构建和谐的科研实验人才体系。学校应以重大科研项目、重点科研基地、基础科学研究平台、工程技术中心、实验室为基础，编制科研实验人才的发展需求，做到科学定量、稳定发展。

第二，待遇上敢"破"：在发达国家，对于科研实验人员的要求非常高，待遇也高，有的甚至超过教授。只有这样才能吸引、鼓励更多的有志青年长期从事这项工作。位置上敢"破"：在政策上保证工资、职称、晋升和出国等待遇的前提下，把技术岗、行政岗、教师岗、专职研究员聘任打通，建设合理的流动机制，使这部分成员都有机会通过自己的努力，从较低的阶层上升为较高的阶层、从目前的岗位流动到其他岗位。

第三，落实专项工作经费，做好"引进"与"培育"。要切实把优秀拔尖人才与科研实验人才的引进相结合。对于校内不能够培养的学科，要及时做好引进工作。对于校内有培养条件的，要很好地选留，做到引进与培养相结合，积极发展壮大科研实验人才队伍。

第四，要切实加大现有人员的培训。当今，科学技术日新月异，终身学习成为每个成员适应社会发展和实现个体发展的需要。创新的科学研究是不断追求真理、不断揭示科学规律的过程。在科研实验人才制度不太健全的情况下，要想引进博学多能的科研实验人才是不太现实的。因此要着力加强科研实验人才的继续教育与培养，经常聘请相关专家不定期地举办各类专业知识及应用技术讲座，更新、补充、拓宽科研实验人员知识面，提高其业务水平、知识素养。

4. 加强考核管理，营造良好的氛围

要切实做好科研实验人才日常管理，建立激励机制，提高实验技术人员工作的积极性和主动性。高校应逐步建立一套科学的用人机制，在做好科学配置、合理设岗的同时，加强日常考核，以期明确其责、权、利。对于考核中表现特殊优异的人员，及时奖励，给他们创造更大的发展空间，努力营造一种良好的氛围。另外，高校每年集中时间组织优秀科研实验人员评选等活动，以加强师风师德教育，增强大家的大局意识。要借助活动开展有益的舆论宣传，这不仅有利于提高管理人员的认识，而且有利于科研实验人员之间相互交流，互促共进。

稳定、精干、高效的科研队伍不仅是实现高校人才培养、科学研究、社会服务、文化传承与创新任务的重要保障，也是深化高校内部人事与分配制度改革，促进民主公平的重要内容，只有重视并加强该支队伍建设，才能促进高校各项工作更加和谐、稳定、快速地发展。

四、工匠精神在管理队伍中的培养与应用

高校各级管理干部肩负着对学校各项工作的领导、决策、指挥、协调、管理和服务的重要任务，是推动学校教学、科研工作正常运转的一支重要力量。管理人员的管理水平、工作状态及管理效能如何，直接影响到学校的教学、科研水平。近年来，高校学科建设取得了明显成效，成为推动高校改革发展的重要动力。这些成绩的取得，除了广大师生的共

同努力外，还得益于高校卓有成效的师资队伍建设工作。然而，相比之下，高校管理队伍建设相对滞后，管理队伍中存在的种种问题至今仍然没有引起足够重视和广泛的关注，势必影响到高校今后的进一步发展。因此，重视和解决目前管理队伍中存在的种种问题，努力构建一支高素质的管理干部队伍，是高校可持续发展的必然要求。

（一）目前高校管理队伍中存在的主要问题

近年来，高校内部管理体制改革实行任用制和聘任制相结合的制度，精简、优化了管理干部队伍结构。随着高等教育改革的不断深化，管理队伍建设日渐与高等教育发展势头拉开了距离，管理干部队伍中由于存在着种种问题，已不能很好地适应高等教育的发展需要，主要表现在以下几个方面：

1. 管理干部倒金字塔结构，低层出现断层

处级干部作为高校中层领导，由于直接参与学校及院、系等不同层次和领域的决策与管理，因而在学校教学、科研甚至利益分配等各方面均享有一定的权力。在这种权力欲望的驱使下，竞争处级岗位的干部比较多，甚至一些教授、副教授也竞相参与中层领导岗位的角逐。而科级及其以下管理干部每日工作在管理第一线，有太多具体而烦琐的事务，学校虽未明文限制科级干部可同时从事别的专业技术性工作，但科级及其以下干部由于工作任务重，大都少有精力从事教学和管理研究，难以出成果，因而竞争能力相对较弱。由于在提职晋升方面长期等待无望，不仅现有的科级及以下管理干部人心思走，频繁更换，而且自愿投身于这一层次的人越来越少，造成高校管理干部队伍结构失衡，甚至低层出现断层。

2. 处级干部有隐性缺失现象

"隐性缺失"系指从职数配备上看人员配置齐全，但实际工作中却因种种原因在人力或精力上投入不足而延误工作的现象。这种现象往往多发生在"双肩挑"或"身兼多职"的干部中。首先，学校为了吸引和稳定人才，对一些引进或学成归来的高学历人才，除给予生活优惠政策、聘用高级专业技术职务外，同时还委以处级行政职务。这些人的优点是具有创新精神，管理上富有新思路，但管理经验不足是其共同的弱点，加上均为"双肩挑"干部，一边忙于教学、科研，一边要参与行政管理，在学术工作与行政管理工作发生冲突时往往会顾此失彼，力不从心。其次，处级管理干部兼职过多，在一定程度上影响了高校管理工作的运行效益。尤其是与专业业务相去较远的管理岗位，如人事管理、学生管理、后勤管理、资产设备管理等岗位，相对而言则更注重于管理者组织、协调能力的把握，更需要一定的管理艺术。若身兼数职，再加上教学与科研工作，大多数人已没有足够的时间和精力潜心管理工作的深层次研究和思考，管理工作只能处于疲于应付的被动

状态。

3. 业务素质不高，知识结构不尽合理

从认识上看，高校普遍把管理当作一般事务性工作，没有形成对管理工作的正确认识。对管理工作和管理干部均缺乏应有的关注，认为管理工作"人人都能做，人人都会做"，从来源上看，管理干部大多是直接留校的高校毕业生，也有专业技术岗位转岗的，还有一些引进人才的随调家属。这些人多数为非管理专业，一般都没有系统地学过高等教育理论、管理学知识等，不具备现代管理岗位的合理知识结构。而在学校的人才培养规划中，对管理人员的培养、进修和提高上都缺乏有力措施，管理人员难以取得进修提高的机会和渠道，因而导致管理队伍整体业务素质长期不能得到提高。这种氛围使得管理者缺乏职业归属感和自豪感，大大挫伤了管理人员主动进行资源分析、市场调查、开展教育管理研究的积极性和勇于创新的精神，使得管理水平停留在经验型管理层次上。

（二）低层管理干部断层成因分析

科级及以下干部在高校日常管理工作中发挥着重要的作用，科级干部来源的枯竭将严重地影响到高校的管理工作。造成这种局面的因素主要有以下几个方面：

1. 社会评价导向作用

来自社会的种种观念和行为会深深地影响到每个人的价值取向与人生追求。在高校中，从事教师工作比管理工作有更多的岗位选择和进修、深造等有益于个人发展的重要机会，因而进步会更快，更容易得到社会的认可。从事专业性工作甚至可以延迟到 70 岁以后退休，而管理干部往往早于国家规定年龄就通过调研退居二线。学校选留品学兼优、组织领导能力较强的大学生充实管理队伍，这些人十几年如一日，承担了大量的行政事务性工作。而过去在学习期间并不突出的同学考取了硕士、博士，毕业回校后学校以优秀人才给予许多优惠待遇，有的还委以领导重任。相比之下，管理干部内心深处开始产生了深深的失落感，于是一部分人出于自身发展考虑，辞去管理职务重返专业技术岗位从零开始。面对这样的现实，使选择高校工作的人都不愿意直接进入管理干部队伍。

2. 待遇偏低

第一，经济收入低。在高校，经济收入与职务是紧密相连的。同为硕士毕业进入高校，在教学岗位上一般两年可晋升讲师，再过三年可晋升为副教授。而管理岗位的职务是"金字塔"形，越往高层岗位越少，晋升越困难，五年晋升为处级干部的人极少。同时，教师从事专业技术工作，发表文章或申请到课题基金后，学校还会有相应配套经费和各种津贴；教师从事教学科研工作，还会有课时补贴等其他收入。而管理干部疲于日常行政事务，很难在这些方面取得成绩，这样经济收入就逐渐拉开了距离。

第二，管理人员晋升专业技术职务难。一方面，管理干部做出专业成果难；另一方面，作为辅助系列技术职务岗位少。因而，面对职务晋升，多数人只能望而兴叹。

第三，管理干部进修深造难。高校普遍重视教师队伍的建设，教师进修提高有在职攻读更高层学位、出国留学、到知名大学合作研究、做访问学者等多种渠道，并且由学校提供相应的资助。管理人员却极少有这样的机会，十几年没有参加过一次研讨会的人并不鲜见。

3. 管理干部出成果难

教师可以参加国内外各类学术活动，课外时间可以自由支配，教师工作的直接结果有科研成果、论文、学术成就等，这些大多能与个人名誉和利益联系在一起，并且这些方面的奖励政策也比较多。而管理人员从事大量服务性工作，有时八小时之外还得无偿奉献，即便取得成绩，也是集体共同努力的结果，绝非个人努力能完成。同时，管理干部岗位变动性比较大，不同岗位工作内容的差距也比较大，而专业研究方向是相对稳定的。因此，大多数管理干部专业研究方向与所从事的行政管理并不完全一致，二者不能很好地融合，使专业研究成为"业余职业"，要创造和个人名誉、利益挂钩的成果相对较难。

（三）建设专业化、高素质高校管理干部队伍的思考

现代文明有三大支柱，即科学、技术和管理。学术与管理是高校持续、健康发展不可或缺的两大车轮。没有一流的组织管理，绝不可能形成一流的办学水平。学校发展步伐越快，管理越显得重要。在当前高校管理水平普遍偏低的情况下，谁能抓好管理队伍建设，谁就能在学科建设及师资队伍建设方面赢得更大的发展空间，就能在高校改革发展中进一步提升核心竞争力。因此，重视和加强管理队伍建设，培养大批适应现代教育要求的管理人才，是保证高等学校可持续发展的当务之急。

1. 端正认识，切实树立科学管理理念

管理的最终目的是最大限度地发挥人力、物力、财力的作用，以达到最佳工作状态，取得较高工作效益。在工作过程中树立"以人为本、科学管理"的思想，是现代管理的思想基础。因此，高校各级领导要重视和加强行政管理工作，积极引导管理人员在繁杂的日常管理工作中注意调整自己的心态，从积极的角度认识管理工作的重要性；引导管理人员树立服务意识，使他们充分认识到自身所从事的工作既要服务于领导、服务于广大师生，更要服务于高教事业、服务于社会；引导管理人员树立科学管理理念，充实管理知识，更新管理手段，规范管理业务，提高服务水平。同时，要形成有利于高校管理干部健康成长的氛围和有利于管理队伍可持续发展的运行机制。只有这样，高校管理干部才会在各自的工作中保持高度的工作热情和不断进取、勇于开拓的精神，主动地、创造性地开展工作。

2. 积极解决科级干部的出口问题

学校应在管理人员的选拔、聘用、培训、考核、奖惩、晋升等方面制定有效的政策措施，解决管理干部的后顾之忧与前途出路问题，使大家在管理岗位上得到尊重，看到希望，从而能够恪尽职守，潜心工作。在管理干部队伍建设过程中，要注意吸引和鼓励具有管理才能、适合从事管理工作的人充实到管理队伍中。同时，对于不宜从事更高管理职务的人员，应及早通过转岗、继续深造等途径进行分流，解决其出路。只有真正解决了管理干部的出口问题，才能解决管理队伍"源"的枯竭问题，使更多的人才自愿投身到管理干部队伍中来，努力为学校管理工作贡献自己的一份力量。

3. 创造条件，加强对管理干部的培训

学校应制订管理干部梯队培养规划，从制度上保障他们有进修提高的机会。摒弃管理工作"人人都能做，人人都会做"的陈旧思想，树立现代科学管理理念。加强对管理干部的政治理论和职业信念教育，提高他们的政治理论水平和职业道德修养。鼓励管理人员积极进修提高，并通过培训、考察、参加管理学术会议和管理课题立项等形式，将教育管理作为一门学科与实际工作结合起来开展研究，使教育管理真正成为管理人员的"对口专业"和"研究方向"。这样既避免了管理工作单纯服务的现状，又加强了教育管理的研究和创新，还可以稳定和改善管理干部队伍结构。除此之外，还应加强管理人员的外语、公文写作、计算机运用等方面综合能力的培训，使管理人员具备较深厚的科学文化素养、较丰富的现代管理经验和较强的现代管理技能，以及研究解决实际问题的能力，对于表现突出的优秀人才，要通过精心培养，使他们尽快成长为高校管理队伍中的"CEO"，进而带动高校管理队伍整体管理水平和管理效益的逐步提高，为我国高等教育快速发展做出更大贡献。

第二节　工匠精神融入高校应用型人才培养的绿色环境营造

研究论证工匠精神引领人才培养的绿色环境营造，是研究各类高等院校人才培养绿色环境的含义、人才培养绿色环境立足工匠精神的重要意义，以及在工匠精神引领下，营造校园文化、教学设施、网络环境三方面高等院校绿色环境的意义与途径问题。高等院校人才培养的绿色环境是指人才培养过程中以国家提出的绿色发展理念为指导，更新绿色教育理念，侧重于高等院校文化环境、教学设施环境和校园网络环境等校园绿色环境建设，走人才培养的全面、协调、健康和可持续的发展道路。工匠精神作为时代发展、国家进步对高素质技术技能人才职业素养的核心要义，作为新时期的一种职业态度和精神理念，它和人的价值观、人生观有紧密联系，这就必然要求高等院校在各项建设发展过程中一以贯之。人才培养的绿色环境建设，同样需要立足于工匠精神。将工匠精神融入到高等院校人才培养的绿色环境营造中，不仅仅是高等院校自身生存发展的需要，更是学生个人全面发展的需要。

一、工匠精神引领校园文化建设

我国教育体制的改革完善，对高等院校的人才培养提出了新的要求。校园文化作为人才培养的重要促进力，它可以为学生的各方面素质完善提供有利环境和条件，工匠精神作为一种重要的精神理念，它在校园文化中的渗透，一方面可以推进人才培养的进程，实现学生职业技能和职业精神融合统一，另一方面也可以促进高等院校的长远发展，使人才培养更具有针对性和高效性。对于高等院校来说，就需要在时代发展的要求下，创新办学理念，加强内部管理，为工匠精神和校园文化的融合提供各方面支持，实现整体教学水平的提升。

（一）工匠精神之于校园文化建设的价值所在

1. 促进学生之间精诚团结，共同提高学校的整体文化素质水平

让工匠精神作用于校园文化建设的全过程，能够在无形中形成一种凝聚力，对学生的思想认识和精神感知实现一种潜移默化的无意识影响，从而使学生团结一心，共同为建设文化校园的美好氛围而不断努力。不知不觉间，师生会被工匠精神这个无形资产所感化，在其驱使之下，时刻坚持以学校的发展目标作为自己的奋斗目标，不断地提高自身的思想、行为、动作的一致性。如此良性循环下去，势必会让师生与领导之间和睦相处，协调合作，共同努力，从而渐渐地增强全体人员思想文化认识的前进步伐，在客观上促进校园文化建设更快、更好地稳步前行。

2. 激发教师工作的积极性和对学校的责任心，共同提高学校的整体文化素质水平

工匠精神融入高等院校校园文化建设，可以打破学校"一言堂"的局限，充分吸引全校师生和社会力量的支持，为高等院校的校园文化注入更多的活力和智慧，从而促进校园文化的趣味性、创新性和有效性。校园文化建设的发展需要各方面的不断努力，尤其是师生的共同努力，在逐步协同发展过程中，才能增加师生的文化素养。学校的发展归根结底需要师生的不懈努力，为学校创造无形的文化资产，那么究竟如何才能让学校师生勇于为校园文化建设奉献自己的力量，怎样调动学校教师工作的积极性、提升他们的责任心？一般的学校可能会通过给予一定的经济报酬来调动教师工作的积极性和责任感，这样的方式在一定程度上激励了教师工作的热情，但并不是长远的解决办法，长远之计，还是要依靠

学校良好的文化气息来感化和激励师生。在校园文化建设过程中巧妙地融合工匠精神，能够激发教师工作的积极性和对学校的责任心，共同为学校文化教育工作的开展努力奋进。在不断的学习、培训过程中，师生可以从中了解学校发展的历史，进而对其产生深厚的感情，渐渐地喜欢上这份工作，全心全意地考虑学校的长远发展利益，最终为学校的发展奉献自己的文化知识。

3. 增加学校对外影响力，塑造学校良好形象

工匠精神融入高等院校校园文化建设，是对古今中外优秀传统文化精神的再现与传承，"在对传统的和西方的工匠精神的继承和扬弃的同时，培育具有中国风格、中国气派的工匠精神刻不容缓"，因此有必要锻炼出属于自己的工匠精神，提升校园文化建设内涵。在校园文化建设过程中巧妙融入工匠精神，为学校设计一种只属于自己的形象品牌，将会在无形之中形成一道风景，成为学校发展过程中一个引人注目的闪光点，能够大大地激发教师工作的积极性和对校园文化的认同。鉴于这些有利因素的推动，加上师生内在的踏实肯干、爱岗敬业、不懈奋进的精神，学校的整体发展水平就会提高，给外界留下良好印象。这种良好的校园文化氛围和学校形象，让人尊重且喜爱，能给学校注入新鲜活力，提升综合素质水平和学校的竞争力。工匠精神会给学校带来好的信誉度和知名度，为学校增添无穷的文化储备力量，使学校在竞争中把握先机，占据有利地位，如此良性循环，就能吸引越来越多的精英教师和莘莘学子前来，从而推动学校不断发展壮大。

（二）工匠精神融入校园文化建设的路径

通过上述对工匠精神融入高等院校校园文化建设中重要性的探讨，可以知道，它对于高等院校的长远发展来说是极其有利的，尤其是在当前教育形势下。那么如何高效地将工匠精神融入高等院校校园文化建设中呢？从实际开展来看，可以从以下几方面入手：

1. 精益求精精神和校园文化建设的有机融合

"天下大事，必作于细。"秉承精益求精精神将高等院校特色校园文化的建设思路一脉相承，并通过多年的办学实践，不断完善固化下来；还要充分发挥高等院校校园文化在文化继承、弘扬、创新、发展领域中的积极功能，切实结合高等院校办学实际和时代对高等院校教育的要求，通过《大学章程》的制定和学校制度的设计优化，探索构建更加具有时代特色的高校校园文化建设长效机制。工匠精神还可以对高校学生及其管理人员产生一种意识上的感化作用，在这种动力的驱使下，将高校长远发展作为自己奋斗的目标，进而从自身实际出发对各方面素质进行健全完善，由此就可以形成一种良性循环模式，使学生和教师之间、教师和学校领导之间和谐共处，共同努力，进而使高等院校学生、教师以及管理层的思想文化认识进一步发展，有助于校园文化建设更好地进行。

2. 爱岗敬业精神和校园文化建设的有机融合

在工匠精神的内涵中，爱岗敬业是重要组成部分，这也是其运用到高等院校校园文化建设中的重要原因之一。在高等院校的管理中，经常开展一些爱岗敬业的培训以及倡导热爱学生和工作的活动，使得工匠精神中的爱岗敬业精神与校园文化建设的发展紧密融合。教师在这种不断指引和潜移默化之中，转变旧的思想观念，以作为一名教师为荣，逐步提高对教学事业的热爱，使教学理念得到创新，从而自觉主动地完善自身素质，把自己所学的知识全部传授给学生，为学生所消化，进而提高校园文化建设的整体水平。

3. 改革创新精神和校园文化建设的有机融合

创新与改革是时代发展的必然趋势，能够在很大程度上提高人们的思想水平和认识，因此，需要把工匠精神中的不断创新与改革精神，巧妙地与校园文化建设的发展进行融合。鼓励教师运用信息技术开展科研工作，和其他学校的教师进行交流，开展创新比赛等活动。让他们在新风气的影响和感染下，逐渐地跟上社会发展的步伐，以全新的思想认识来对待教学、对待文化，并把它们付诸行动，以促进校园文化建设的发展水平。另外，工匠精神更注重的是影响力，在当前教育形势下，教师会因为形势的影响，不断地调整自身状态，缩小和时代之间的差距，对于教学的认知也有明显改观，这样在校园文化建设上就会有新的理念做指导，并且积极投入到建设行动中，可以确保高等院校校园文化建设的有序进行，总体发展水平得到保障。

4. 别具一格精神和校园文化建设的有机融合

在工匠精神体系构成中，别具一格、独具匠心是关键理念，它是整个工匠精神的核心，基于此，在与高等院校校园文化建设相融合的过程中，就需要注重思想层面和实践层面相结合，从多个角度来进行思考。这种独具匠心的理念，可以促使高等院校更为清晰地认识到自身实际情况，然后确定适合自身长远发展，把学校的思想和实际紧密结合。这种思考不能单一地思考，也不能随意地设计学校的识别标志，需要全体人员进行仔细讨论，研究分析学校发展所面临的挑战、学校发展过程中应该坚持的理念和品牌，从而慎重地为学校设计一个拥有自己特色的识别标志。打造精品专业，形成品牌教育，可以在某一个专业占据优势，具有独特的办学特色。此外，高等院校还要对新形势下学校所面临的发展机遇和挑战进行理性分析，在发展过程中要坚持特色办学理念，打造优势专业，对不同的院系部门制订合适的发展方案，从而推动校园文化建设的有序进行。

5. 坚持不懈精神和校园文化建设的有机融合

在工匠精神体系中，坚持不懈也是重要构成部分，这种精神是工匠精神不断创新、保持活力的关键所在。在高等院校的教学管理工作中，坚持不懈、奋斗拼搏也是师生共同坚守的原则之一，实现两者的有机融合，一方面可以使教师对教学工作有更强的责任意识，可以全身心投入到教学中，对学生进行全方位培养和引导，促使学生综合素质得到完善；另一方面学生自身也可以严格要求自己，对社会实践投入更多精力，坚持自己的奋斗目标不放弃，并在和教师相互交流和沟通的过程中提高学习实践效率。对于高等院校的管理来说，还要逐步开展师生知识交流会、优秀教师评比活动等，这样可以充分发挥前行文化的影响带动作用，教师可以积极对待教学任务，真正发挥自身的优势，为校园文化建设投入自己的一份力量，这也是新时期教师完善自身综合水平的需要。

二、工匠精神引领教学设施建设

"术业有专攻"，技能学业各有专门研究，工匠为某一专业技能领域之能者，善于将某一工具设施运用到极致，比如现代制造行业中的诸多大国工匠，便是某一专业领域的能工巧匠。"工欲善其事，必先利其器"，工匠想要将他的工作做好，一定要先让工具锋利。高等院校教育就是要在"术"的教授上下苦功夫，要在"器"的投入建设上下大力气。只有"术"与"器"完美结合，才能培养出现代行业所需的具有工匠精神特质的"能工巧匠"。高等院校教育中教学设施是教学空间、教学设备、教学组织、教学管理制度等的统称，是专业教学基本保障条件，是保证正常教学培养学生动手能力、实际操作能力的物质基础，是学生得以训练、掌握和提升专业技能的必备载体。专业教学必须与专业教学设施建设相统一，才能实现具有工匠精神的高等职业技能型人才培养目标，而要培养具有工匠精神的专业人才，必须以工匠精神引领专业教学设施硬环境与软环境建设，做到精益求精、严谨专注、专业敬业、一丝不苟、科学创新、开拓进取、追求卓越。

（一）工匠精神引领教学设施硬环境建设

教学设施硬环境是指满足教学所需的教学空间（场所）、教学设备等所构成的教学硬件条件。教学设施硬环境反映出高等院校的硬实力，体现在教学空间（场所）的规模、配套完备程度、现代化程度与教学设备的数量、质量、先进性等方面。教学设施硬环境建设如同工匠雕琢产品一样，强调如何构思布局、如何突出特色、如何优化工序等，精益求精、科学严谨，将工匠精神运用到教学设施硬环境建设中来，打造特色鲜明、功能丰富、共享共用的教学设施硬环境。

1. 制订科学教学设施硬件建设方案

高等院校在教学设施硬件建设上需要欲动先谋，精心制订完善科学的教学设施硬件建设方案。首先，教学设施硬件建设方案必须满足技能型人才培养目标要求。高等院校以培养顺应时代发展要求的，与我国社会主义现代化建设相适应的，掌握本专业必备的基础理论和专门知识的，具有从事本专业实际工作的全面素质和综合职业能力的，在生产、建设、管理、服务的一线工作的高技术应用型人才为目标。基于这一培养目标，要求教学设施硬件建设尤其是专业实训教学硬件设施建设必须紧跟到位，首要则是具有工匠精神的教学设施硬件建设方案，既科学严谨又一丝不苟，从专业人才培养目标出发，依据专业人才所应具备的专业能力，符合国家专业教学设施建设相关标准，进行专业教学设施硬件建设的调研论证，充分征求行业专家、企业专家、专业教师的意见，结合学校教学环境及资金投入等情况，形成适于人才培养目标实现的方案，创造良好的专业人才培养硬件条件，以便落地实施。其次，教学设施硬件建设方案要体现统筹布局教学空间（场所）的规划能力。教学设施建设中，教学空间（场所）往往有限，学校需要整体规划，科学布局，按专业集群一体化建设、统筹管理、共享共用，提高教学空间的利用率和集约化建设。伴随高等院校教育大力发展，高等院校开设专业的数量、学生规模、工学一体化课程比例逐步增大，所以要求高等院校充分发挥教学设施综合管理部门职能及各专业技术力量，对学校教学空间（场所）进行整体规划、协调建设、统筹管理。尤其是实训教学空间（场所）建设上，充分论证实训室建设的可行性、必要性，突出专业集群化、资金预算、专业面向、共享共用、多功能开发等方面，以形成可行性建设方案，整合资源，合理规制，统筹安排建设和管理。最后，教学设施硬件建设方案必须凸显精细化与专业化，全面考量，关注细节。比如建设实训教学场所，在总体布局功能确定的前提下，房间的开间和进深应尽量统一，尽量选择标准尺寸，结构形式宜选择框架结构（多层）和框架剪力墙结构，为提高通用性和改造提供便利条件，层高要满足学生实训的功能要求，要考虑设备的高度，一般最少为3.6米以上；对结构承重要求高的放在低层，如机械加工、压力试验室设置在首层；专业群的实训室尽量集中设置；对于维护结构的要求，要考虑保温隔热，通风、采光要以自然为主，人工采光要使用节能型光源，力争达到绿色建筑的要求；对于供暖、通风、空调、电力供应、给排水等要满足实训教学要求，特别是电力供应要根据房间的使用要求提供足够的动力电源。应在每个实验实训室设置集中配电设备，满足该房间的电力供应；应设置智能控制系统，如互联网的网线、安防设施、监控设备、多媒体系统、消防联动系统，提高建筑的智能化水平，为后续的智能管理提供保证。

2. 精化配置教学设备（重点是实训教学设备）

高等院校教学设施硬件建设中教学设备的配置也至关重要，在有限的资金投入前提下，要能够打破单一教学设备配置，精化配置成型设备，发扬勇于创新的工匠精神，突出合作开发、自主研发、二次开发设备设施，提高设备成本利用价值。教学设施建设多以配置成型设备为主，但在实际教学运行过程中，成型设备并不能完全满足教学改革、专业建设、课程开发与实施的需要，一些专业教学技术装备市场发展并不完善。为此，高等院校还需组织教师和企业技术人员自主研发、二次开发、校企合作研发实践教学设备，提高生产性设备的教学功能，提高设施设备对课程的适用性、教学方法与手段的对应性和实践教学项目的开出率，提高教师的参与度及专业技能水平，提高学生实践技能训练水平，实现单位成本利用价值最大化。

3. 丰富教学设备配置方式（重点是实训教学设备配置）

高等院校教学设备配置过程中，要善于打破单一实物实体设备的配置方式，发扬勇于开拓的工匠精神，尝试配置运用现代信息技术虚拟模拟仿真设备设施，虚实结合，提高教育信息化程度和不同教学形态间的相互支撑扶持，丰富教学设备配置方式。比如在实训教学设备配置中，现场真实工作场景是实训室设计建造目标方向，但并非所有专业、所有课程项目都必须以真实场景、真实设备来建设实训设施。为更方便、更直观地实现"仿真实践"教学，需要将信息技术与教学展开深度融合，充分发挥信息技术优势，改变既有教学形态，突破技术难题。高等院校要尝试利用这些虚拟仿真技术，以实训室为载体，开发出虚拟工厂、车间等工作场景，将真实工作项目与虚拟工作场景交融并合，进一步拓宽学生实践领域的涉及面，实现课程"网络化"、教育"信息化"，从而提高不同教学形态间的相互支撑度，最终提高学生的学习成效。

（二）工匠精神引领教学设施软环境建设

高等院校教学设施软环境是指满足教学所需的专业文化建设、企业文化建设、教学设施管理制度、教学设施管理团队等所构成的教学软性条件。教学设施软环境体现出高等院校办学的软实力，体现在导入企业文化的优越性、提炼专业文化的创新性、管理制度的科学性、管理团队的专业性等方面。教学设施软环境建设必须以工匠精神为引领，让广大学生在管理制度的贯彻落实上，在管理团队卓越的工作成效上，全方位感受工匠精神的内涵特质，营造工匠精神无处不在的培养环境。

1. 深化专业文化与企业文化建设

高等院校教学设施软环境建设首先要注重专业文化与企业文化建设，注重学生职业技能训练的同时，提高对学生的职业综合素养的熏陶。校企合作、工学结合的人才培养模式下，"专业紧贴产业、教学紧盯企业"成为高等院校开展专业建设和教育教学改革的基本做法。各专业实训室建设过程中在加强硬件设备设施建设的同时，增加"企业氛围元素，突出工匠精神传承"。通过校企合作，引导企业文化、企业管理进实训室，并加以校本设计，形成自己的专业文化特色；将工作现场引入到实训教学课堂，再现真实生产场景，通过对设备设施的工艺布局设计、科学运用、规范操作，实现实训课堂与车间、教学内容与工作任务、学生与员工身份的三重对接。学生在接近实际工作场景环境中完成实践技能训练，并潜移默化地接受着工匠精神与企业价值的氛围熏陶，日积月累，必然会有效提高学生的职业综合素养。

2. 强化专业教学设施管理制度建设

高等院校教学设施软环境建设中，教学设施管理制度占据重要位置。教学设施管理制度建设是开展专业教学管理活动的基础，体现的是对于教学设施的集中控制与管理。在教学设施管理制度建设中以工匠精神为引领，全面规范、严谨细致地制定相关管理制度，实现精细化管理，充分保障良好专业教学活动的开展。

第一，要立足专业教学活动全过程进行教学设施管理制度建设。通过无死角、覆盖教学全过程的教学设施管理制度建设，实现职业性、专业化、精细化管理，让工匠精神蕴含在教学管理全过程中，让教师和学生们从管理制度建设中感受到工匠精神，滋养工匠精神的养成。立足教学活动开展前，制定教学设施管理人员岗位制度、学生教学设施使用管理制度、教学设施使用检查制度、安全操作规程、安全使用教育制度、教学设施使用安全事故处理应急预案、教学场地（实验室）管理制度等；立足教学活动开展过程中，制定教学设施使用登记制度、设施配套材料损耗记录制度、教学设施使用责任教师制度、教学设施故障报修制度等；立足教学活动结束后，制定教学设施设备复原制度、教学设施运用维护制度、教学设施安检报告制度等。

第二，要加强教学设施管理制度执行考核量化。注重细节，追求完美和极致，不惜花费时间精力，孜孜不倦，反复改进产品，把 99% 提高到 99.99%，是工匠精神的内涵之一。教学设施管理制度重在执行，在执行过程中要保障制度落实到位，就需要以追求极致的工匠精神建立考核量化机制。通过考核量化，将生硬的管理制度条文，变成生动的数据指标，直观反映管理制度执行落实情况，同样将 99% 的执行力提高到 99.99%，追求教学设施的卓越管理，为教学活动的良好开展提供坚实的物质基础。同时，在落实教学设施管理制度考核量化机制过程中，让师生们共同感受工匠精神的魅力，浸润工匠精神的气质，潜移默化地培养工匠精神。

3. 优化专业教学设施管理团队建设

高等院校专业教学设施软环境建设中，"人"也是要素之一，重点是教学设施设备管理团队。教学设施的集中控制与管理全部依赖于管理团队中每一位成员的管理水平，将工匠精神中注重细节、专业、敬业、耐心、坚持等内在特质，融入管理团队建设中，提升每一位成员的管理水平，必然会提高专业教学设施集中控制与管理的水平。

第一，要提高对于教学设施管理团队文化的认同。将工匠精神作为教学设施管理团队的文化内核，让每一位成员都深入理解工匠精神的内涵，从熟知到熟记，从内心趋同到身体力行，积极践行工匠精神，将工匠精神贯穿于教学设施管理工作的每一个过程细节，以专业敬业的工作态度，提高工作品质，追求卓越极致。通过素质拓展训练、专业技能比武、优秀员工评选等系列活动，提高团队对于工匠精神的深入理解，增强团队凝聚力与竞争力。

第二，要加强对教学设施管理团队专业能力的培训。教学设施管理团队虽然不参与直接教学，但同样需要掌握具体专业教学设施设备的功能特点，比如机械专业所使用的数控车床、铣床等教学设备的维修养护，不具备专业知识与能力就无法完成。所以要加强对教学设施管理团队专业能力的培训，这种培训应该是具有高水准的专业知识与技能培训，可以与行业协会、人力资源与劳动保障部门、企业等联合举办，参与培训的团队成员应能获得相应的专业技能证书，切实让参加培训的团队成员的专业知识与技能得到明显提升，提高教学设施维护效率，保障实训设施设备的完好性和开动率。

三、工匠精神引领网络环境建设

（一）工匠精神引领网络环境建设的必要性

经过改革开放的几十年发展，中国已经成为制造业大国。我国借鉴德国的"工业4.0"提出"中国制造2025"，关键的不是简单地走出国门与国际接轨，而是脚踏实地，让工匠精神回归，提高产品的品质，创造出具有世界影响力的民族品牌。新时代背景下的工匠精神不仅仅局限于某一类人，作为生产制造的组织形态的企业，也同样应具有一种对自己产品精雕细琢，改善工艺，对于产品的品质提升不懈追求的企业文化；同时我们国家从制造大国向制造强国转变，不仅仅是产能规模、技术水平的提升，更需要工匠精神中所包含的爱岗敬业和无私奉献等可贵精神所升华成的有中国特色的工业文化。

随着信息技术、网络技术和计算机技术的迅速发展，人类社会正在全方位地进入知识社会和信息时代。这个时代是以信息资源占有、配置和知识的生产、分配、使用为特征的时代。网络信息技术已经渗透到社会的各个方面，成为我们生活、学习、工作中的不可或缺的工具与环境，不可避免地，在教育领域中，也受到了前所未有的冲击。教育的观念迅速转变，教育内容不断更新，教学手段日新月异，教育的现代化改革浪潮已经席卷全球。高等教育也在经历着网络信息时代的冲击。市场需求的高等院校毕业生能够直接上岗，无缝对接生产环节，因此注重学生工匠精神的培养刻不容缓，尤其是在网络环境建设全方位参与到高等院校教育的今天。

1. 工匠精神引领网络环境建设是教育"以人为本"的重要体现

工匠精神引领高等院校网络环境建设是新时期高等教育不断更新教育理念转变办学思想、增强人本位意识、服务社会的必然选择，是我国高等院校基础性、长期性和经常性的工作，是整个学校建设和人才培养工作的重要组成部分，其建设水平标志着学校整体办学水平、学校形象和社会地位。只有采用先进的信息技术，更新教育理念，"以人为本"，增强社会化服务意识，根据自身发展特色定位，构建服务型网络校园，才会具有强健的核心竞争力。

2. 工匠精神引领网络环境建设是服务型教育体系的需要

服务型教育体系的主要举措是努力提供公平开放的教育服务，这就需要我们努力构建一个信息互享、教学相长的教育空间，形成良好的教育生态圈，真正有效地借助工匠精神引领网络环境建设，快速提升区域性教育的整体水平，并通过网络让先进的教育理念和创新的教育方法惠及社会，服务地方经济。

3. 工匠精神引领网络环境建设是高等院校实现跨越式发展的有效途径

工匠精神引领网络环境建设是高校实现跨越式发展的有效途径，特别是网络学习环境建设实现了学校教育的时空跨越，为实现大联合提供了无限发展空间；网络环境建设是开放型高等院校建设的前提和基础，是学校改革与发展战略中不可或缺的组成部分；以工匠精神引领网络环境建设不仅仅是实现教学、科研、管理及服务手段的现代化，更重要的是完善服务型教育体系，实现人才培养观念和教育理念等的现代化。

4. 工匠精神引领网络环境建设是人才培养工作的重要表现形式

工匠精神引领网络环境建设是发挥高等职业教育人才培养作用的重要表现形式，其过程是全面高层次高质量的信息化服务。工匠精神引领网络环境建设无疑是教学改革中极其有效的一种载体与平台，借助于网络环境服务于社会，学生自主学习的领域更广，合作学习知识面更宽，探究学习兴趣更浓，自主学习人群和时间更个性化、人性化；借助于网络环境服务，教师获取信息的速度更快捷，共享的资源更丰富，教研有效性更强，更能促进教学研究共同体的形成。同时，在应用中提出新的需求，在新的环境下提出更高的标准和规范，逐步提高教育和教学的服务质量，最后实现全方位的教育服务功能，为社会提供高层次的优质人才。

5. 工匠精神引领网络环境建设是教育均衡发展的需要

通过工匠精神引领网络环境建设，可以实现有效资源优质互补利用，避免重复建设和浪费，借助于网络，有利于弥补高校之间基础设施建设的差距，改变资源相对缺乏的现状，有利于集中人力、物力、财力发展自身特色化建设，解决交通、信息资源、自身软硬件建设为学校带来的困扰；借助于网络，便于高层组织机构的统一管理和统一调度，形成联合共同体，解决信息交流成本，提高时效性、安全性、保密性，推进我国教育均衡发展。

总之，工匠精神引领网络环境建设是时代的需求，是教育变革的必然选择。只有以工匠精神融入网络环境文化建设，增强面向社会服务的意识，坚持"以人为本"，才能提高人才培养工作水平，为全社会提供优质服务人才，才能办成办好人民满意的高等院校。

（二）工匠精神引领网络环境建设的途径

鉴于工匠精神在学校文化发展过程中的重要作用，我们需要逐步地把工匠精神融入高等院校校园网络环境建设之中，并且分析与探讨二者相互融合的路径，具体可以阐述为以下几点：

1. 以爱岗敬业精神引领高等院校网络建设的服务理念构建

工匠精神引领的网络环境建设，应从服务功能入手，面向以"人"为中心进行的校园信息化建设。以服务为导向，以应用为目的，逐步向虚拟大学校园过渡，体现"以人为本"的教育思想和现代教育服务意识，使校园人文与社会和谐、同步发展。

第一，以用户为核心组织信息资源与服务，以提高用户工作效率为目的。在应用集成阶段，为了扭转系统集成阶段重硬轻软的倾向，业界有识之士提出了"应用为王"的口号，很好地推动了高等院校信息系统建设。但是，大多数人将"应用"理解为"应用系统"，因此应用集成阶段的网络建设主要是以应用系统为核心，而忽视了"应用"的另外一个含义——"使用"。实际上，校园网络建设是为了"使用"，只有用户"使用"得好，才能达到提高教育质量和效率的目的，数字校园才有效益。因此，如何让用户"使用"好，是校园网络建设必须重视的问题。

第二，以信息资源的开发、共享、利用为目标建设信息系统，充分发挥信息资源的作用。

前期的信息系统建设大多以管理信息为目标，主要是解决行政管理人员大量数据的管理问题，而对信息作为一种资源在高校所能发挥的重要作用关注不够。高等院校的教学、科研工作主要是一种人与人交流的活动，因此信息流是高校管理的基础。加强对于信息的管理和信息资源的开发、共享与利用，是信息化支持高等院校的战略发展，促进学校核心竞争力提高的关键所在。为此，在服务型网络校园建设中，必须增加对于教学、科研活动的支持，加强对于教学、科研过程中信息资源的管理；增加对于各类业务过程的支持，实现信息的采集、加工、管理与利用的全过程管理；加强对于信息资源的综合利用，如统计、分析、挖掘、评价，充分发挥信息资源的价值，为学校的决策与发展服务。

第三，以构建与现实校园有机衔接的数字空间为重心，实现跨部门的校级业务系统。

前期的网络系统建设，大多是一个部门建一个业务系统，这些部门级的业务系统之间再通过数据库层面的数据交换实现信息共享与交流，有些甚至因为不能信息共享而成为孤岛。部门级的业务系统人为地割裂了高校跨部门的业务流程中的有机联系，使得一些事情在信息化支持下反而效率更低。因此，高等院校的网络建设必须加强顶层设计，加强跨部门的校级业务系统建设，建设一体化数字校园；并且注重流程整合，贯通现实与数字空间，实现数字校园与现实校园的有机衔接。

2. 以创新与改革精神引领高等院校网络资源的平台建设

创新与改革是时代发展的必然趋势，能够在很大程度上提高人们的思想水平和认识。因此，以工匠精神中的创新与改革精神引领高等院校网络资源的平台建设，让教师运用信息技术进行科研工作和其他学校的教师进行交流、开设创新比赛等活动。他们在新时期的影响和感染之下，逐渐地跟上社会发展的步伐，以全新的思想认识来对待教学、对待学生、对待文化，并且把它们付诸行动，以期促进校园网络建设的发展水平。

第一，开创校园网络教学资源中心（库）建设。

网络教学资源中心（库）建设是指资源的内容方面包括显性教学资源和隐性教学资源以及资源评价。资源中心建设以专业为组织单位，以课程为建设单位，以项目立项为驱动，以精品课程建设为抓手，以教学团队（教研室）为研发主力。在内容的选取上，要能体现高等院校教育的双重特征，符合专业所对应的岗位和岗位群对能力培养的要求；在结构组织和表现形式上要考虑学习者的学习能力、接受方式和兴趣偏好。显性教学资源需要按照《教育资源建设技术规范》中的分类进行建设。要重视从真实岗位中收集案例（项目）和常见问题解答，这样有助于学生提前熟悉岗位，以及加强媒体素材收集和整理工作。试题库的建设要为每道题添加详细的元数据信息（用于描述试题，如题型、分值、难度系数等），为系统随机抽题、组卷提供依据。网络教学资源的表现形式最好是视频、音频、图片、动画类，便于本层次学生接受。

第二，校园网络的管理平台建设和应用平台建设。

首先是管理平台建设。管理平台包括资源内容管理、用户管理、计费管理、故障管理、信息安全审核管理、系统参数管理，以及网络教学资源信息门户管理这七个核心管理模块，还可以根据需要进行扩展。高等院校应该合作研发包含这七个核心管理模块的通用管理平台，以达到降低开发成本的目的。资源内容管理模块用于发布、更新、删除、移动教学资源，实现对教学资源的分类管理和结构化管理，同一课程不同资源按照学习的层进关系进行顺序存放，结构化的管理可以用树形结构体现。用户管理模块用来实现用户信息和安全密码管理、用户权限管理等。计费管理负责对网络教学资源的付费使用进行管理，包括充值、资费标准设置、资费扣除和统计等功能。故障管理用于收集和处理用户在使用过程中的错误信息。信息安全审核管理用于对上传信息的合法性进行审核，通过审核的资源或信息才能公开，特别是要严格管理交互式学习模块，将不相关、不合法的信息过滤出去。资源信息门户管理是一个网站后台管理系统，用于管理网络资源信息门户。系统参数管理模块负责教学资源的结构化定义和模块的划分、资源管理平台的参数设置，以及用户界面的管理等，是整个系统的控制中心和决策中心。

其次是应用平台建设。网络教学资源中心（库）和网络教学资源管理平台的建设是基础，网络教学资源的应用为核心。有利于教学活动的开展是我们进行网络教学资源建设的出发点和落脚点，也是评价网络教学资源建设成效的根本依据和标准。因此，建设一个友好、便捷的应用平台尤为重要。网络教学资源应用平台建设应包括资源信息门户、个人学习门户（中心）、人才（教师）中心、搜索模块、交互式学习模块和测试（考核）模块这六个核心模块的内容，也可根据需要进行扩展。资源信息门户是整个网络教学资源的入口，动态显示资源建设进程，及时发布网络教学资源的更新信息，为使用者提供一个友好用户界面和统一的使用方法，起着目录索引的作用，方便用户查找和使用教学资源。个人学习门户（中心）主要包括对个人信息和资金账户的管理、历史记录、收藏夹、信箱和问答中心。

3. 以高效节约精神引领高等院校网络环境建设的发展

优质、高效的网络建设是一项复杂的系统工程，高等院校在人力、财力和物力有限的情况下，要注重高效节约，教学资源的建设应该突出重点专业和重点课程，大力进行合作开发，自建资源所占的比例不宜过大。资源建设必须严格执行标准化和规范化，推行资源共建共享，实现效益最大化。建设者需转变思想观念，树立开放、合作的思想，大力推广校园网络环境建设。

第三节　工匠精神融入高校应用型人才培养的质量体系控制

研究论证工匠精神引领人才培养的质量控制体系，是提高各类高等教育人才培养质量的根本保障。本节着重探讨如何以工匠精神为引领，通过人才培养质量标准体系、人才培养质量保障体系和人才培养质量评价体系三个子系统构建适合高校持续发展的人才培养质量控制体系问题。人才培养质量是在既定的社会条件下，在教育活动客观规律与学科自身逻辑关系的限制下，一定的教育所培养的人才满足社会需要的程度与促进学生身心发展的程度。人才培养质量最终体现在学生的学习质量和社会对大学生的认可程度上。我国在经历了十多年的高等教育扩招之后，高等教育在教育投入、师资力量、人才培养模式等诸多方面无法保障人才培养高质量的要求，部分高校人才培养质量下降已成为事实。同时，接受高等教育的人群扩大，社会对人才的选择更加宽泛，这就对高校提出了更高层次的人才培养质量要求。

在高等教育体系中，人才培养质量控制是指为达到人才培养的质量标准，在人才培养的过程中采取一系列方法与措施，找到人才培养的薄弱环节和影响人才培养质量的因素，提前加以预防或者事后进行控制和调节的改进活动。由此可见，人才培养和质量控制密不可分。工匠精神在当今我国社会经济发展中有着重要的价值，用工匠精神引领人才培养质量控制体系的构建，是实现高等教育人才培养质量全面提升的必然选择。因此，本节内容以全面管理的质量思想和质量控制理论为基础，以工匠精神为引领，从人才培养质量标准体系、人才培养质量保障体系和人才培养质量评价体系三个子系统构建适合高校持续发展的人才培养质量控制体系，为我国高等教育人才培养供给侧的结构性改革提供有力的支持。

一、工匠精神引领人才培养质量控制体系的构建

人才培养质量的提高是高等教育发展的重要基石，而提高人才培养质量则需要建立与当前发展形势相适应的新的质量观，构建有效的人才培养质量控制体系。工匠精神在当今我国社会经济发展中有着重要的价值，用工匠精神引领人才培养质量控制体系的构建，是实现高等教育人才培养质量全面提升的必然选择。

（一）人才培养质量控制的目标及任务

构建人才培养的质量控制体系，首要任务是清晰人才培养质量控制的目标，精准定位人才培养质量控制的任务。在高等教育体系中，质量控制的目标来源于人才培养质量的内在要求。新时期，经济社会对高等院校提出了更高层次的人才培养质量要求，因此，构建人才培养质量控制体系的目标及任务应体现这一时期的特点。

2014 年 11 月 10 日，习近平总书记在中央财经领导小组会议上首次提出了供给侧结构性改革的命题。经济政策的改革与变迁势必会联动教育领域的改革与发展。《国家中长期教育改革和发展规划纲要（2010—2020 年）》中明确提出，要牢固确立人才培养在高校工作中的中心地位，着力培养信念执着、品德优良、知识丰富、本领过硬的高素质专门人才和拔尖创新人才。同时，《纲要》把职业教育摆在突出位置，强调要着力培养能够满足经济社会需要的高素质劳动者和技能型人才。面对这一形势和任务，要大力实施人才培养供给侧结构性改革，培养具有工匠精神的新型实用人才，这既是高等教育人才培养的重要目标，也是现阶段高等教育人才培养质量的内在要求。

工匠精神引领人才培养质量控制的目标是以工匠精神来研究和构建人才培养质量控制体系，将工匠精神的技能和精神理念贯穿于人才培养的质量标准产生、人才培养质量的监控与保障及人才培养质量评价的全过程。人才培养质量控制只有主动服务和适应工匠精神

引领的人才培养供给侧改革的要求，才能有效地促进人才培养质量的提高。工匠精神引领人才培养质量控制的任务是保证人才培养质量，培养将专业技能、职业素养和创新能力高度融合的具有工匠精神的新型实用人才。

（二）人才培养质量控制体系的构建原则

在高等教育发展和全面提高高等教育质量的新形势下，构建工匠精神引领人才培养质量控制体系时应遵循以下几个原则：

1. 目标性原则

构建有效的人才培养质量控制体系，首先要确立一个清晰的、符合高校实际的目标和精准的发展定位。在明确经济社会对人才的需求和学生自身的特色、条件、发展潜力的基础上，对人才培养质量控制的目标做出选择。围绕目标组织协调各种保障力量，不断进行调控和改进，形成一套全面、稳固的质量控制体系。

2. 一致性原则

有效的人才培养质量控制体系的目标应该与学校教育、人才培养等目标相一致。在进行人才培养质量控制时，以学校教育的总目标为指导，并与学校其他工作目标保持协调统一。

3. 全程性原则

人才培养质量控制的内容涵盖了所有与教育教学有关的因素，并由此形成了对学校的人才培养方案、教育教学资源、师资队伍建设、教学管理、教学过程、综合实践教学等相关环节的全程监控和调节。在构建人才培养质量控制体系时要注意把握全程性原则，使人才培养质量控制涵盖教学工作的每一个环节和步骤，保证质量控制的运行过程长期处于优化状态。

4. 全员性原则

人才培养质量控制的最终目的是使教育教学各环节中的每一位成员都担负起质量保障的责任，因此，有效的人才培养质量控制体系必须建立在广泛支持和全员参与的基础上。在高等教育体系中，人才培养质量控制的主体包括高等院校、学习者、社会机构和用人单位等。在人才培养质量控制体系的设计、建立、运行、反馈等各个阶段都要保证质量控制主体的全员性参与。

（三）人才培养质量控制体系的系统构建

所谓质量控制，即为达到规范或规定的质量要求，通过监视质量形成过程，消除质量环上所有阶段引起不合格或不满意效果的行为和活动。高等院校人才培养质量有效控制的问题实质是在人才培养的不同阶段，对每一个关键环节的控制，做好关键环节的策略优化。基于这种判断，在人才培养质量控制体系的构建过程中，就必须将质量控制贯穿于人才培养质量标准产生、人才培养质量保障以及人才培养质量评价的全过程。

基于工匠精神的人才培养质量控制体系就是要在人才培养的过程中，体现工匠精神的内涵与精神，实现人才培养供给侧的结构性改革。从过程层面看，整个质量控制体系主要包括人才培养质量标准体系、人才培养质量保障体系以及人才培养质量评价体系三个子系统，其构成如图6-1所示。据此，本节将从这三个子系统入手，深入探讨高等院校人才培养质量控制体系中各个关键环节的优化设计与策略选择。

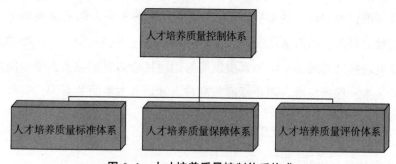

图6-1 人才培养质量控制体系构成

二、人才培养质量标准体系

人才培养质量标准是科学评价学校人才培养过程的依据，也是构建人才培养质量控制体系的基础条件。人才培养质量标准与学校人才培养目标在本质上是一致的，应该建立在合理的人才培养规格和目标的基础之上。高等院校人才培养质量标准不明确就无法实施科学有效的培养过程，更难培养出高质量、高水平的新型实用人才。因此，做好人才培养质量标准体系这一基建性质的起点规划是高等院校人才培养质量控制的关键环节。

人才培养质量标准具有规定性、导向性和激励性的作用。高等教育多样化背景下，用统一的质量标准去衡量各类高校是不公平的。由于大学的种类很多，对人才培养质量的认识和衡量标准也各不相同。随着我国高等教育向大众化教育阶段的发展和经济新常态形势下社会对人才需求的变化，高等院校人才培养质量标准呈现出多结构、多层次、多样化的发展趋势，其原因基于两个方面：一是社会需求的多样化，随着经济的发展和人才市场价值取向的转变，社会和行业对高校培养的人才规格和层次提出了多样化的要求，传统的同一标准培养出来的人才已经不能适应社会变化的需求；二是学生需求的多样化，根据学生学习需求和个人能力的不同，其所需要的教育形式、教育服务也不尽相同，高校只有实施多样化的教育服务才能满足当代大学生的学习需求。因此，高等院校在制定人才培养质量标准时，要以现代社会的人才需求、学生的发展需要、高校自身的办学定位为依据，找到适合本校发展的人才培养目标定位，建立起符合自身实际的人才培养质量标准体系，凸显不同教育形式的优势和特色。人才培养是寓于教育层次、人才规格、学科类型三个维度之中的，下面以高等职业教育为例，试建立不同人才规格体系中应用型人才培养质量标准体系。

（一）人才培养质量标准的制定依据

《国家中长期教育改革和发展规划纲要（2010—2020年）》指出，树立科学的质量观，把促进人的全面发展、适应社会需要作为衡量教育质量的根本标准。这就是说，制定人才培养质量标准，要"以人为本"，将人才培养质量落实到人的全面发展上；要以社会需要为实，把社会对人才的需求落实到人才培养的具体过程中。同时，在构建人才培养质量标准时，要处理好三对关系：学生素质发展与适应社会需要的关系，学生能力发展与知识结构构建的关系，国家标准、职业标准与高校人才培养方案的关系。①

（二）人才培养质量标准的指标设计

1. 质量标准框架的搭建

任何一种质量标准的制定都需要基于一定的指导思想进行设计、开发。高职院校人才质量标准体系及其指标的设计以工匠精神为引领，以质量控制理论为基础，体现了全面质量管理的思想，注重全员、全程、全方位的质量管理理念。高职教育专业人才培养是一个有机的过程，涵盖了从市场需求调研、专业设置和招生，到学校培养、实习实训与考核，再到学生就业，社会、用人单位和毕业生信息反馈等诸多环节，只有严格把控住整个培养过程中每一个环节的质量，才能有效提升专业人才培养的整体质量。为了更加全面、细致地设计与开发高职院校人才培养质量标准体系，我们以学生培养的全过程为基础，将人才培养输入质量标准体系、人才培养执行质量标准体系和人才培养输出质量标准体系三个方面作为整个标准体系的框架，其构成如图6-2所示。

2. 质量标准框架的内容

指标的建立是质量标准体系构建的核心内容。在高职院校人才培养质量标准框架的基础上，以《国家中长期教育改革和发展规划纲要》为指导思想，充分吸取教育部相关文件精神，构建了高职院校人才培养质量标准体系中的相关指标。

---

① 许荣花、白宗新. 构建人才培养质量标准刍议 [J]. 长江大学学报（社会科学版），2012（10）：140-142.

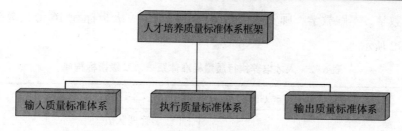

图 6-2　人才培养质量标准体系框架构成

第一，人才培养输入质量标准体系，即根据本地区行业分析、市场需求调研情况和生源质量三个方面，对专业设置合理性、培养目标准确性、课程体系和课程结构的贴合性等方面质量标准进行界定。这是人才培养质量的基础标准，主要包括专业设置、人才培养目标及方案、课程体系及结构、科目课程及教材、教学环境和生源质量 6 个一级指标和 16 个二级指标，具体指标见表 6-1 所示。

表 6-1　人才培养输入质量标准体系一、二级指标构成

项　目	一级指标	二级指标	数量
人才培养输入质量标准体系	1.专业设置	1.1 专业设置	2
		1.2 专业标准	
	2.人才培养目标及方案	2.1 人才培养目标	2
		2.2 人才培养方案	
	3.课程体系及结构	3.1 课程设置	3
		3.2 课程结构	
		3.3 课程整合与开发	
	4.科目课程及教材	4.1 课程标准	3
		4.2 教学大纲	
		4.3 教材使用及建设	
	5.教学环境	5.1 教学基础设施	3
		5.2 实践教学条件	
		5.3 教学经费投入	
	6.生源质量	6.1 综合素质标准	3
		6.2 新生第一志愿上线率	
		6.3 新生实际报到率	

第二，人才培养执行质量标准体系，即学生入学后根据学生的实际情况，对教学管理的规范性、教学内容的针对性、教学方法的科学性、教学手段的有效性，以及师资队伍建设、实践教学等方面的质量标准进行界定。这是人才培养系统的关键环节，主要包括教学

管理、课程教学、实践教学、师资队伍、课程考核 5 个一级指标和 16 个二级指标，具体指标见表6-2 所示。

表6-2 人才培养执行质量标准体系一、二级指标构成

项　　目	一级指标	二级指标	数量
人才培养执行质量标准体系	1.教学管理	1.1 教学管理队伍	4
		1.2 教学管理制度	
		1.3 教学质量监控	
		1.4 教学档案及文件	
	2.课程教学	2.1 教学方法	3
		2.2 教学手段	
		2.3 教学改革	
	3.实践教学	3.1 实践教学课程设计	3
		3.2 实践教学管理	
		3.3 顶岗实习	
	4.师资队伍	4.1 师资结构	4
		4.2 师资质量	
		4.3 师资培训与建设	
		4.4 教学团队	
	5.课程考核	5.1 考核标准	2
		5.2 考核形式	

3. 人才培养输出质量标准体系

即学生经过系统的专业理论和实践学习后，对毕业生的培养质量和就业水平等方面的质量标准进行界定，并通过对毕业生的跟踪调查，建立起包括社会、用人单位和毕业生本人在内的第三方评价系统。这是人才培养的最终质量，主要包括毕业生培养水平、毕业生质量和社会评价系统 3 个一级指标和 10 个二级指标，具体指标见表6-3。

表 6-3 人才培养输出质量标准体系一、二级指标构成

项　　目	一级指标	二级指标	数量
人才培养输出质量标准体系	1.毕业生培养水平	1.1 必备知识与理论	4
		1.2 职业关键能力	
		1.3 职业素养	
		1.4 双证书获取率	
	2.毕业生质量	2.1 初次就业率	4
		2.2 对口就业率	
		2.3 毕业生就业收入标准	
		2.4 毕业生贡献率	
	3.社会评价	3.1 毕业生质量反馈	2
		3.2 学校及专业社会声誉	

（三）人才培养质量标准

《国家中长期教育改革和发展规划纲要（2010—2020 年）》明确提出，高职院校人才培养的新目标既要满足社会经济发展的需求，又要满足学生个人职业发展的需求，积极推进学历证书和职业资格证书"双证书"制度，实行工学结合、校企合作、顶岗实习的人才培养模式。为实现上述目的，高职院校需要建立"五个对接"的人才培养质量标准，即专业设置与产业需求对接、课程内容与职业标准对接、教学过程与生产过程对接、毕业证书与职业资格证书对接、职业教育与终身教育对接。基于上述质量标准框架及指标的建立，我们拟设计了高职院校人才培养质量标准，具体标准见表6-4。

表 6-4 高职院校人才培养质量标准

一级指标	二级指标	质量标准
1.专业设置	1.1 专业设置	专业设置紧密结合地区、行业市场需求和社会发展需要；以需求变化为导向适时调整专业设置；专业人才需求市场调研充分，能准确预测行业企业对人才的需求状况
	1.2 专业标准	专业标准的制定与职业岗位需求对接，在对职业岗位需求进行充分调研的基础上，有针对性地制定专业标准

一级指标	二级指标	质量标准
2.人才培养目标及方案	2.1 人才培养目标	培养目标有准确的职业定位，能主动服务于行业发展对人才的需要；构建以应用能力为主线的知识、能力和素质结构；规格表述清晰，可操作性强
	2.2 人才培养方案	人才培养方案由政府、行业协会、学校和用人单位共同参与制订，具有专业特色；具有前瞻性，及时对经济和产业结构调整做出反应；具有一定灵活性，能充分考虑不同年度生源的实际情况
3.课程体系及结构	3.1 课程设置	根据技术领域和职业岗位（群）的任职要求，参照相关的职业资格标准，设置课程体系，选择教学内容，突出课程的应用性、实践性
	3.2 课程结构	课程结构充分体现就业导向、能力本位、相关职业资格证书和技能大赛要求；实践实训项目与理论教学结构合理，形成职业能力系统化培养课程
	3.3 课程整合与开发	课程整合充分满足专业教学需要，校企联合开发课程
4.科目课程及教材	4.1 课程标准	课程标准结合职业标准进行调整、修订和完善；课程目标合理，课程设计思路清晰，课程改革的基本理念有创新；通过课程学习，使学生在业务技能、工作情感和综合素质培养上成效显著
	4.2 教学大纲	教学大纲结构合理、内容完整，符合人才培养方案要求，符合专业教学计划中专业培养目标、实践教学和技能训练要求，体现技术应用型人才培养要求
	4.3 教材使用及建设	优先选用近三年出版的省级和国家级获奖高职规划教材；重视教材建设，尤其是校企合作开发教材和省部级以上规划教材；院校与行业企业合作开发实训教材
5.教学环境	5.1 教学基础设施	教学行政用房符合规定，与学校规模相适应；电子阅览室和教室能满足专业需求，馆藏册数达到有关规定；配备现代教育技术设施与手段
	5.2 实践教学条件	校内实训基地、校外实习基地条件能满足教学计划的安排，校企联合创建实践教学基地，实践教学条件及软硬件设备能够保证教学需要，有校级（或以上）实验、实训基地项目支撑
	5.3 教学经费投入	学校有专项经费用于专业教学和专业建设

续表

一级指标	二级指标	质量标准
6.生源质量	6.1综合素质标准	思想素质、科学文化素质、身体素质、心理素质等综合素质达标
	6.2新生第一志愿上线率	近三年新生第一志愿上线率较高
	6.3新生实际报到率	近三年新生实际报到率较高
7.教学管理	7.1教学管理队伍	管理机构健全，人员结构合理，能开展教育教学管理研究
	7.2教学管理制度	教学管理制度健全、严谨，教学管理规范有序，教学运行平稳
	7.3教学质量监控	各教学环节建立质量标准和工作规范；教学信息收集、评价、反馈和调控环节畅通有效；教学质量监控制度完善，机制运行良好
	7.4教学档案及文件	教学档案及文件保存齐全，分类清晰；客观、准确记录教学过程和质量
8.课程教学	8.1教学方法	积极推行项目引导、任务驱动等"教、学、做"一体的教学模式；探索和采用现场教学、案例教学、角色扮演、情境教学、网上助学等教学方法；定期开展技能竞赛或展示活动，实现教学过程与生产过程对接
	8.2教学手段	能积极探索和推进现代化教学手段的改革；广泛应用多媒体教学，能有效应用现代信息技术进行模拟教学，积极运用网络教学；有条件实现校企联合教学
	8.3教学改革	能主动根据生源质量和地区经济发展变化、专业技能大赛、与专业相关的职业资格考试变化及企业需要进行专业教学改革，有校级（或以上）教学改革试点专业或课程
9.实践教学	9.1实践教学课程设计	与行业、企业密切合作开展实践教学方案设计与实施，理论教学与实训、实习密切联系，实践教学课时数占总课时数比重在50%以上
	9.2实践教学管理	校内实训、校外实习、顶岗实习管理制度完善，安排有专职校内实训、校外实习指导教师和政治辅导员
	9.3顶岗实习	顶岗实习制度健全，有专人负责；顶岗实习覆盖率高且时间不少于半年

一级指标	二级指标	质量标准
10.师资队伍	10.1 师资结构	专任教师与兼职教师结构合理，青年教师学位比例、高级职称比例、双师素质教师比例达标，教学、科研、管理人员梯队合理
	10.2 师资质量	拥有校内或省级专业带头人，在省内相关专业具有一定影响力，能有效推动本专业可持续发展；专业教师与本专业相关职业经历丰富；有较高的教学、科研水平，主持或参与高职教学研究项目，有成果、有获奖
	10.3 师资培训与建设	有专业教师到相关企业定期实践和经验交流制度，有专业教师定期参加省培和国培及相关行业协会培训制度，师资队伍建设规划及保障机制行之有效
	10.4 教学团队	拥有专兼职双师结构教学团队，专业教师具有相关职业资格证书；吸引行业、企业专业人士参与专业建设、教学研究与人才培养；团队中学历、职称、年龄等结构合理
11.课程考核	11.1 考核标准	各类课程均建立与培养目标相匹配的考核标准
	11.2 考核形式	根据不同课程类型采取灵活的考核形式，在职业能力考核上能采取有效措施
12.毕业生培养水平	12.1 必备知识与理论	大多数学生能够较好地掌握必备的基础理论和专业知识，并能在实践中灵活运用
	12.2 职业关键能力	学生职业专门技能合格率达 70%，基本具备企业上岗能力；计算机能力达到国家规定要求；近三届学生英语应用能力考试累计通过率达 55%
	12.3 职业素养	大多数学生具有良好的伦理道德、社会公德和职业道德修养，尤其是以工匠精神为核心的职业态度和精神理念
	12.4 双证书获取率	有相应职业资格证书专业的毕业生获取"双证书"的人数达到毕业生的 80%以上
13 毕业生质量	13.1 初次就业率	毕业生初次就业率达 70%
	13.2 对口就业率	就业专业岗位群与学生所学专业对应率较高、就业单位质量状况较好
	13.3 毕业生就业收入标准	毕业生就业收入比一般劳动者（即未受同等教育以下者）平均高出一定比例
	13.4 毕业生贡献率	一定时期内毕业生为社会创造就业岗位的数量与质量、为国家创造的 GDP 大小及纳税数目

一级指标	二级指标	质量标准
14.社会评价	14.1 毕业生质量反馈	近三年用人单位对毕业生综合评价的称职率达到60%
	14.2 社会声誉	对学校或专业的综合评价在省、直辖市或自治区内处于较高水平

（四）开放教育人才培养质量标准体系的构建

我国非全日制教育主要包括广播电视大学的开放教育、成人教育、自考、函授、网络学院等形式。随着信息技术的快速发展，以远程开放教育为主要特征的开放大学已成为现代高等教育的重要组成部分，并对推动高等教育的大众化发挥了重要作用。下面我们将以电大开放教育为例，探讨在工匠精神的引领下如何构建适应非全日制教育形式的人才培养质量标准体系。

开放大学是在广播电视大学基础上的战略转型，其转型成功与否，根本标志在于是否适应我国全民终身学习的需要，是否能为社会成员提供更方便、更灵活、更优质的高等教育机会与服务，实现从追求规模扩张向重在规模、质量、结构、效益协调发展的转变，核心是不断提升人才培养质量。① 因此，如何构建开放大学人才培养质量标准及保障体系是探索开放教育人才培养模式的一项重要内容。

1. 人才培养质量标准制定的依据

与普通高校相比，开放大学强调的是面向社会全体成员、没有围墙、超越时空，强调学历与非学历并重，强调优势资源的整合和共享。开放教育的定位是促进全民终身学习和学习型社会形成，适应经济和人的全面发展需要，学历继续教育与非学历继续教育并举，满足社会成员多样化、个性化的学习需求的一种教育形式。它的人才培养目标是适应社会成员多样化、个性化学习需求，培养具有相应的专业理论知识、实践技能和应用能力，主要在生产、服务与管理岗位从事实际工作的应用型专门人才和高素质劳动者。因此在构建人才培养质量标准时，要深入理解开放教育人才培养的特殊规律，科学界定人才培养的特点和模式，把握人才培养过程中的重点环节，建立相应的人才培养关键环节的质量标准。

2. 开放教育人才培养质量标准的构建

第一，人才培养的基本水平标准。

开放教育是现代高等教育的重要组成部分，与普通高等教育人才培养标准相比既有共性又有个性。无论是普通高校，还是成人院校，国家在同一层次的人才培养规格上，对学

---

① 杨志坚. 开放大学质量观论文集［M］. 北京：中央广播电视大学出版社，2015：237.

生公共基础知识的掌握要求是基本一致的，因此，开放教育对学生基础知识及基本素质的培养目标应以普通高等教育同层次、同类别、同专业的质量标准为参考，公共基础课程的设置、基础理论教学总学时、实践性教学环节、学生所获得理论知识与实践能力、毕业设计的水平等也都应与普通高等教育同层次、同类专业的程度大体相当。只有这样才能保证人才培养质量的基本水平标准，也是开放教育为学生及社会搭建终身学习"立交桥"的基础条件。

第二，人才培养过程的实用性标准。

人才培养过程质量决定了一所高校的办学质量。一方面，开放教育人才培养定位是培养满足我国经济社会发展需要的应用型人才，是应用人才的培养而不是传统意义上的精英人才的培养。另一方面，开放教育面向的是成人开展的教育，而成人学习者对理论知识的学习能力相对较弱，对技能知识的学习能力相对较强；记忆力相对较差，实际操作能力较强；理论基础相对薄弱，而实践经验丰富；学习需求和学习目标明确，对学习内容的主观选择性更加明显；学习时间相对分散，工学矛盾明显；对职业技能知识的学习需求更加强烈等特点。基于开放教育人才培养目标、人才质量标准和学习者的基本特征，开放教育在人才培养的过程中要突出应用能力的培养，突出对学习者能力"增值"的评价，在构建专业设置标准、课程及资源建设标准、教学管理标准、教学辅导和导学助学标准、学习支持服务标准、考试考核质量标准、质量监控与评价标准等人才培养过程的质量标准时，要以学习者的学习需求和特点为基础，以社会经济发展和用人单位对人才的需求为导向，以应用性为特征，着力提升学生的实际应用能力，科学设定具有实用性的人才培养质量标准。

第三，人才培养结果的适应性标准。

开放教育具有鲜明的职业性和定向性，其学习对象的来源和层次不同，岗位需求不同，所以要达到的培养目标也不尽相同，所培养出来的人才质量到底如何，最重要的衡量标准便是毕业生进入社会工作岗位后的适应性。因此，毕业生在实际工作和生产第一线所发挥的作用和岗位适应性程度成为衡量开放教育人才培养结果的重要标准。开放教育可以通过对毕业生的跟踪调查，建立起用人单位的信息反馈机制，从而及时判断开放教育人才培养的规格和质量是否符合社会各方面的需求，这既是客观、准确认识开放教育的质量观点，也是全面评价开放教育人才培养输出质量的重要标准。

三、人才培养质量保障体系

人才培养质量保障即为人才培养质量达成或实现提供保证、保护、支撑和支持的条件、机制和具体事物的统称。高校人才培养质量保障体系是高校全面质量保障体系的重要组成部分，也是我国高等教育现阶段以及未来发展的战略重点。因此，做好人才培养质量保障体系这一过程把控是高等院校人才培养质量控制的关键环节。

1985 年 5 月，我国政府发布《中共中央关于教育体制改革的决定》，其中提出，要逐步建立系统的教育评价与监督制度，国家相关管理机构应该对高等教育加强宏观的指导和管理，定期对高校的办学水平开展评估，从外部加强对高等教育质量的保障力度。2001 年 8 月国家颁布的《关于加强高等学校本科教学工作提高教学质量的若干意见》中提出建立健全教学质量监测和保证体系，要求高校深化教学管理改革、优化教学控制、建立教学内部的质量评估等。2013 年 11 月，《中共中央关于全面深化改革若干重大问题的决定》明确了深化教育领域综合改革的任务，提出要深入推进管、办、评分离，并作为当今我国教育治理体系和治理能力现代化建设的重要内容。管、办、评分离为高校人才培养质量保障体系的构建提供了新的分析视角，在管、办、评分离的质量保障环境下，要提高人才培养质量，需要学校、社会、政府等主体统筹协调，齐心合力建立合理、现实可行的质量保障体系。

（一）多元平衡共治的外部质量保障体系

高等教育外部质量保障活动主要是通过政策、制度、监督、评价、舆论等一系列措施，对高校人才培养的质量进行监督与反馈。多元平衡共治的外部质量保障体系的主体由高等学校外部利益相关者如政府、社会组织、用人单位等组成，通过立法约束、经费支持、政策引导、评估监控等手段保障高校人才培养的质量。整个体系是一个动态循环的自检系统，通过持续的自我完善和调整不断提升高校人才培养的整体质量。

系统如图 6-3 所示：

图 6-3　多元平衡共治的外部质量保障循环系统

1. 政府管控是基础和前提

政府和教育行政部门作为高校人才培养质量外部保障体系的一部分，主要是通过制定完善的政策法规、教育资金的预算投入、制定审核和评估的标准依据促进高校人才培养外部质量保障的规范化、法治化和制度化。目前我国在高等教育人才培养质量保障的法规建设方面略显不足，由于缺乏足够的政策法规支持，高校人才培养质量保障工作在某种程度上缺乏实效性。我国应结合不同性质、层次、类型高校人才培养质量保障的现状，出台相关法律法规，从宏观层面上予以调控，各职责机构严格按照政策法规赋予的权力来监督高校办学的全过程，并对高校的人才培养质量保障进行动态监测。政府和教育行政部门对高校人才培养质量的审核和评估对高校人才培养的定位起着导向作用。政府或教育主管部门可通过人才质量评估结果，适时、准确地调整决策，院校可以随时获取及时准确的质量反馈信息，分析培养过程中的问题，调整院校的教学活动，从而保证培养质量的提高。教育行政部门应该根据现实需要，引进第三方机构，开展人才培养的质量评估和质量认证，结合各个高校的办学类型与层次制定不同的质量标准，用多元化的标准来引导院校在保持特色的同时提高质量，对高校人才培养质量做出独立的价值判断，保障高校人才培养质量。

2. 社会评价、监督和反馈

社会对高等教育人才培养质量的保障起到监督、评价、反馈的作用，主要是通过社会经济引导、社会舆论监督、社会中介组织评价等途径来实施的。社会通过中介组织参与监督高等人才培养质量，也就是所谓的"第三方"。① 社会中介机构的特点有：相对独立性，保证了评估的客观、公正——"第三方"既不代表政府，也不代表学校，在有关法律和政策的指导下根据评估指标体系开展评估工作，发表评估结果；权威性——"第三方"以自身的优势聚集一批高素质的评估专家，掌握最新的评估信息；良好的社会声誉——"第三方"作为政府和高校间中介组织的角色决定了其必须拥有良好的社会声誉，在评估过程中必须保持客观公正的基本原则，否则就会被淘汰。社会专业机构通过发挥评估、咨询、研究、指导等方面的功能，及时将社会、市场对人才的培养要求，毕业生状况及其他相关信息反馈给学校和政府，为政府做出科学的决策、学校调整培养策略提供可靠的依据。因此，要积极鼓励和建立社会广泛参与的评价监督机制，建立一批有一定学术权威并相对独立的高等教育评价机构，可以将教育教学评价活动委托给社会中介组织进行，并要求其在评价活动结束后提出报告和建议。评估中介机构要不断充实、稳定专家队伍，逐步完善评估专家库，探索具有科学性、时代性、适用性的评价方法，形成评估机构的特色和专业优势。

---

① 田春燕. 应用型本科院校人才培养方案研究 [J]. 现代教育科学, 2018 (11)：135-140.

（二）高校自治的内部质量保障体系

政府和社会对高校人才培养质量的管理与评估，只是起到外部监控的作用。真正提升人才培养质量，还要靠学校自身建立完善有效的内部质量保障体系。高校自治的内部质量保障是以达到既定的人才培养目标为指导，在培养过程中依靠一定的组织系统将人才培养全过程的质量管理人员、信息和活动予以控制，形成一个自我促进、可持续发展的动态循环系统。高校内部教育质量保障是人才培养全过程的质量保障，也是全员共同参与的质量保障，整个系统主要由目标保障系统、资源保障系统、教学管理系统、监控与评价系统、诊断与改进系统组成。该系统如图6-4所示：

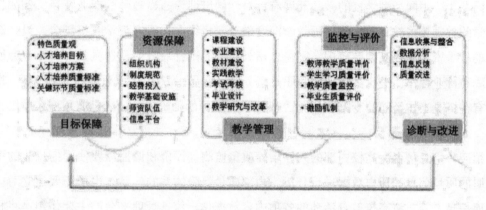

图6-4　高校自治的内部质量保障循环系统

1. 目标保障系统

目标保障系统由高校特色质量观、人才培养目标、人才培养方案、人才培养质量标准和关键环节质量标准组成。高校要以科学、全面的质量观统领人才培养的工作，营造全员、全过程、全方位的质量管理氛围，将质量意识渗透到人才培养的各个环节。同时，质量观要符合不同层次、不同类型高校人才培养的目标与定位，充分显示学校、专业的特色。以学生未来就业岗位的需要为导向，根据经济与社会的发展变化、产业结构的特点和趋势、企业的实际需求以及院校发展的实际情况来确定人才培养目标及方案，以及与之相适应的人才培养质量标准和关键环节质量标准。

2. 资源保障系统

资源保障系统由组织机构、制度规范、经费投入、教学基础设施、师资队伍、信息平台等组成。

第一，组织机构与制度规范。高校有效开展人才培养质量保障活动的前提和基础是相关组织机构的设置和制度规范的制定。校领导应规范学校的治理结构，成立由相关责任人牵头的指导委员会，制定相关规章制度，做到任务明确、责任到人、层层落实，积极探索构建完善的组织架构。

第二，经费投入及基础设施。高校人才培养质量保障工作开展的前提是有足够的资源投入。学校应该加强基础设施建设的投入，落实办学资金，优化相关的教学配置，提高资源的使用效率。

第三，教师队伍。高校教师的教育教学质量和水平在人才培养质量保障中起着非常重要的作用。不同类型高校的教师要求应有所不同，不同高校应该按照承担任务的内容、数量、水平和要求，科学地确定具体标准和教师的合理结构。在选用教师时，看其是否符合不同教育形式的素质要求，对教师的工作情况定期进行检查和监督，做出合理的评估。针对不同专业、不同类型学校的教师开展有针对性的培训，凸显教师的专业特色。例如，开放大学的教师要将教育技术和课程教学深度融合，将线上、线下教学有机结合，设计制作完备的教学资源。在高职院校中，坚持内培外引的原则，一方面，选派教师到企业参加专业实践和行业合作，进行实践技能和职业素养培训；另一方面，积极引进"双师型"教师和具有在企业工作经验的专家，拓宽"双师型"教师的师资来源，满足应用型人才培养的要求。

第四，信息平台。高校内部的人才培养质量监测、评价和调控需要使用信息化的手段对实时的质量信息和历史数据进行分析，内部质量保障体系的各系统也都需要建立对应的数据库信息系统，将高校教育活动的各项内容数据化。信息管理平台的主要作用是将相关的信息数据收集并且加以分析，在建立人才培养质量保障体系的过程中具有重要作用。信息平台的数据展示和模型构造能使管理人员分析问题，及时改进教育现状和人才培养质量保障体系，使整个教育体系在健康的状况下发展。

3. 教学管理系统

教学管理系统主要由课程建设、专业建设、教材建设、实践教学管理、考试与考核、毕业论文（设计）管理、教学研究与改革等组成。

课程的建设要以培养学生的能力和提升学生的素质为目标，加强精品课程与重点课程的建设，通过更新教学内容和课程体系，不断改善学生的知识结构。通过特色学科专业建设，创造特色科研成果，为教材建设提供有特色的教学内容。鼓励产学研合作和校企合作，为学生提供实训基地和实习平台，改革实践教学，立足于培养学生的实践能力。推进教学方法与考试方法的改革，实行以教师为主导、学生为主体的教学方式，根据当前社会对人才的需求，在考试内容的选择上坚持以发展能力为主，创新考试制度。开展教改项目管理、教研和优秀教学成果评选及推广应用，不断在教学实践过程中探索提高教学质量和水平的新途径、新方法。

4. 监控与评价系统

教学质量保障体系的建立和运行需要有评价与监控体系的辅助。学校应根据不同对象、不同目标，建立各级各类评价体系。教师教学的质量直接关系到整个学校的教学质量，因此首先要建立教师教学质量评价体系，树立正确客观的教学质量评价观，在评价高校教师教学质量时，根据不同学科、不同层次的特点制定相应的评价标准，充分调动高校教师的积极性。其次，要建立学生学习质量评价体系，提倡让学生积极主动地参与到教学质量评价中来，突出学生在评价过程中的主体地位，不仅关注他们学习的结果。更关注他们学习的过程和学习中的体验。再次，通过教学工作会议、教学工作检查、教学督导、随堂听课、教师座谈会、学生座谈会等形式强化对教学的监控，通过确立教学质量监控方针、教学质量监控组织体系、教学质量监控工作系统等要素，构建一个有组织、有制度、有标准、有秩序且规范的监控机制。复次，建立毕业生及其就业质量的反馈机制，对每一届毕业生进行跟踪调查，及时反馈对学校工作的意见以及社会发展的新需求，使学校各专业人才培养计划与社会需求保持动态的适应性。最后，建立教学质量的激励机制，调动各部门参与质量保障的自觉性，保障高校人才培养工作进一步获得良好的发展。

5. 诊断与改进系统

诚如世界著名的质量管理专家戴明博士所说："质量不是来源于检验，而是来源于改进生产过程。"高校为了保证预期的人才培养质量目标得以实现，必须要及时发现偏差并调整偏差。诊断与改进的目的是在每次评价的基础上，根据相关信息和数据进行全面准确的分析，及时发现人才培养过程中的问题，提出解决方案，采取有效措施调整偏差。就内容而言，诊断的是关键环节质量标准的执行情况，改进的是偏离标准的质量活动。就主体而言，应当依据诊断内容的特点，有针对性地选择科研机构、行业企业专家、学校的管理人员、学生、用人单位等对工作进行评价，改进的主体是质量的生产者与服务者。在此过程中，要不断优化诊断与改进的过程与方法，特别重视培养质量生产者的自我诊断意识，使得反思和改善工作成为他们的自觉行动和习惯。

（三）协同合作的质量保障体系

在高校人才培养质量保障体系中，如果只依靠政府保障机制或市场调节机制是不够的。同时，如果高校封闭办学，与外界缺乏交流，也会不适应时代要求。政府、社会和高校应该在适度分离的前提下，形成制约平衡的质量保障体系。因此，高校的质量保障要同时兼顾校内和校外两个方面，构建协同合作的人才培养质量保障体系。该体系如图6-5所示。

外部的质量要求是高校人才培养质量的起点。外部的质量要求分为两部分，一部分来自政府，另一部分来自市场（如经济社会的需求、个人的受教育需求、用人单位的人才选拔要求等）。政府可以通过制定标准和颁布制度等方式对外传达国家对高等教育人才培养质量要求，但是市场的人才质量需求高校无法直接获得，因此要自主调查研究或向社会性认证评估机构购买市场的人才质量需求规格。高校结合外部人才质量要求和高校自己设定的特色质量目标形成学校内部的人才培养总体质量目标，再将人才培养总体质量目标分解到人才培养质量的各个因素和管理环节，最后产出质量结果。人才培养质量的偏差不可避免地必然会产生，因此要对输出的质量结果进行评估。质量结果的评估信息既要反馈给高校内部，也要反馈给高校外部。高校自我评估是内部质量保障体系的自我完善，外部的第三方评估是检验高校培养的人才是否符合外部质量要求，并向高校、社会、政府反馈评估结果。

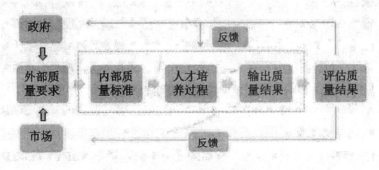

图6-5　协同合作的质量保障体系

在协同合作的人才培养质量保障体系中，政府对高校的管理由直接管理向间接管理转变，政府的角色由管制变为服务。政府的工作重点是制定教育质量基本标准，对高校进行分类评估、分类保障；制定引导高校办学的评估指标、制定质量保障和评估的相关制度；指导并发挥社会中介机构对质量评估的积极作用。社会作为人才培养质量保障的"第三方"，起到参与、监督的作用，中介机构通过发挥评估、咨询、研究、指导等方面的功能，使社会与高校、政府与高校之间紧密联系，有效地传递信息。评估中介机构在争取政府各项支持的同时，要加强自身建设，提高自身的专业性和独立性。高校应强化主体意识，充分发挥其自身的能动性，对提高和改进人才培养的质量进行制度创新，调动管理人员、教师、学生等全员的主观能动性，围绕高校人才培养全过程开展全面的质量保障。

四、人才培养质量评价体系

传统的评价是对客体满足主体需求程度的判断，在现代社会，评价更多地被用来描述、收集和分析客体的发展状况，协助决策者做出主观价值判断，选择合理的决策方案，以促进客体的改进或实现价值的增值。美国教育家泰勒教授在20世纪30—40年代提出了人才培养质量评价的概念，认为教育评价就是衡量教育活动达到教育目标的程度。随着评价实践的发展各种教育评价理论纷纷出现，关于评价理论的主要分歧在于将教育评价看作是一种价值判断的过程还是一种全面系统的考查，旨在收集信息以改进服务的过程。评价的内涵包括事实的描述和价值判断两个方面：事实描述是对事物进行量或质的现实状况、属性规律的客观描述；价值判断则是基于事实描述基础上，根据评价者对被评价者的需要和愿望而做出的客观评判。人才培养质量评价从本质上讲是一种价值判断活动，即评价主体依据高校教育的性质和目的，对高校培养的人才质量进行价值判断，并依据一定标准对人才培养质量及其有关影响因素进行评价，从而对人才培养质量进行监控和反馈，以改进决策，促进人才培养质量的进一步提高。因此，做好人才培养质量评价体系这一结果评估是高等院校人才培养质量控制的关键环节。

（一）人才培养质量评价的制定依据

高校人才培养质量评价的主体主要有三个方面：一是高校的自我评价与改进，学校自身对人才培养的效果进行评价，以促进学校自身办学水平的提高；二是来自政府和教育行政部门的监督，其目的是对高校的办学进行监督与指导；三是社会专业机构的评价与监督，其目的是向高校反馈人才培养质量的意见和建议。随着社会经济的发展，教育与经济的相互作用日益凸显，高校培养的人才是否能最大限度地满足经济社会的需求成为人才培养质量评价的重要内容。2014年国务院印发的《关于加快发展现代职业教育的决定》（国发〔2014〕19号）中指出，要建立健全职业院校内部质量评价机构和评价制度，完善人才培养各环节质量标准、规范、流程，强化质量保证与监控体系建设。完善学校、行业、企业、研究机构和其他社会组织共同参与的职业教育质量评价机制，鼓励行业企业、社会用人单位开展毕业生就业质量、满意度评价工作，支持各类专业组织等第三方评价机构依法开展职业教育质量评估。因此，在当前经济社会转型的新形势下，构建高校人才培养质量评价体系时，要坚持人才培养的社会导向，引入社会评价方法对人才培养质量进行评价，实行多渠道监督和信息反馈，形成政府督导评估、高校自我评价和社会专业评价相结合的多元主体内外有效衔接的人才培养质量评价体系。

（二）人才培养质量评价体系的构建原则

1. 多元性原则

多元性原则是指构建高职院校人才培养质量评价体系时，评价主体和评价方法的多元化。评价主体多元化是将多方评价主体包括教师、学生、家长、学校管理人员、用人单位、毕业生等都融入到人才培养质量的评价中，对培养过程及结果进行全方位多角度的评价，提高评价结果的信度与效度。评价方法多元化是在运用评价方法时，发挥各种评价方法的优势，灵活运用，互为补充。

2. 发展性原则

高职院校人才培养质量评价内容丰富，影响因素众多，其评价涉及社会环境、经济发展和学校发展等诸多方面。随着地区经济发展需要和用人单位需求的变化，高职人才培养目标是不断变化发展的，基于人才培养目标的质量评价体系也是一个动态发展的概念。在开展高职人才培养质量评价时，要充分考虑外部环境发生的变化，动态调整评价标准，以反映高职院校人才培养质量的变化趋势及影响因素的变迁，以便进行更为有效的调控。

3. 科学性原则

高职人才培养质量评价体系的构建需坚持科学性原则，主要体现在评价指标的设计和评价过程的实施两个方面。科学合理的评价指标是保证评价结果准确性的基础和前提，有利于客观评价人才培养质量，指导人才培养质量的不断提高。设计指标体系时根据影响人才培养质量的各个要素归纳出主要指标，并进一步细化，对每一个指标进行权重赋值，形成科学完整的体系。对人才培养质量的评价，应从评价到诊断，从诊断到改进再到评价，动态循环往复，形成科学有效的人才培养质量的评价过程。

4. 全面性原则

高职教育人才培养质量的评价涉及整个培养过程及其影响因素的评价。对整体质量进行全方位评价，既要做到结果评价与过程评价相结合，还要综合考虑主观因素与客观因素的影响，遵循全面性的原则。同时，高职教育人才培养质量评价体系除对学生的理论知识、职业能力进行评价外，还应该对学生个体全面发展的要素做出全面综合的评价。在建立对应的评价指标时应该充分搜集相关信息，在全面了解的基础上进行评估和判断。

5. 可操作性原则

高职教育人才培养质量评价体系是为学校和社会服务的，评价指标体系的设计应满足可操作性原则，以保证评价结果的有效性。评价指标体系中的各项指标应含义清晰，度量得当，能在教育实践中进行信息采集，进而得出明确结论，或者能给出符合实际的评价。同时，指标不宜过于烦琐，数量不宜过多，内部应逻辑清晰、合理简洁、层次分明。

（三）人才培养质量评价体系的构建

构建和实施人才培养质量评价体系，是检验高职院校应用型人才培养质量的重要依据，也是应用型人才培养工作的重要保证。以院校、行业企业、社会等共同参与的多元化评价为主体，以促进"学生身心全面发展"和"满足社会需要"的人才培养质量标准为准则，构建与之相适应的评价内容和指标体系，采用与评价主体、评价目标、评价内容相适应的评价方法，从而形成具有高职院校应用型人才培养特色的质量评价体系。基于高职院校人才培养质量标准体系，将高职院校人才培养质量评价指标体系分为三个层次：一级指标层依据高职院校人才培养的全过程，将人才培养质量评价体系分为人才培养输入质量评价、人才培养执行质量评价和人才培养输出质量评价；二级指标层是对每一个过程框架内评价内容的划分；三级指标层是可以获得的观测点，构成指标体系最基层的要素。在人才培养质量评价体系中，加入评价主体和评价方法，更直观地反映出多元主体参与、多种评价方式互为补充的多元主体内外有效衔接的人才培养质量评价体系。具体质量评价体系如表6-5所示。

表6-5　多元主体内外有效衔接的人才培养质量评价体系

一级指标	二级指标	观测点	评价主体	评价方式
人才培养输入质量评价	办学理念	办学目标与定位	院校内部评价、教育行政部门专家组评价与行业指导相结合	院校内部评价：1. 常态化的自我评价；2. 专项的自我评价；3. 建立人才培养工作数据采集平台；4. 发布人才培养质量年度报告。专家组评价：1. 查阅文档资料；2. 实地考察；3. 抽样调查；4. 定性评价与定量评价相结合。行业指导：1. 提供政策咨询服务；2. 发布行业人才需求
		产学研合作		
	人才培养	人才培养规格定位		
		人才培养方案设计		
	专业适应性	特色专业建设		
	课程与教材建设	特色、骨干专业与地方经济相关性		
		人才培养需求比例		
		课程体系与职业衔接		
		课程结构		
		教材使用与建设		
	教学条件与利用	教学基础设施		
		实践教学条件		
		教学经费		
	生源质量	综合素质		
		新生上线率与报到率		

一级指标	二级指标	观测点	评价主体	评价方式
人才培养执行质量评价	课程教学	教学方法与手段	院校内部评价、教师评价、学生评价与行业、企业评价相结合	院校、教师与学生评价：1. 学校、二级学院、个人三级评价；2. 教师教学质量评价：教师自评与互评、学生评教；3. 学生学习质量评价：学生自评与互评、教师评价；4. 教学质量监控：日常督导与专项督导。企业评价：1. 学生实习实训环节评价考核；2. 学生顶岗实习评价；3. "双师型"教师的交流任职与能力认定；4. 实训基地的共建与考核；5. 课程内容及资源的共建与评价
		教学改革		
		课程资源建设		
		课程考核		
	实践教学	课程设计		
		运行管理		
		顶岗实习		
	教学管理	组织机构与教师队伍		
		制度与规范		
		教学质量监控与改进		
	教学质量评价	教师教学质量评价		
		学生学习质量评价		
	师资队伍	专、兼职教师结构		
		师资质量		
		"双师型"教师队伍建设		
人才培养输出质量评价	毕业生水平	必备知识与理论	院校内部评价与行业协会评价、企业评价相结合	院校内部评价：学生素质评价，关注人才培养质量与培养目标的匹配度。行业协会：人才培养质量评估，关注人才培养质量与行业需求的匹配度
		社会能力		
		职业关键能力		
		职业素养		
		双证书获取率		

续表

一级指标	二级指标	观测点	评价主体	评价方式
人才培养输出质量评价	毕业生质量	初次就业率	院校内部评价与第三方评价相结合	毕业生追踪调查
		对口就业率		
		毕业生就业收入标准		
		毕业生职业发展		
	社会效益	企业满意度	院校自主评价、用人单位评价、第三方评价相结合	1. 问卷调查； 2. 访谈调查； 3. 座谈会； 4. 追踪调查
		毕业生、家长满意度		
		毕业生贡献率		

　　构建多元主体内外有效衔接的人才培养质量评价体系，不是单纯地为某一类院校而建立，是想通过该体系的建立为不同类型、不同层次院校构建人才培养质量评价体系提供一种新的思路。院校通过与毕业生、企业、行业、专业指导机构的沟通交流，适时根据自身的特色调整评价指标，形成良性的内外有效互动评价机制，提升高校人才培养的质量和效率，最终实现人才培养的目的。

参考文献

[1] 田春燕. 应用型本科院校人才培养方案研究 [J]. 现代教育科学, 2018 (11): 135-140.

[2] 吴春红. 高校专业教师开展思政教育工作的重要性 [J]. 文学教育 (下), 2018 (12): 72-73.

[3] 骆郁廷, 郭莉. "立德树人"的实现路径及有效机制 [J]. 思想教育研究, 2013 (7): 45-49.

[4] 柴蕾. 地方本科院校应用型师资队伍建设的瓶颈与出路 [J]. 西部素质教育, 2018 (10): 103-104.

[5] 秦学. 地方院校本科应用型人才培养模式研究 [D]. 哈尔滨师范大学, 2011: 29-30.

[6] 立文, 顾建民. 国际视野中的本科应用型人才培养 [M]. 杭州: 浙江大学出版社, 2008.

[7] 徐同文, 陈艳. 英国大学应用型人才培养机制探析及启示 [J]. 高等工程教育研究, 2013 (4): 111-115.

[8] 刘焕阳, 韩延伦. 地方本科高校应用型人才培养定位及其体系建设 [J]. 教育研究, 2012 (12): 67, 70-83.

[9] 王建华. 高等教育的应用性 [J]. 教育研究, 2013 (4): 51-57.

[10] 冯冲. 应用型本科院校人才培养: 基于校地互动的视角 [J]. 高教学刊, 2018 (23): 167-169.

[11] 李萍. 应用型本科院校人才培养方案优化设计研究 [D]. 淮北: 淮北师范大学, 2018.

[12] 李特, 周晓波. 立德树人根本任务的实现途径和工作机制 [J]. 辽宁工业大学学报 (社会科学版), 2018 (1): 114-116.

[13] 夏秋. 加快应用型人才培养背景下的高校师资建设 [J]. 中国高校科技, 2015 (3): 53-55.

[14] 刘国钦, 伍维根, 彭健伯, 等. 高校应用型人才培养的理论与实践 [M]. 北京: 人

民出版社，2007.

[15] 魏银霞，彭英. 英德美高校的应用型人才培养模式 ［J］. 教育评论，2011（6）：151 −153.

[16] 邓先宝，樊理山，张国兵，等. 高校教师立德树人的使命与责任定位 ［J］. 管理观察，2017（35）：112−113.

[17] 黄建如. 比较高等教育——国际高等教育体系变革比较研究 ［M］. 北京：社会科学文献出版社，2008.

[18] 钟学富. 社会系统：社会生活准则的演绎生成 ［M］. 北京：中国社会科学出版社，2007.

[19] 王晋刚，张铁军. 专利化生存：专利刀锋与中国企业的生存困境 ［M］. 北京：知识产权出版社，2005.

[20] 刘荆洪. 创造思维与技法 ［M］. 武汉：武汉出版社，2003.

[21] 胡志强，肖显静. 科学理性方法 ［M］. 北京：科学出版社，2002.

[22] 杨乃定. 创造学教程 ［M］. 西安：西北工业大学出版社，2004.

[23] 常立农. 技术哲学 ［M］. 长沙：湖南大学出版社，2003.

[24] 张大松，编. 科学思维的艺术——科学思维方法论导论 ［M］. 北京：科学出版社，2008.

[25] 张伟刚. 科学方法论 ［M］. 天津：天津大学出版社，2006.

[26] 鲁克成，罗庆生. 创造学教程 ［M］. 北京：中国建材工业出版社，1998.

[27] 覃礼刚. 现代全能策划 ［M］. 北京：中国经济出版社，2001.

[28] 栾玉广，等. 科技创新的艺术 ［M］. 北京：科学出版社，2000.

[29] 方全，编. 决策：来自全球一流企业最成功的经验 ［M］. 北京：中国物资出版社，2004.

[30] 李增孺. 基于能力结构的应用型人才培养研究 ［D］. 大连理工大学，2011.

[31] 汪元宏，郭亮. 应用型本科人才培养的实践探索——以安徽科技学院为例 ［M］. 合肥：合肥工业大学出版社，2015.

[32] 张栗棕，方峻. 英国实验教学对培养应用型人才的启示 ［J］. 实验科学与技术，2015（6）：58，60−79.